郑曦 著

ON THE POWER OF POLICE TO TEMPORARILY RESTRICT PERSONAL FREEDOM

警察暂时性人身限制权研究

人民法院出版社

图书在版编目（CIP）数据

警察暂时性人身限制权研究/郑曦著. —北京：人民法院出版社，2018.6

ISBN 978-7-5109-2187-2

Ⅰ.①警… Ⅱ.①郑… Ⅲ.①警察—行政执法—研究—中国 Ⅳ.①D922.144

中国版本图书馆 CIP 数据核字（2018）第 127149 号

警察暂时性人身限制权研究

郑曦 著

责任编辑 路建华
出版发行 人民法院出版社
地　　址 北京市东城区东交民巷 27 号（100745）
电　　话 (010)67550660（责任编辑） 67550558（发行部查询）
65223677（读者服务部）
客服 QQ 2092078039
网　　址 http://www.courtbook.com.cn
E-mail courtpress@sohu.com
印　　刷 保定彩虹印刷有限公司
经　　销 新华书店

开　　本 787×1092 毫米 1/16
字　　数 258 千字
印　　张 15.75
版　　次 2018 年 6 月第 1 版 2018 年 6 月第 1 次印刷
书　　号 ISBN 978-7-5109-2187-2
定　　价 58.00 元

前　言

盘查、留置、拘留等警察权行使方式均系对公民人身自由权利的短暂限制，具有某些相同的特征，可以被纳入警察暂时性人身限制权这一集合概念中。这一概念的提出，目的在于归纳出这些权力的共同特征，从而提出适用于这一类权力的授权和监督制约规则，改变目前各个权力各成一体甚至相互冲突的现象，解决其适用时的协调问题。

《中共中央关于全面深化改革若干重大问题的决定》要求深化行政执法体制改革，完善行政执法程序，规范执法自由裁量权，加强对行政执法的监督。警察权力的行使在行政执法体制中具有举足轻重的意义，尤其是盘查、留置、拘留等，系对公民自由之限制，虽然其限制的时间可能较短、力度可能较弱，但毕竟涉及自由这一重大法益，倘若此项权力被滥用，亦会造成严重侵害公民权利的危险后果。本书试图整合盘查、留置、拘留等几类散见于不同法律文件中的常见警察权行使方式，首创性地将其归入警察暂时性人身限制权这一集合概念中，以便提炼出其具有的暂时性人身限制的共有特征，探讨警察暂时性人身限制权的合理边界和行使方式，从而为对此类权力进行适当授权和监督制约提供依据。

首先，本书通过归纳上述各种警察权行使方式的共同特征，论证提出警察暂时性人身限制权这一集合概念的合理性，并通过比较其与其他制度的相同与不同之处，厘清其内涵和边界，避免其被混淆使用。其次，研究比较法视野下的警察暂时性人身限制权，以找出其他国家和地区该制度可供我国参考之处。最后，探索适用于其下属各类权力的授权方式和监督制约规则，以保证此类权力的行使被严格限定于法律规定的范围内，既发挥其应有之功效，又不至于出现权力滥用而侵害公民权利的现象。

本书的研究提出了警察暂时性人身限制权这一集合概念，以一种全新的视角看待盘查、留置、拘留等原本零散的制度，从而为反思当前警察权行使的基本方式和监督制约手段提供了整合后的思路，在一定程度上丰富和拓展了警察权理论。

另外，本书试图解决警察暂时性人身限制权与刑事司法顺畅衔接的问题。盘查、留置、拘留等警察暂时性人身限制权主要是行政性的权力，但又常与刑事司法制度发生交集。尤其是拘留一项，既包括行政性的行政拘留，也包括司法性的刑事拘留，均属于警察暂时性人身限制权的范畴。而《刑事诉讼法》第52条规定，行政机关在行政执法和查办案件过程中收集的证据材料在刑事诉讼中可以作为证据使用。在此种情形下，如何解决警察暂时性人身限制权散落于不同类型的法律文件中而带来的适用和规制困难，完善行政性警察权行使方式与刑事司法的衔接，促使警察暂时性人身限制权行使中收集的证据材料在刑事程序中得到合法有效采用，是值得研究的。

然而，跨学科研究毕竟困难重重，不同学科间的鸿沟（无论是法律文本上的冲突还是话语体系的差异）并非轻易能被填平，加之笔者学识所限，又为俗事所扰，书中难免有不少疏漏，请读者海涵，望方家指正。

本书初稿成于2011年笔者读博期间，后续的研究受到教育部人文社会科学青年基金项目“警察暂时性人身限制权的体系和合理规制”（编号14YJC820083）资助，特此致谢。

目　录

第一章　警察暂时性人身限制权概述 ………………………………… (1)

第一节　警察暂时性人身限制权的概念和类型 …………………… (1)

第二节　警察暂时性人身限制权的特征 …………………………… (9)

第三节　警察暂时性人身限制权的属性 ………………………… (16)

第四节　行政权与刑事司法的衔接:以证据运用为路径 ………… (21)

第二章　警察暂时性人身限制权的理论基础 ………………………… (31)

第一节　安全和秩序需要 ………………………………………… (31)

第二节　社会契约理论 …………………………………………… (36)

第三节　价值平衡观 ……………………………………………… (43)

第三章　警察暂时性人身限制权与其他相关制度 …………………… (50)

第一节　警察暂时性人身限制权与搜查扣押 …………………… (50)

第二节　警察暂时性人身限制权与路检和国境检查 …………… (56)

第三节　警察暂时性人身限制权与警械武器使用制度 ………… (63)

第四节　警察暂时性人身限制权与私人场所保护 ……………… (69)

第五节　技术侦查与警察权问题 ………………………………… (73)

第四章　比较法视野下的警察暂时性人身限制权 …………………… (85)

第一节　英美法系的暂时性人身限制权 ………………………… (85)

第二节　大陆法系的暂时性人身限制权 ……………………… (106)

第三节　混合式下的暂时性人身限制权 ……………………… (121)

第四节　不同法系暂时性人身限制权的横向比较和借鉴意义 …… (139)

第五章　我国警察暂时性人身限制权的现状 ………………………… (146)
第一节　现有的警察暂时性人身限制权相关规定 ………………… (146)
第二节　法律文本上的警察暂时性人身限制权 …………………… (150)
第三节　司法实践中的警察暂时性人身限制权 …………………… (157)
第四节　警察暂时性人身限制权现状的原因分析 ………………… (163)

第六章　我国警察暂时性人身限制权制度的改革与完善 …………… (170)
第一节　改革与完善的方向 ……………………………………… (170)
第二节　整体制度的完善 ………………………………………… (177)
第三节　具体制度的完善 ………………………………………… (185)

结　语 ……………………………………………………………… (194)

附录　美国马萨诸塞州剑桥市警察局政策与程序规定(节选) ……… (197)
第 400 号　使用武力 …………………………………………… (197)
第 423 号　现场询问/观察 ……………………………………… (205)
第 424 号　截停、拍身搜查和初步询问 ………………………… (211)
第 440 号　逮捕指南 …………………………………………… (220)

参考文献 …………………………………………………………… (233)

第一章　警察暂时性人身限制权概述

第一节　警察暂时性人身限制权的概念和类型

一、警察暂时性人身限制权的概念

警察的暂时性人身限制权，是指警察在案件尚未发生时或突遇案件发生时或案件发生后极短的时间内赶赴现场后，可以对违法犯罪嫌疑人或其他人采取暂时性人身自由限制的权力。例如，我国《行政强制法》第2条规定："行政强制措施，是指行政机关在行政管理过程中，为制止违法行为、防止证据损毁、避免危害发生、控制危险扩大等情形，依法对公民的人身自由实施暂时性限制，或者对公民、法人或者其他组织的财物实施暂时性控制的行为。"此即涉及警察暂时性人身限制权的行使。

提出警察暂时性人身限制权这一集合概念，主要目的在于探寻这一集合内各种不同类型的权力在授权和制约上的共同要求，尤其试图以权力行使前的强制措施法定主义原则、权力行使中的比例原则、权力行使后的司法控制原则对此类权力进行监督与制约，以期避免其滥用造成对公民权利的伤害。

由于法律并无对于"警察暂时性人身限制权"的明确定义，为避免语义混淆和模糊，本文借用法律的对人、对事、时间、空间效力的四分方法，对所指称的警察暂时性人身限制权做以下几方面的限定。

第一，对人：针对特定对象。本文所指的警察暂时性人身限制权限于对特定对象进行限制的权力，而不得针对不特定的人群。事实上，针对特定对象要求警察行使人身限制权必须有一定的证明标准方面的要求，至于具体需要何种程度的证明标准要求，例如“初步怀疑”、“合理怀疑”还是“合理根据”，下文再做论述。据此，某些针对不特定对象的检查措施，例如路检和国境检查，就被排除于本文所指的警察暂时性人身限制权范围之外。但是值得注意的是，一旦路检和国境检查取得了一定的证据，确定了特定的对象，则进一步的措施有可能构成暂时性人身限制。

第二，对事：仅限于对狭义人身自由的限制。狭义的人身自由是指人的身体活动自由，具体包括积极作为的身体活动自由和消极不作为的身体活动自由。[①] 前者指人不受限制地去往任何地点的自由，后者指人不受限制地停留于任何地点的自由。而对此种自由的限制即构成本文所指称的“人身限制”。据此，对财物的搜查和扣押、对精神的强制均不构成暂时性人身限制。

第三，时间：限制人身的时间短暂。我国法律对“暂时”并无定义，但西方一些国家的规定，如法国关于拘留时间不得超过24小时、特殊情况下可以延长最长至120小时的规定[②]可以作为参考。据此，盘查留置12至24小时的限制无疑属于“暂时”，一般情况下3日内需提请检察院批捕的刑事“先行拘留”也应属于暂时限制人身自由。[③] 时间方面的暂时性要求是与此类权力的“预防性”特征相联系的，警察暂时性人身限制权是“为制止违法行为、防止证据损毁、避免危害发生、控制危险扩大等情形”[④]，一旦此种情形丧失，即应变更或停止。

第四，空间：一般要求在案发现场当场行使此种权力。由于警察暂时性人身限制权是警察在案件尚未发生时或突遇案件发生时或案件发生后极短的时间内赶赴现场后对违法犯罪嫌疑人或其他人采取暂时性人身自由限制的权力，因此通常要求在现场行使。但是一旦出现违法犯罪嫌疑人逃跑

---

① 汪进元：《人身自由的构成与限制》，载《华东政法大学学报》2011年第2期，第11页。

② 参见［法］贝尔纳·布洛克：《法国刑事诉讼法》，罗结珍译，中国政法大学出版社2009年版，第233页。

③ 但是在中国的实际情况下，刑事拘留的“一般”成为“例外”，期间往往突破3日限制，对此下文将详细论述。

④ 《行政强制法》第2条。

等特殊情形，亦允许其突破此种空间限制。

根据这四方面的要求，我国目前的警察暂时性人身限制权的类型主要包括盘查、留置和拘留。但是值得注意的是，能构成警察暂时性人身限制权行使方式的拘留仅限于刑事拘留，而行政拘留和司法拘留是一种惩罚措施，不符合暂时性人身限制权的“预防性”特征，因此不作为本文的研究对象。

除了这三类警察权力属于警察暂时性人身限制权之外，某些约束性措施例如《治安管理处罚法》规定的醉酒约束、特别状态下的扣留措施如《戒严法》规定的戒严扣留也符合上述三项要求，属于警察暂时性人身限制权的范围，但由于其或较为强调保护性，或使用频率较低，因此限于篇幅，本文暂不详加论述。

二、警察暂时性人身限制权的意义

许多案件，尤其是侵害人身的案件和某些危害社会秩序的案件，例如斗殴、寻衅滋事、毒品交易案件，其发案具有突然性，且此类案件的调查或侦查对时限的要求极高。赋予警察暂时性人身限制权至少有三方面的意义。

第一，防止证据的消湮。证据的消湮可分为两种情形：一是证据的自行消湮，一为违法犯罪嫌疑人故意主动地毁灭证据。某些证据可能随着时间而迅速湮灭，例如因醉酒型危险驾驶案件中犯罪嫌疑人血液内的酒精可能很快随着人体的新陈代谢而被人体所吸收和分解。此外违法犯罪嫌疑人亦有毁灭证据之本能。曾经有过这样一个案件：嫌疑人因涉嫌杀妻而自愿到警察局接受警方询问，在询问过程中警察发现其手指头上有一块很可能是血迹的深色污渍，于是警察请求犯罪嫌疑人允许他们弄下一点进行鉴定，但嫌疑人拒绝了警方的要求并开始搓弄手指，并将手放在口袋里。警察听到金属碰撞的声音，就像钥匙或硬币碰撞在一起，为避免犯罪嫌疑人销毁可能与犯罪行为有关的证据，一名警察立即对犯罪嫌疑人的身体进行了控制，并强行从其指甲缝里刮了一点污渍出来。[1] 在此类案件中，由于有理由相信嫌疑人正在毁灭证据，倘若不对其进行暂时性的紧急限制，则

---

① *Cupp v. Murphy*, 412 U. S. 291 (1973).

其造成的损害后果是不可逆转的。因此，在可能发生证据的自行消湮或违法犯罪嫌疑人主动毁灭证据的情况下，暂时限制人身从而固定证据实属必要。

第二，防止危害结果的扩大。在一些案件中，倘若不及时限制犯罪嫌疑人的人身，很可能使得违法犯罪嫌疑人有继续实施违法犯罪的时间和空间，造成进一步的损害后果，甚至可能造成警员或其他人员的伤亡。在美国那样的枪支泛滥的国家，警察在执法中可能遭遇极大的危险，其所面对的执法对象往往可能携带枪支，一旦处置不善则可能造成重大的伤亡后果；即使在枪械受到严格控制的中国，警察的职业风险（尤其是其处置涉及暴力型违法犯罪的治安或刑事案件时的风险）仍然是巨大的。据公安部统计资料显示，中华人民共和国成立至2009年年底，全国共有10768名民警牺牲，2001年以后每年一般都有450人左右殉职，2007年民警因公伤亡3797人，因公殉职452人，其中因抓捕违法犯罪嫌疑人造成的伤亡占伤亡民警总数的43.1%。[①] 在许多情况下，如果警察能够及时有效地对违法犯罪嫌疑人及相关可能造成进一步损害危险之人采取暂时性人身限制措施，则可以避免不必要的伤亡。从这个角度看，警察的暂时性人身限制权在保护他人尤其是正在履行职责的警察的人身安全方面不但必要甚至事关生死。

第三，防止违法犯罪嫌疑人逃跑或自残、自杀。以逃跑的方式逃避可能遭受的法律制裁几乎是违法犯罪嫌疑人的某种本能，一旦存在嫌疑人逃跑的风险时，倘若不对其加以限制，不但可能导致案件的处理受阻，甚至可能增加社会的不稳定因素。而面对国家可能对其施予的法律制裁，出于恐惧或其他原因，违法犯罪嫌疑人亦可能采取自残、自杀等极端行为。我国法律规定对于犯罪后企图自杀、逃跑或者在逃的现行犯或者重大嫌疑分子可以采取先行拘留；[②] 德国则允许在某人现行时被发觉或被追捕，若有逃跑嫌疑，任何人都有权在无法官令状的情况下将其暂时逮捕；[③] 日本亦

① 参见《万余名牺牲民警为我们留下了什么》，载法制网：http：//www.legaldaily.com.cn/index_article/content/2011－01/13/content_2438862.htm？node＝5955（2013－4－11）。

② 《刑事诉讼法》第80条。

③ 《德国刑事诉讼法》第127条。

允许对于“受到喝问，欲行逃走”的犯罪嫌疑人进行拘留。[1] 可见在嫌疑人可能存在逃跑或自残、自杀之危险的情况下，允许警察对其进行暂时性的人身限制，是各国的立法通例。

三、警察暂时性人身限制权的类型

如前所述，警察暂时性人身限制权的行使有盘查、留置、拘留（英美法下的近似制度为“逮捕”）等不同的表现形式。

（一）盘查

盘查是在违法或犯罪未被发觉之前或者违法或存在某种犯罪迹象时所进行的调查活动。这一活动与违法犯罪活动被发觉后的侦查活动不同，[2] 盘查既可能发生于案件尚未发生前，亦可能发生在案件发生之时或之后而实施。

根据台湾学者林钰雄的观点，典型的“警察盘查”，可分解动作如下：①拦阻，即命令当事人停止前进；②盘诘，即盘问当事人的身份及其他相关事项；③检视或检查，即检视、搜索当事人的身体、持有物或座车。[3] 但是在实践中，盘查更多的是一种行为组合，其既可以是上述三种动作中的某一种，也可以是其中某两种或三种行为的混合。例如，夜间两名警察在毒品交易高发地区巡逻时发现某人携带一袋可疑物品匆匆而过，遂命其停止移动并上前了解情况，走近后警察闻见大麻的气味，于是令该人靠墙举手抱头，先对其进行拍身搜查起获左轮手枪一支，后打开该袋子从中发现大麻。在此过程中，命其停止移动即为拦阻，上前了解情况必有盘诘之行为，拍身搜查和对袋子的检查则为检视、检查。此外，盘查甚至可能是上述三种行为与诸如设置路障进行路检、搜查扣押之类的其他行为的混合。

---

① 参见［日］松尾浩也：《日本刑事诉讼法》（上卷新版），丁相顺译，中国人民大学出版社 2005 年版，第 62 页。

② 参见万毅：《论盘查》，载《法学研究》2006 年第 2 期，第 129 页。

③ 林钰雄：《刑事诉讼法》（上册 总论编），中国人民大学出版社 2005 年版，第 319 页。

（二）留置

留置是指警察基于合理的理由，将可疑人员带离现场，安排在区别于现场的其他地点进行继续调查的暂时性人身限制措施。留置行为常常是与盘查相伴随的，往往是盘查之后警察认为出现了合理理由而实施的。留置包含两方面的行为，一为带离现场，一为继续调查。带离现场的行为既可能是得到行为相对人同意之后而进行的，例如根据日本《警察官职务执行法》第2条的规定，警察可以在被盘问人自愿的前提下要求被盘问人与其一起去附近的警察署、派出所，[1] 也可能是不顾相对人意志强行而为的。从实践中看，不顾相对人意志强制将其带离现场的情况显然较多，而且即使在相对人同意的情况下，也不能忽略警察的身份及其背后的公权力对该相对人形成了巨大压力这一事实。

【门登霍尔案[2]】门登霍尔女士乘坐从洛杉矶出发的航班抵达底特律机场，她一下飞机就引起了两名缉毒警察的注意，他们认为她符合某些携带毒品之人的特征。于是在机场大厅里，两名警察走到她身边向她表明执法官员的身份，要求查看证件和机票。门登霍尔女士出示了驾照，上面显示的姓名是“门登霍尔”，但机票上的名字却是“安妮特·福特”。此时警察明确告诉她，他们是缉毒执法官员，门登霍尔顿时变得非常紧张。随后警察问她是否愿意去机场缉毒局办公室接受进一步询问，门登霍尔照做了，并允许警察搜查其人身和手提包。一名女警察赶来在一间隐秘的房间里对她进行人身搜查，女警察再次询问其是否同意搜查，她表示同意，最后在其内衣中搜出海洛因。

在该案中，留置行为与盘查行为紧密相连，在出现某种合理怀疑之后，警察对门登霍尔进行了盘问，在盘问导致警察形成或加深了某种怀疑后，警察即采取了留置的行动，要求相对人门登霍尔随其离开现场接受继续调查。门登霍尔固然是“顺从”地随其前往，但在此之前，警察向其表明缉毒警察身份，显然已经对门登霍尔的精神产生强制。通过该案可以看出，留置具有强烈的强制性，即使是自愿前往警察指定地点接受继续调查的相对人，在前往之后也未必能够自由地离开。无怪乎美国联邦最高法院

---

① 参见［日］松尾浩也：《日本刑事诉讼法》（上卷新版），丁相顺译，中国人民大学出版社2005年版，第47页。

② *United States v. Mendenhall*, 446 U. S. 544 (1980).

认为此种行为属于宪法第四修正案所规制的扣押人身的行为。

（三）拘留

拘留是指在紧急情况下对具有重大嫌疑的犯罪嫌疑人或现行犯实施的暂时剥夺其人身自由的强制措施。英美法系没有与中国法上拘留相对应的概念，较为相似的是“逮捕”。①

由于拘留对于相对人的自由限制的力度较盘查和留置更强，因此对于该制度存在的合理与否的讨论往往被提高到宪法高度。美国联邦宪法第四修正案规定：“公民的人身、住宅、文件和财产不受无理的搜查和扣押的权利不得侵犯。除非依合理根据且以宣誓或代誓宣言保证并详细说明搜查地点和扣押的人或物外，不得签发令状。”② 然而在实践中，第四修正案的“令状条款”产生了许多例外，其中“紧急情况”例外就是最为重要的例外情形之一，美国联邦最高法院通过一系列的判例肯定了在紧急情况下对犯罪嫌疑人采取无令状的紧急拘留的合宪性。而在日本对于紧急拘留的合宪性问题也有许多讨论，甚至在最高法院认定紧急拘留并不违反宪法规定之后，此种争论仍未停息。

拘留区别于普通逮捕之处在于：其一，拘留是以紧急情况作为权力行使的要件的，非因紧急情况不得实施；其二，拘留可以无令状而进行，而普通逮捕一般奉行令状主义原则，需由法官颁发令状始得施行。无令状即施行逮捕是以情况紧急为前提的，而情况是否紧急，主要依靠警察自身经

① 但需要明确说明的是，西方所称的“逮捕（arrest）”与我国《刑事诉讼法》规定的作为刑事诉讼强制措施之一的“逮捕”并非同一概念：在西方，逮捕与羁押是严格区分的，逮捕只会造成较短时间的自由受限，原则上应当由法官签发令状而实施，但在许多情况下都可以由警察或检察官自行决定，甚至在特定情形下还可以由普通公民进行，一旦逮捕后需在极短的时间内由法官审查逮捕的合理性；而我国的逮捕是与羁押密切联系的，是指公安司法机关在满足特定条件的前提下依法剥夺犯罪嫌疑人或被告人人身自由而将其羁押起来的一种强制措施。参见《刑事诉讼法》第79条。

② 美国联邦宪法第四修正案原文为：“The right of the people to be secure in their persons, houses, papers, and effects, against unreasonable searches and seizures, shall not be violated, and no Warrants shall issue, but upon probable cause, supported by Oath or affirmation, and particularly describing the place to be searched, and the persons or things to be seized.” 对此存在各种版本的翻译。笔者的译文主要强调的是“合理性条款”与“令状条款”的分离。

验进行判断。笔者在美国访学期间曾有机会随加州奥克兰市警察巡逻，期间谈及紧急情况的判断问题，美国警察认为其判断几乎完全是根据经验作出的，他们自己也承认此种判断存在极强的主观性和随意性，甚至只要警察想找紧急情况的理由就几乎都能找到。因此对于是否实际确实存在紧急情况，最终需要由法官进行审查，这可以被认为是令状主义例外行使后的弥补手段。值得注意的是，由于拘留是以紧急情况作为前提的，一旦紧急情况消失，如仍欲逮捕此人警察只有两种选择，或者请求法官颁发令状，或者寻找其他无证逮捕的正当化理由，否则只能将被逮捕人释放。逮捕施行之后，应该给予犯罪嫌疑人以相应的权利保障，例如告知其相关权利和涉嫌的罪名、告知其获得律师帮助权利等，并要完成相关的程序性工作，例如拍照、采集指纹、制作相关文档等。

四、盘查、留置和拘留之辨析

欲对盘查、留置和拘留作详细区分实非易事，盘查与留置、拘留的行动往往是一气呵成的。以上文所述的门登霍尔案为例，警察对门登霍尔进行盘查后紧接着即对其采取了留置措施，而伴随盘查进行的拘留更是屡见不鲜。

但盘查、留置和拘留三者在限制人身自由的强度上还是有一些区别的，主要体现在以下三个方面。第一，针对的对象不同。盘查、留置通常是针对具有一定嫌疑的人士，例如我国《人民警察法》第 9 条规定只针对有违法犯罪嫌疑的人员；拘留除了必须针对违法犯罪嫌疑人之外，还要求特定的要件，如紧急情况、现行犯等，例如《德国刑事诉讼法》第 127 条第 1 款规定，其对象是现行犯、有逃跑嫌疑或者身份不能确定的人。① 第二，人身拘束的时间长短不同。盘查通常对人身限制的时间较短，一般持续的时间至多为数个小时；而留置则可能限制较长时间，例如我国《人民警察法》第 9 条规定："对被盘问人的留置时间自带至公安机关之时起不超过二十四小时，在特殊情况下，经县级以上公安机关批准，可以延长至

---

① 《德国刑事诉讼法》第 127 条规定："某人现行时被发觉或者被追捕，如果他有逃跑嫌疑或者身份不能立即确定时，任何人都有权即使无法官的命令也将他暂时逮捕。检察院、警察机构官员依照第 163d 第一款规定确定被捕人身份。"参见《德国刑事诉讼法典》，李昌珂译，中国政法大学出版社 1995 年版，第 59 页。

四十八小时。”在西方国家，拘留之后警察必须在极短的时间内将犯罪嫌疑人带至法官面前，由法官决定对其继续羁押还是释放，例如德国要求此期间最迟延长至逮捕后的第二日，但在一些国家（例如我国）拘留后限制人身的时间可能较之留置更长得多，可长至37日甚至更多。[①] 第三，限制人身自由的地点不同。盘查一般发生在案发当地或者警察临检的场所，留置则是将可疑人员带至特定地点（如警局）的措施，拘留后通常须将被逮捕人关押于警局或特定监所。除了限制人身自由的强度方面的区别之外，盘查、留置和拘留三者还存在其他区别，尤其在是否需要提交司法审查的问题上存在重大区别，对此上文已述，此处不复赘言。

第二节　警察暂时性人身限制权的特征

尽管盘查、留置和拘留这三种不同的警察暂时性人身限制权行使方式存在一些区别，警察行使暂时性人身限制权仍具有某些共同特征，主要表现为紧急性和预防性、程序启动自主性、暂时性与及时变更性、程序相对简便性、涉及法益重大性几个方面。

一、紧急性和预防性

由于暂时性人身限制权均是在案件突发情况下而行使的，倘若不立即采取措施，很可能导致进一步的危险，因此紧急性是警察暂时性人身限制权的首要特征。而倘若情况未必紧急，则未必有必要行使此种人身限制权，否则恐有权力滥用之嫌。警察因其职务特征，在执行巡逻、临检等工作时往往遭遇案件突发或极有可能发生以及其他需要紧急进行处置的情况，例如偶见某人正符合通缉令所绘样貌、发现毒品交易正在进行、有受害人报警并指认某人为实施违法犯罪之人等。无论警察实施盘查、留置或拘留，均需满足紧急性的要件，而紧急情况也使得警察暂时性人身限制权的行使具有了合理化的依据。根据美国联邦最高法院的意见，紧急性需注

① 实际上根据法律规定，刑事拘留期限可以“合法”地突破37天的限制，参见刘玫：《刑事诉讼法定期间问题研究》，载陈光中、江伟主编：《诉讼法论丛》（第9卷），法律出版社2004年版，第116页。

意几个问题：第一，能够被归入紧急例外的情形应当是警察有理由相信若他们去申请令状则犯罪嫌疑人将会趁机毁灭证据或逃匿；第二，紧急性作为无证搜查扣押的正当化理由，实际上限定了警察采取强制搜查扣押手段的范围；第三，一旦紧急情况消失，则警察不得再据此实施无证搜查扣押，而须以令状主义原则的其他例外来论证其行动的合理性；第四，若构成扣押行为，则不得以紧急性减损第四修正案“合理性条款”各项要求的适用，因为令状和是否有合理性是两个相互独立的问题，因此令状主义原则的例外并不意味着合理根据要求的例外。①

紧急性的特征是由于暂时性人身限制权的行使目的在于“预防”，即防止证据的消湮，防止危害结果的扩大，防止违法犯罪嫌疑人逃跑或自残、自杀等。因此凡不符合紧急性和预防性特征的行为均不属于警察暂时性人身限制权的探讨范围，例如具有惩罚性质的行政拘留和司法拘留。

紧急性和预防性的特征使得此种暂时性人身限制的行为不得作为一种经常性的强制手段，而是只有在特定的条件下即情况紧急之时、为预防特定结果发生方得为之；倘若没有紧急情况而使用了暂时性人身限制权，则警察的此种行为即涉嫌违法。在一些国家，缺乏紧急性要件而实施暂时性人身限制措施甚至被认为是对公民宪法权利的侵犯，将导致严重的法律后果。正是由于警察暂时性人身限制权的行使必须具备紧急性和预防性的特征，从而使得下文所述的程序启动的自主性、暂时性和及时变更性以及程序的相对简便性成为了警察暂时性人身限制权理所当然的特征。

二、程序启动的自主性

由于暂时性人身限制权行使的紧急性特征，欲使警察在此种紧急情况下从现场折返而奔回申请令状显然不可能，因此暂时性人身限制措施的启动需由警察自主而为。由于现实生活的复杂性和警察所面对情态的瞬息万变，不应将警察的职能定义为机械地执行法律，即使就实施法律而言，一个不容忽视的现实是警察从事的都不是充分的法律实施，② 从某个角度上看，警察自由裁量权的行使补充甚至创制了法律。这一点在暂时性人身限

① Joshua Dressler, Alan C. Michael, *Understanding Criminal Procedure*, *Volume 1: Investigation*, 4th ed, Matthew Bender&Company, Inc., 2006, pp.191 - 192.

② ［美］博西格诺等：《法律之门》，邓子滨译，华夏出版社 2007 年版，第 380 页。

制权行使的过程中体现得尤为明显，警察需以其职业培训和执业经验为依据，于面临紧急情况之时及时自主地启动暂时性人身限制程序。

【沈某贩卖、运输毒品案①】2009 年 2 月 4 日，上海市公安局静安分局的两名民警于晚上 11 时 10 分许巡逻到常德路某号附近，看见在静安区工人俱乐部的停车场内有一黑色轿车正在停车。后来驾驶员下来了，是一个 1.80 米的男子，背着一个黑色的电脑包。因为这个车子没有上牌，所以一名民警就上去盘查了这辆车的驾驶员，另一名民警则在后面警戒。刚开始时，这个男子拒不配合，不愿意出示证件，民警和他僵持了有十分钟左右，该男子才出示了身份证，经查车辆驾驶员叫沈某，上海人，33 岁。民警通过电台对沈某的身份进行核查，在得知沈某有吸毒和贩毒的前科后，民警就把他带到了常德路某号俱乐部的门卫室里。在门卫室里，民警对这个男子随身所携带的黑色电脑包进行检查。沈某自己将黑色电脑包打开后，民警发现电脑包内还有一个黑色小腰包，沈某将黑色小腰包打开后，民警看到包内有用橡皮筋扎住的红色条状的物品及几包用塑料袋装着的白色粉末。民警马上将沈某制服、反铐，并将红色物品及几包用塑料袋装着的白色粉末放回包中，随后将沈某带到派出所处理。经鉴定，这些白色粉末包括甲基苯丙胺 156.77 克、氯胺酮 36.76 克、MDMA 23.48 克、大麻 17.9 克、咖啡因 13.4 克、尼美西泮 66.82 克。

在此案中警察因发现汽车未上牌照而上前盘问，确定沈某身份并得知其曾有过前科后，对其行为产生进一步的怀疑，于是将其带至附近某俱乐部的门卫室继续调查，发现其随身带有可疑物品后则立即将其制服、反铐并带至警局。上述的盘查、留置的行为均是由警察自主决定启动的，面对这种稍纵即逝的时机，不允许警察依照其职业经验而自行作出判断并自主启动暂时性人身限制措施，则有导致证据湮灭或嫌疑人逃匿之虞。在此种紧急情况下赋予警察一定的自由裁量权，也是各国的通行做法。当然，对于警察的此种自由裁量权，也需要遵守合理性的标准，并需要有相应的程序加以制约，以免其无限扩张而被滥用，从而对公民的合法权利构成威胁和侵害。

① 参见上海市第二中级人民法院（2009）沪二中刑初字第 96 号刑事判决书。

三、暂时性与及时变更性

暂时性人身限制措施并不是作为一种常态而存在的，而是特殊情况下的需要，是一种不得已而为之的强制手段，因此具有暂时性特征。由于此种人身限制权的暂时性，故而无论是盘查、留置抑或是拘留，均不得持续过长的时间，因此各国法律均有时限方面的相关规定。法国规定在当事人拒绝或者不能证明其身份的情况下，如有必要，警察可以当场扣留当事人，或者将其带至警察工作场所，扣留当事人的时间不得超过 4 小时，也不得超过为证实其身份所需的时间；[①] 而受到拘留的人被扣留的时间不得超过 24 小时，但经共和国检察官书面批准，拘留时间最长可以延长 24 小时。[②] 德国规定警察可以为查明身份而责令被怀疑为犯罪嫌疑人之人停止，并进行搜查和拘留，但拘留不得超过查明身份所必要的时间，而且在任何情况下都不得超过 12 小时；而对于拘留，被逮捕的人必须被毫不迟延地带到法官面前，最迟延长至逮捕后的次日，由法官决定对其进一步处置。[③] 我国《人民警察法》规定："对被盘问人的留置时间自带至公安机关之时起不超过 24 小时，在特殊情况下，经县级以上公安机关批准，可以延长至 48 小时。"[④]

无论盘查、留置还是拘留均是具有暂时性的人身限制措施，一旦情势发生变更，即需要解除人身强制或变更为其他强制措施继续进行人身限制。此处的情势变更，包括人身限制的必要性增强、减弱或丧失：若人身限制的必要性增强，则应当变更为其他强度更高的措施；若人身限制的必要性减弱，则应当变更为其他强度较低的措施或者允许其被保释；若人身限制的必要性丧失，则应当对其解除人身限制或立即释放。暂时性人身限制措施的及时变更性特征在各国的法律中也均有体现。在英格兰和威尔士

① ［法］贝尔纳·布洛克：《法国刑事诉讼法》，罗结珍译，中国政法大学出版社 2009 年版，第 223－224 页。

② 《法国刑事诉讼法典》第 63 条，参见《法国刑事诉讼法典》，罗结珍译，中国法制出版社 2006 年版，第 60 页。

③ ［德］托马斯·魏根特：《德国刑事诉讼程序》，岳礼玲、温小洁译，中国政法大学出版社 2004 年版，第 92－95 页。

④ 《人民警察法》第 9 条。

地区，无证逮捕后如果证据显示被拘押人起初就不应被逮捕，羁押官会作出及时释放的命令；即使据以定罪的证据具有较大的盖然性，也可以从警署无条件地释放被拘押人，同时警告他仍将考虑是否对其提起控诉；除非羁押官认为符合不指控拘留的要件，否则被拘押人要么被指控，要么被释放。① 根据我国《人民警察法》的规定，公安机关不批准继续盘问的，应当立即释放被盘问人；经继续盘问，公安机关认为对被盘问人需要依法采取拘留或者其他强制措施的，应当在规定的期间作出决定，否则应当立即释放被盘问人。② 我国《刑事诉讼法》亦规定："公安机关对于被拘留的人，应当在拘留后的24小时以内进行讯问。在发现不应当拘留的时候，必须立即释放，发给释放证明。"③

四、程序的相对简便性

程序的相对简便性最主要的体现就在于此人身限制权之行使属于令状主义原则的例外情形。令状主义原则是英美法系国家和现代大陆法系国家刑事诉讼广泛采用的制度之一，在一般情况下，对于公民人身自由的限制需要由一个中立的司法官员签署令状后方可执行。然而由于情势紧急，遇案件突发时，申请令状若并不可能，则允许在此种特殊情况下无令状而限制公民自由。但是值得再次强调的是，作为令状主义原则例外的相对简便的暂时性人身限制权的行使程序，并不意味着不需要满足其他的法定要求，尤其是必须有合理的怀疑或合理的根据这一要求。此外，程序的相对简便性还体现在询问或讯问的简洁性、检视与搜索的快速性等诸多方面。例如在美国，在行使暂时性人身限制权时，警察通常不必对嫌疑人进行米兰达警告即可进行询问或讯问；④ 对于被拘留之人，警察可以进行附带性

---

① ［英］约翰·斯普莱克：《英国刑事诉讼程序》，徐美君、杨立涛译，中国人民大学出版社2006年版，第18－19页。

② 参见《人民警察法》第9条。

③ 《刑事诉讼法》第84条。

④ 参见［美］伟恩·R. 拉费弗、杰罗德·H. 伊斯雷尔、南西·J. 金：《刑事诉讼法》（上册），卞建林、沙丽金译，中国政法大学出版社2003年版，第389页。

搜查，[①] 对被逮捕人的身体和被逮捕人触手可及的地方进行无证搜查。

由于程序的简便，警察暂时性人身限制权的行使在最初启动时和后续的行使中几乎没有经过司法审查，来自其他方面的监督与制约也相对较弱，这使得对于此种措施的控制力度相对较弱，如何有效地对警察暂时性人身限制权的行使进行监督与制约是各国都面临的难题，本书将在下文对此进行论述。

五、涉及法益的重大性

虽然暂时性人身限制措施对人身自由的限制时间较短且强制的力度相对较弱，但是由于其涉及人身自由这一重大法益，故不得对其等闲视之。自由是人最基本的权利，也是整个法律最为重要的价值取向。正如 E. 博登海默所说："整个法律和正义的哲学就是以自由观念为核心而构建起来的。"[②] 对公民自由过度侵害的法律，是违背人类最基本的善恶观念的，是应当被摈弃的恶法。

正因为对于自由的限制往往被认为是对于人最核心的权利的干涉，限制自由问题常被置于国际人权宪章、区域性人权宪章或国内宪法的语境下进行讨论。被认为是"人类在宪政道路上迈出的具有重要意义的第一步"[③] 的英国 1215 年《自由大宪章》（Magna Carta）就是一部维护自由的大宪章。第二次世界大战后，各国政府和人民出于对法西斯主义在战争中践踏人权、任意剥夺人的自由乃至生命的罪恶的深刻反省，同意在《公民权利和政治权利国际公约》第 9 条中规定："人人有权享有人身自由和安全。任何人不得加以任意逮捕或拘禁。除非依照法律所确定的根据和程序，任何人不得被剥夺自由。"[④] 为了监督公约执行情况，联合国还设立了联合国人权事务委员会，其一项重要职能就是接受和审议个人声称其人权遭到公

① Joshua Dressler, Alan C. Michael, *Understanding Criminal Procedure, Volume 1: Investigation*, 4th ed, Matthew Bender&Company, Inc., 2006, p. 197.

② ［美］E. 博登海默：《法理学：法律哲学与法律方法》，邓正来译，中国政法大学出版社 2004 年版，第 298 页。

③ 齐延平：《自由大宪章研究》，中国政法大学出版社 2007 年版，第 247 页。

④ 参见联合国网站中文版：http：//www. un. org/chinese/hr/issue/ccpr. htm（2013－4－11）。

约缔约国侵害的来文，从而监督各国对公民权利的保障情况。《欧洲人权公约》第5条规定："人人享有自由和人身安全的权利。不得剥夺任何人的自由，除非依照法律规定在下列情况下：……（3）如果有理由足以怀疑某人实施了犯罪行为或者如果合理地认为有必要防止某人犯罪或者是在某人犯罪后防止其脱逃，为了将其送交有关的法律当局而对其实施的合法的逮捕或者拘留；……"[①] 而欧洲人权委员会和美洲国家人权委员会等区域性人权组织也具有接受个人申诉的类似的监督职能。美国联邦最高法院也通过一系列的判例，判定无论是"拦截与拍身搜查（stop and frisk）"还是紧急逮捕，均适用美国联邦宪法第四修正案关于禁止不合理的搜查与扣押的规定，从而将此种暂时性人身限制措施上升到宪法高度。日本最高法院在其审理的案件中探讨了紧急拘留的合宪性问题，最终判定其并不违反宪法第33条规定的精神。[②]

由于"法治意味着政府除非是为了执行某一已知的规则，否则就决不能对一个个人施行强制"，[③] 从某种角度看，对于公民实施限制自由的程序已经构成对公民的惩罚，[④] 因此对于自由的限制因其涉及法益的重大性，对于任何一个法治国而言，都是不能不审慎为之的。警察暂时性人身限制权制度正是这样一项涉及公民自由权利的重要制度，一旦举措失当，可能导致对公民权利造成严重损害，也可能减损宪法和法律的权威。

---

① 参见欧洲联盟（EU）网站：http：//conventions. coe. int/treaty/en/Treaties/Word/005. doc（2013－4－11）。

② 最判昭30·12·14号判决。

③ ［英］弗雷德里希·奥古斯特·哈耶克：《自由宪章》，杨玉生等译，中国社会科学出版社1999年版，第324页。

④ Malcolm M. Feeley, *The Process Is the Punishment*, Russell Sage Foundation, 1992, p. 199.

第三节　警察暂时性人身限制权的属性

一、分析警察暂时性人身限制权属性的意义

从世界范围看，警察机关属于行政机关是通例，警察基本职能可以分为四类：治安行政管理方面的职能、刑事诉讼方面的职能、军事方面的职能和紧急状态处置方面的职能。[①] 四类职能中最主要的是行政性警察权责与司法性警察权责，而警察的暂时性人身限制权属于何种类型的权力，究竟是行政性的警察权力还是刑事司法性的警察权力？对于这个问题，学界存在广泛的争议。理论上的争议导致实践中警察权力运行的混乱，在我国的实践中就出现过警察行政权与刑事司法权混用的情况，其中一个典型的例子就是在中国过去的侦查实践中，曾大量出现以收容审查代替拘留、逮捕等刑事强制措施的情况。[②] 收容审查是当时由国务院授予的行政管理权力，而侦查活动是刑事司法活动，二者是两种性质不同的活动，二者的混用导致在以收容审查代替拘留、逮捕等刑事强制措施的过程中出现了侵犯被收容审查人权利的严重后果。由此可见，明确权力的属性对于防止权力的滥用具有十分重要的意义。

警察参与社会治安的工作，可分为事前的危害预防和事后的调查或侦查两大阶段，前者纯属行政权之运作，例如巡逻、守望、值班等警察勤务，通常并未直接干预公民之基本权利，因此也毋庸特别由法律或法院加以约束；后者则极有可能属于刑事侦查程序的一环，例如逮捕、搜索、扣押、侦讯等调查行为，通常会涉及基本权之干预，故依法律保留原则，必须有法律明确的授权依据，应依法定程序为之，并且，法院亦有救济其所

---

① 陈光中等：《中国司法制度的基础理论问题研究》，经济科学出版社2010年版，第15页。

② 陈光中等：《中国司法制度的基础理论问题研究》，经济科学出版社2010年版，第246－247页。

造成之基本权干预的必要。[①] 可见，争论此问题的意义在于倘若此权力之行使为行政法性质，则其对公民权利的干预程度较弱，倘若此种权力的行使为刑事司法性质，则其可能涉及公民的核心权利，因此必须受到严格的司法控制，以防止此种警察权力的滥用而导致对公民合法权利的侵害。

二、学者对于警察暂时性人身限制权属性的探讨

一些学者认为，警察的暂时性人身限制权，尤其是盘查，属于行政性警察权力。日本学者土本武司即认为，警察官的职务查问（即盘查）规定于日本《警察官职务执行法》第2条，《警察官职务执行法》涉及警察法所规定警察作用的全部内容，其是作为警察官履行警察职务的行为规范，该法本质上是行政法规，而不是刑事诉讼法的一部分。关于警察官的权限，该法也是单独作为警察官的权限而不是作为处于刑事诉讼法上司法警察地位的官员的权限规定，因此相应地，该法对警察职务查问，也是作为单独的警察官的权限而不是作为刑事诉讼法上司法警察（官）的权限予以规定的，因此，警察职务查问不是刑事诉讼程序的犯罪侦查活动。[②]

法国学者通常倾向于将警察对现行案件行使暂时性人身限制权归入到司法权行使的范畴，尽管司法警察本身也不是一种司法机关，而是警察机关，[③] 但在发生现行犯罪案件情况下警察进行的行为具有与预审法官进行的各项活动相同的强制力。因此，在现行犯罪案件中，“我们所面对的警察权力看来是一种真正的预审权，正是由于案件具有现行性质，这种预审权力例外地并且在有限的时间内赋予司法警察。”[④] 而预审权毋庸置疑是一种司法权力，因此他们认为此时司法警察行使的权力是一种司法权。

台湾学者林钰雄认为盘查兼有行政权运作和刑事侦查程序的特征，他

---

① 林钰雄：《刑事诉讼法》（上册 总论编），中国人民大学出版社2005年版，第318页。

② 参见［日］土本武司：《日本刑事诉讼法要义》，董璠舆、宋英辉译，五南图书出版公司1994年版，第118-119页。

③ ［法］贝尔纳·布洛克：《法国刑事诉讼法》，罗结珍译，中国政法大学出版社2009年版，第217页。

④ ［法］卡斯东·斯特法尼、乔治·勒瓦索、贝尔纳·布洛克：《法国刑事诉讼法精义》（上），罗结珍译，中国政法大学出版社1999年版，第341页。

认为行政权运作和刑事侦查程序二者之间存在一个灰色地带，在这一地带中警察进行原属于第一阶段的工作，但其执行过程中常常干预基本权利，其执行结果也时常促成第二阶段的侦查犯罪的工作，而处于这一灰色地带的典型警察行为即是盘查。[①] 我国学者万毅也持类似的观点，他认为盘查可以说是一种介于行政警察和司法警察职能之间、刑事侦查程序与行政调查程序之间、警察法与刑事诉讼法之间的具有双重属性的警察行为。其基本理由在于，行政警察的主要职责是保障国家机关制定和发布的各种法律、条例、规章以及命令得到遵守，防止发生扰乱社会秩序的行为（包括犯罪行为），如果社会秩序已经受到扰乱，行政警察应当负责采取法律允许的一切手段恢复被扰乱的社会秩序；但是，如果行政警察只能通过其权力范围内的手段，部分（而非全部）恢复受到扰乱的秩序时，例如有人实施了某种犯罪，这时单靠行政警察的职权活动，是无法完全恢复社会秩序的，而必须通过查找谁是犯罪人进而对他提起公诉的方式，才能真正恢复被扰乱的社会秩序，那么这种调查职能就不再属于预防性质，而属于追诉性质，而盘查正兼具行政和追诉这两种性质。[②]

在笔者看来，土本武司教授以规定在哪个法律中作为判断警察职务盘问权属性的标准，未免太过机械僵硬；而将警察暂时性人身限制权的行使完全纳入司法范围，显然忽视了此种警察职权行使时的事前性和主动性这一明显的行政性特征。

三、笔者的观点

笔者认为，警察的暂时性人身限制权是同时具有行政性和刑事司法性的权力，是行政法与刑事诉讼法的交叉地带。认为警察暂时性人身限制权具有行政性，是因为此权力的行使相对于一般的刑事强制措施具有明显的事前性，很多情况下，都是在案件是否发生情况不明时采取的，有的时候是伴随着常规巡逻、醉酒驾车检查等行政性行为而发生的，并且往往是由行政警察或治安警察行使的。警察暂时性人身限制权的主动性和执行性表明其具有明显的行政属性，但是这种行政属性并不能否认此种暂时性人身

① 参见林钰雄：《刑事诉讼法》（上册 总论编），中国人民大学出版社 2005 年版，第 318 页。

② 参见万毅：《论盘查》，载《法学研究》2006 年第 2 期，第 130 页。

限制权是具有刑事司法性的。这一结论的得出是基于以下理由。

首先，从权力行使的目的上看，警察采取暂时性人身限制措施常与刑事案件的处理有关。一般而言，行政警察的职能在于预防犯罪，司法警察的职能则在于追诉犯罪。无论是盘查、留置还是拘留，都常有两方面的目的：或者是为了了解情况、获得案件线索以及固定证据，或者是防止案件的发生及危害的扩大和嫌疑人逃避后续的调查或侦查。这两方面的目的，都常与刑事案件的处理紧密相关而属于追诉犯罪的职能。因而从权力行使的目的方面考量，警察的暂时性人身限制权常常具有刑事司法属性。

其次，从权力的行使与后续侦查措施的关系上看，警察的暂时性人身限制措施与后续的侦查措施在很多案件中是一个连续过程的不同阶段。尽管在一些情况下，采取暂时性人身限制措施时，是否发生了刑事案件这一问题并不清楚，但是一旦通过采取此种措施发现确实发生了刑事案件，则采取措施时所获得的线索、信息或证据等不但可以在后续的侦查过程中使用，而且往往会对后续的侦查起到重要的引导作用。而且值得注意的是，西方许多国家刑事侦查程序的启动并不像我国有立案程序这样一个泾渭分明的界限，整个刑事侦查的过程是个一以贯之的连续过程，因此将警察暂时性人身限制权的行使从刑事侦查中强行分离出来也是不符合各国司法实践的现实的。而即使在我国，立案程序固然是刑事诉讼的起点，但立案程序也并不绝对排斥之前行为的刑事司法属性。

再次，从权力行使的方式上看，暂时性人身限制措施的强制力度较一般的行政强制措施为大，涉及公民的法益亦属重大。无论是盘查、留置还是拘留，都关系到对公民人身自由这一重大权利的限制，尤其是拘留一项，往往导致当事人陷于羁押之状态，此种情况下，当事人不但身体自由将受到强制，精神自由亦会受到折磨，其所承受的压力超出了日常生活可忍受的限度。倘若否认暂时性人身限制措施的刑事司法属性，将排斥对其进行强有力的司法控制，可能导致公权力的滥用，从而可能使得公民的核心权利受到侵害，妨害公民的自由权利的行使。判定警察暂时性人身限制权具有刑事司法性质，就必须对其行使的程序施以严格的法律控制。

最后，从权力的行使效果上看，暂时性人身限制措施对刑事案件的最终处理意义极大。很多刑事案件的起诉和审判均使用了在暂时性人身限制阶段固定的证据，且这类在暂时性人身限制阶段获得的信息和证据对于案件的侦破和公正审判往往发挥重大作用。例如在特里案[1]中美国联邦最高法院即判定警察在实施“拦截与拍身搜查”时，为了发现有可能被用于对警察实施攻击的武器而从该人衣服外面对其进行的有限的搜查合法，且通过此种搜查而扣押的武器可以作为不利于该武器持有人的证据在后续程序中被使用。在我国由于侦查机关在刑事案件处理中实际的主导作用，警察在实施暂时性人身限制措施时所获得的证据更是绝大多数为后续的刑事程序所采用。可见不承认暂时性人身限制措施的刑事司法性，显然是违背客观事实的，毕竟暂时性人身限制措施的采取是刑事案件处理的重要基石之一。

请看下面这个案例。

【马某某抢劫案[2]】被告人马某某与李某某（另处）因生活拮据起抢劫歹念。二人经预谋后各备一把砍刀于2010年1月22日、23日、24日连续三日晚上，至上海市嘉定工业区胜辛路与招贤路路口附近守候，欲对过往私家车驾驶员实施抢劫，但均无机会实施抢劫。同年1月25日凌晨2时许，二人在胜辛路与招贤路路口继续等候作案目标时，因形迹可疑被叶城派出所巡逻民警抓获，并当场查获作案用的砍刀两把。被告人马某某到案后，主动供述了上述犯罪事实。上海市嘉定区人民检察院向上海市嘉定区人民法院提出公诉，指控马某某犯有抢劫罪。上海市嘉定区人民法院审理后认为，被告人马某某为抢劫他人财物准备工具，制造条件，其行为已触犯刑律，构成抢劫罪。被告人马某某系犯罪预备，可比照既遂犯从轻或者减轻处罚；被告人马某某具有自首情节，依法可从轻或者减轻处罚。鉴于被告人马某某能自愿认罪，可酌情从轻处罚。综合以上情节，可对被告人马某某减轻处罚：以抢劫罪判处被告人马某某有期徒刑八个月，罚金人民币一千元；在案犯罪工具予以没收。

此案中警察在巡逻中抓获犯罪嫌疑人时尚未经立案程序，刑事程序尚未开启，但警察对其采取的暂时性人身限制措施与后续的刑事程序密切联系，其直接目的在于控制犯罪，且其获得的被告人供述直接为法院所采纳。从权力行使的目的、与后续程序的关系、权力行使的方式和权力的行使效果等方面看，警察暂时性人身限制权的行使均具有强烈的刑事司法

---

① *Terry v. Ohio*, 392 U. S. 1 (1968).

② 参见上海市第二中级人民法院（2010）沪二中刑终字第408号刑事裁定书。

属性。

正是基于上述理由，笔者认为，暂时性人身限制权兼具行政性和刑事司法性这两种性质，它虽然具有强烈的行政性，但也往往带有刑事司法属性。在强调其行政性质的时候不应忽略其兼具刑事司法性的特征，以便协调处理其与后续可能发生的刑事诉讼程序的关系。

第四节 行政权与刑事司法的衔接：以证据运用为路径

作为兼具行政性和刑事性的权力，警察在行使警察暂时性人身限制权中可能获得证据。然而，行使行政性权力中收集的证据如何与刑事诉讼相衔接，向来是困扰我国司法实践的难题。长期以来由于缺少法律的明确规定，在刑事诉讼中运用行政机关收集的证据或多或少有点“名不正言不顺”的味道，实践中也出现了不同的做法。有鉴于此，2012 年修改的《刑事诉讼法》第 52 条第 2 款规定：“行政机关在行政执法和查办案件过程中收集的物证、书证、视听资料、电子数据等证据材料，在刑事诉讼中可以作为证据使用。”，从而为在刑事诉讼中使用行政机关收集的证据提供了法律依据。此规定对于警察行使暂时性人身限制权后收集的证据在刑事司法程序中的运用也有重要的指导意义。

一、“证据材料”的特定种类和类型

根据《刑事诉讼法》第 48 条的规定，我国刑事诉讼中为法律所肯认的证据种类共有八种，分别是物证，书证，证人证言，被害人陈述，犯罪嫌疑人、被告人供述和辩解，鉴定意见，勘验、检查、辨认、侦查实验等笔录，视听资料、电子数据；而行政执法及行政机关办案中还涉及当事人陈述和勘验笔录、现场笔录这几种证据。在这十个种类的证据中，《刑事诉讼法》斩头去尾地只明确承认了行政机关收集的物证、书证、视听资料和电子数据这几种证据材料在刑事诉讼中的使用可能。然而在明确承认的几种证据材料之外，法条又加了一个“等”字，留下了尾巴，也引发了人们关于行政机关收集的其他种类证据材料可否在刑事诉讼中使用的疑问。

在行政机关的行政执法和查办案件过程中无刑事意义上的被害人、犯罪嫌疑人或被告人之谓，则被害人陈述或犯罪嫌疑人、被告人供述和辩解不在考虑范围内，故此真正存在争议的是以下几种证据材料：证人证言、当事人陈述、鉴定意见和勘验笔录、现场笔录。欲回答这些行政机关收集的证据材料可否在刑事诉讼中使用的问题，笔者认为应探寻《刑事诉讼法》第52条第2款的立法本意。

按照不同的标准，以“摩尼教式的二分法”[①] 可以将证据做言词证据和实物证据、原始证据和传来证据、直接证据和间接证据这几对相互对立的证据分类。每一种分类下的两种集合之间存在非此即彼的相斥作用，任何一个具体的证据都只能属于一种证据分类下二者中的一类。而按照原始证据和传来证据、直接证据和间接证据这两种证据分类方式，任何一种分类方式下的两种集合之一，都不能完全涵盖《刑事诉讼法》第52条第2款明确列举的物证、书证、视听资料和电子数据这几种证据材料。也就是说物证、书证、视听资料和电子数据既可能是原始证据也可能是传来证据，既可以是直接证据也可以是间接证据。只有在言词证据和实物证据的分类下，我们才能把法律列举的物证、书证、视听资料和电子数据这几种证据材料完全纳入实物证据的分类中。按照数学集合的基本理论，我们可以这样表示：物证、书证、视听资料和电子数据$\in$实物证据，且$\notin$言词证据。[②] 由此我们可以明确地看到，《刑事诉讼法》第52条第2款的立法本意在于允许行政机关在行政执法和查办案件中收集的实物证据在刑事诉讼中的使用，而排斥其收集的言词证据的使用。

这样的立法选择并不难理解，具体而言有以下几个方面的原因。第一，行政程序中言词证据的收集程序与刑事诉讼不同。由于刑事诉讼是一项具有高度对抗性的司法活动，涉及被追诉人的财产、自由甚至生命等重大法益，因而对于刑事诉讼中言词证据的收集程序有严格规定，这与行政机关行政执法和查办案件中收集当事人陈述的程序大不相同。即便是证人证言的收集，刑事诉讼也与行政执法和行政机关办案有所不同，例如特定案件中证人出庭作证时有特殊的保护性作证程序。[③] 第二，行政程序与刑

---

① Mirjan Damaska, *Evidential Barriers to Conviction and Two Models of Criminal Procedure: A Comparative Study*, 121 U. Pa. L. Rev. 506, 569 (1973).

② $\in$表示某元素属于某集合，$\notin$表示某元素不属于某集合。

③ 参见《刑事诉讼法》第62条。

事诉讼中对言词证据提供者的权利保障要求也不同。如前所述，由于刑事诉讼涉及法益重大，对于言词证据提供者的权利保障的力度也较行政执法和行政机关办案时大。例如，刑事诉讼中被追诉人享有不受强迫自证其罪的特权，这些是行政机关执法和办案中收集言词证据时所没有的。第三，出于言词证据和实物证据自身特征及其对查明案件真实的影响方面的考虑。言词证据具有很强的不稳定性，一般要经历感知、记忆、陈述几个环节，[①] 不但与证据提供者的认识方式、记忆水平、表达能力等生理因素密切相关，而且还会受到其是否如实提供证据的主观意愿影响，只要其中的一个环节出现问题，言词证据的真实性就会受到损害。而实物证据的客观性较强，受人的因素影响较弱，因而发生失实的可能性相对言词证据较小。法律允许使用行政机关收集的实物证据而非言词证据，很大程度上即是从这两类证据的特征出发、考虑其在刑事诉讼中的使用对发现案件真实的影响后作出的选择。

既然立法者作出了允许在刑事诉讼中使用行政机关收集的实物证据而非其收集的言词证据的立法选择，前文提出的行政机关在行政执法和查办案件过程中收集的证人证言、当事人陈述、鉴定意见和勘验笔录、现场笔录这几种证据可否在刑事诉讼中使用的问题也就迎刃而解了：证人证言和当事人陈述毫无疑问属于言词证据，因此不能在刑事诉讼中使用；勘验笔录是对场所、物品等的勘查检验记录，而现场笔录是对行政执法过程的记录，均应属于实物证据，因此可以在刑事诉讼中使用；至于鉴定意见，非常接近英美法的“专家证人”的证言，尽管常以书面表达形成出现，但“总体上具有言词证据的属性”，[②] 不应允许由行政机关收集而在刑事诉讼中直接使用，故此《人民检察院刑事诉讼规则（试行）》和《公安机关办理刑事案件程序规定》中关于允许其在刑事诉讼中使用的规定[③]是违背《刑事诉讼法》第52条第2款的立法本意的。

---

① 陈光中主编：《证据法学》，法律出版社2011年版，第210页。

② 陈瑞华：《鉴定意见的审查判断问题》，载《中国司法鉴定》2011年第5期。

③ 参见《人民检察院刑事诉讼规则（试行）》第64条第2款和《公安机关办理刑事案件程序规定》第60条。

二、从“证据材料”到“定案证据”：证据的审查判断

行政机关收集的物证、书证、视听资料、电子数据、勘验笔录、现场笔录这些实物性证据材料一旦进入刑事诉讼程序，即成为刑事诉讼的证据。但从此种证据材料到“作为定案的根据”① 的证据，尚需经过严格的审查过程。

《刑事诉讼法》第52条第2款只规定了行政机关收集的证据材料“在刑事诉讼中可以作为证据使用”，但对在刑事诉讼中的哪个具体阶段使用并无限制，因此其既可以在立案、侦查阶段使用，也可以在审查起诉阶段以及最终的审判阶段使用。在这四个阶段中，对行政机关收集的证据材料进行审查判断的主体分别是公安及其他侦查机关、检察机关和人民法院，这些机关对这些证据材料主要进行的是关联性、客观性和可采性三方面的具体审查。

由于关联性规则是“全部证据法的核心原则”②，在整个证据法体系中具有基础性地位，是规范证据资格的首要规则，也是审查判断某种证据材料可否成为定案证据的第一道关卡，因此由行政机关收集的证据材料必须首先通过关联性审查。只有当此种证据材料与案件证明存在逻辑或推理上的关联性时，才具备进入诉讼证明的前提，否则根本没有作为证据的资质。但是证据的关联性是指“有此项证据时比无此项证据时或增强或减弱某一争议事项发生的可能性”③，因而对关联性的审查实际上是一种逻辑或推理上的判断，甚至可以是一种基于常识的认识，因此只需以普通人的一般理性为标准即可，并不是非常高的要求。

在通过了关联性判断的关口后，对于行政机关收集的证据材料尚需进行客观性审查。这一步审查要求证据“是在社会中实际发生，或者是实际存在的事实，而不是主观性推测、主观想象或者是人们捏造的东西”④。尽管允许进入刑事诉讼的行政机关收集的证据材料都是实物性的，其客观性较强，然而其中的人为因素仍不可小觑。对于这些证据材料，尤其要强调

---

① 《刑事诉讼法》第48条。

② James F. Stephen, *A Digest of the Law of Evidence*, Macmillan and Co., 1909, p. xi.

③ Rule 401, *Federal Rules of Evidence*, U. S. Government Printing Office, 2010.

④ 程荣斌主编：《中国刑事诉讼法学》，中国人民大学出版社1997年版，第164页。

对证据收集、保管、移送等过程进行“鉴真审查（authentication）”，以避免在其间出现替换、篡改、伪造证据等行为对认定案件事实造成影响。对此美国《联邦证据规则》第901至第903条对证据鉴真有详细规定，要求“作为可采性先决条件之鉴真或辨认的要求，是由足以支持一项认定的证据即争议事项系证据提出者所主张事项之认定的证据来满足的”[①]，于是为达到这一标准，证据提出者就必须完成两项工作：一是清楚表达这就是证据提出者所主张的那个证据；二是提供“足以支持一项认定”的证据来证明该证据是什么。[②] 这一规定对于我国刑事诉讼中审查行政机关在行政执法和查办案件过程中收集的证据材料的客观性，有很好的借鉴效果。在具体的审查中，应当对两个问题着重加以考虑：一是该项证据是否是原物或原件，其自身有无某种显著的特征，能够区别于其他证据或者具有某种不可替代性；二是收集、保管、移送证据的过程是否合乎法律规定的程序，形成不致证据有被替换、篡改、伪造之虞的保管链条。在现有的规定中，《最高人民法院、最高人民检察院、公安部、国家安全部、司法部关于办理死刑案件审查判断证据若干问题的规定》（以下简称《办理死刑案件证据规定》）第6条的规定应当被扩展适用于所有类型案件中对行政机关收集的证据材料的审查。参考该条的规定，对于行政机关收集的实物性证据进行客观性审查时，要做三个层次的审查。第一个层次按照原始证据优先规则审查行政机关收集并进入刑事诉讼的证据材料是否是原物或原件；若是复制品或复制件或原物、原件的照片或录像，是否与原物或原件相符，其复制或制作过程是否符合法律的规定；既有原物、原件，又有复制品、复制件的，以原物、原件为准。第二个层次是对行政机关的证据收集程序的审查，主要审查物证、书证、视听资料、电子数据的收集过程是否符合要求，勘验笔录和现场笔录是否制作完备，有无相关的见证人、照片、录音、录像的佐证等。第三个层次是对行政机关收集证据之后的保管程序、移送公安司法机关的移交程序及后续的保管程序的审查，重点审查这些实物证据有无受到替换、篡改、污染、破坏或伪造。经过这三个层次的审查，在刑事诉讼中使用行政机关收集的实物证据，其证据客观性应当能够得到保证。

完成关联性与客观性审查后，最后要进行证据可采性的审查。可采性

---

① Rule 901（a）, *Federal Rules of Evidence*, U.S. Government Printing Office, 2010.

② 牟绿叶：《论实物证据的鉴真与鉴定——以美国法为参照的分析》，载《中国司法鉴定》2012年第3期。

的审查是行政机关收集的“证据材料”向“定案证据”转化的关键环节，具体有两个审查步骤：第一步要审查证据的合法性，在此步骤中主要对行政机关收集证据的手段、方法进行审查，考虑其有无违反法律规定的程序、有无侵犯公民权利的行为等；第二步中根据司法政策和价值权衡的考虑，即便是具有合法性的证据也可能因为其他因素的考量而不被采纳，例如为提高诉讼效率而排除某些重复的合法证据。[①] 在可采性审查这个阶段中，一系列的证据规则是决定行政机关收集的证据能否最终被采纳为“定案证据”的层层关卡，其中针对行政机关收集证据程序合法性的非法证据排除规则应当发挥最为重要的作用，以确保行政机关收集的证据在刑事诉讼中的使用符合人权保障和正当程序的要求。

三、行政机关收集证据程序违法与非法证据排除

如前文所述，在对行政机关收集的证据进行可采性审查时要考虑证据的合法性，审查行政机关收集证据程序有无违反法律规定。然而对于行政机关收集证据程序的要求是否应当像对侦查机关收集证据程序那般严格要求，违法收集的证据是否应当一律排除，如何既能震慑行政机关的违法取证行为，又不“只因为执法者的微小错误就让罪犯逍遥法外”[②]，这些都是我们必须面对的难题。

（一）价值平衡的基本理念

确立判断行政机关收集证据的程序是否合法、由此收集的证据是否应当在刑事诉讼中被排除的标准和规则，是一个关系到刑事司法犯罪控制与人权保障这两项核心价值平衡的问题。如果降低行政机关收集证据程序的合法性判断标准、放宽排除非法证据的要求，对于控制犯罪目标的实现固然是有益的，但有可能令公民权利受到公权力的威胁；反之，如果提高合法性判断标准、严格排除非法证据，固然有利于保障人权，但不免有令有罪之人逃脱惩罚的风险。因此精准地平衡不同价值，找到“决定了法律是

---

① 陈光中主编：《证据法学》，法律出版社 2011 年版，第 148 页。

② *People v. Defore*, 242 N. Y. 13, 21, 150 N. E. 585, 587 (1926).

否得以使用其强制性的资源来保障或限制私人自由”的“关键点”[①]，对于确立行政机关收集证据程序合法性审查标准和非法证据排除规则的运用尺度，具有极其重要的意义。

在笔者看来，《刑事诉讼法》第52条第2款的立法本意在于促进案件真实的发现，其允许行政机关收集的证据在刑事诉讼中使用规定的目的在于令行政程序证据向刑事诉讼证据的转化程序更为通畅，促进案件处理效率的实现。与《刑事诉讼法》的其他权利保障规定不同，该项规定具有明显的方便追诉机关的特征，因而在该项具体制度中，允许制度运行向控制犯罪的价值作略微倾斜，是可以接受的。但这种倾斜绝不是没有限度的，由严重违法的行政执法和行政办案程序中收集的证据，仍是应当被排除于刑事诉讼程序之外的，否则即导致对法律保障人权价值的根本性背离。

（二）行政机关收集证据程序合法性的判断标准

行政机关的行政执法程序往往具有一般性的社会管理特征，即便是其查办案件的程序，其各方冲突程度也远不如刑事程序。若以侦查机关收集证据程序的合法性判断标准要求行政机关在行政执法或行政办案中的收集证据行为，未免强人所难。例如《刑事诉讼法》第136条规定，除非是执行拘留或逮捕时且遇紧急情况下的附带性搜查，进行搜查时必须向被搜查人出示搜查证。这样的要求对于刑事诉讼中的侦查部门而言无疑是合理的，其目标在于防范无理搜查，但同样的要求对于进行行政执法或查办案件的行政机关而言显然是难以实现的，因此不宜对行政机关适用与侦查机关完全一致的收集证据程序合法性判断标准。

为行政机关和侦查机关行为设立不同的标准，是许多国家的司法现实。以美国为例，在卡梅拉诉市法院案[②]中，联邦最高法院即为行政机关执法中的搜查所适用的第四修正案“合理根据”要求设立了较为灵活的标准。大法官们认为，在行政性搜查程序中适用“合理根据”只要求符合现有的法律合理性标准即可，相较于刑事程序中对“合理根据”标准的适用

① ［英］H. L. A. 哈特：《法律的概念》，许家馨、李冠宜译，法律出版社2006年版，第249页。

② *Camara v. Municipal Court*, 387 U. S. 523 (1967).

要求，行政程序中其标准不但更加灵活也更具概括性。[①]

这种较为概括性的标准设立方式可以为我国所借鉴，在审查行政机关收集证据程序的合法性时，可以遵循以概括性规定与个案审查为本纲、以行政法律法规的规定为标准的审查方法。对于行政机关收集证据的程序，概括要求其不得违反法律的规定、不得侵犯公民的合法权利，但在具体判断时，综合收集证据程序的全案情况进行审查，对于明显违法严重侵害公民权利的取证行为即可认定非法，由此取得的证据不得采纳。另外，对于行政法律法规有明确规定的取证禁止行为，一旦违反则由此取得的证据不得在刑事诉讼中使用。例如，按照《最高人民法院关于行政诉讼证据若干问题的规定》第57条规定，以偷拍、偷录、窃听等手段获取侵害他人合法权益的证据材料或以利诱、欺诈、胁迫、暴力等不正当手段获取的证据材料，不得作为行政诉讼的定案依据，自然也不应当允许其在刑事诉讼中使用。

（三）非法证据排除规则的审慎运用

对于非法收集的证据，原则上应以非法证据排除规则将其排除于刑事诉讼之外，行政机关收集的证据也不例外。这些证据尽管要经历从行政程序到刑事诉讼程序的跨越，但不能允许存在只要公安司法人员“双手干净”就不以行政人员收集证据方式影响证据可采性的“银盘理论”[②]。排除非法证据，其最为重要的意义在于保障公民的权利，也是正当程序失范后的一种救济手段。更为重要的是，排除非法证据能够有效地震慑公权力机关行为，去除公权力机关非法行为的源动力，使其不能从非法搜查扣押行为中讨得好处，从而预防公权力机关未来的非法搜查扣押行为。故此在刑事诉讼中排除行政机关收集的非法证据实属必要。

而如前文所述，《刑事诉讼法》第52条第2款允许进行刑事诉讼的行政机关收集的证据是实物证据，因此此处适用的是非法实物证据排除规

① Joshua Dressler, Alan C. Michael, *Understanding Criminal Procedure*, *Volume* 1: *Investigation*, 5th ed, LexisNexis, 2010, p.132.

② 此为美国证据法理论，指只要联邦官员没有参与非法取证，由州或地方执法官员在非法取证中所查获的证据可以在联邦法院系统作为给被告人定罪的根据，其立论根源实质上在于联邦与州的双重主权理论。J. A. C. Grant, *The Tarnished Silver Platter*: *Federalism and Admissibility of Illegally Seized Evidence*, 8 UCLA L. Rev. 1, 1961.

则。我国法律对于非法实物证据排除规则持有谨慎的肯定态度，根据《刑事诉讼法》第54条规定，实物证据的排除有四个较高门槛，只有当其不符合法定程序、且可能严重影响司法公正、且不能补正、且无法作出合理解释时才会被排除，表明了立法者既希望消除公权力机关非法取证对正当程序的损害，又对排除实物证据可能导致有罪之人逃避惩罚和控制犯罪力度下降心存担忧的逡巡态度。

依笔者的观点，这样的“四重障碍”式的非法实物证据排除规则，尽管对于整个刑事诉讼制度而言可能要求略高、谨慎过度，但对于排除行政机关收集的非法实物证据而言却是恰到好处。如前文所述，既然《刑事诉讼法》第52条第2款的规定本身体现出向控制犯罪价值略作倾斜的特征，则证据排除规则的适用也当相应略作收缩。只在行政机关收集证据的行为明显不符合法定程序且严重影响公正时才有排除证据的空间，与实物证据本身客观性较强的属性相符；而给予公权力机关进行补正和合理解释的机会，也可以减少排除客观性较强的实物证据对案件审理的影响，契合第52条第2款的规定对发现案件真实的追求。总之，在排除行政机关收集的非法实物证据时，以审慎的态度稳妥进行，是符合法治要求的。

（四）“借壳”取证的隐忧

行政机关收集证据程序与侦查机关收集证据程序可能适用不同的合法性判断标准，而其收集的证据也可以在刑事诉讼中使用，这不禁令人产生了一丝担忧：侦查机关是否会为了规避刑事程序的严格标准而“借壳”于行政机关，利用此种不同标准的法律空隙让行政机关代为取证？这样的担忧并非杞人忧天，现实中公权力机关为了规避法律而以行政行为代替司法行为的“借胎生子”的现象并不鲜见。其中一个典型的例子就是在中国过去的实践中，曾大量出现以收容审查代替拘留、逮捕等刑事强制措施的情况。[①] 再如公安机关以留置代替拘传、刑事拘留以规避拘传、刑事拘留的严格审批程序的现象也屡见不鲜。

这一问题有可能较为突出地表现在贪污贿赂等职务犯罪案件中。目前我国的反腐有三个主要的案件办理主体：党委的纪检部门、政府的监察部

① 陈光中等：《中国司法制度的基础理论问题研究》，经济科学出版社2010年版，第246－247页。

门和检察机关。但纪检部门与监察部门合署办公，实际上是“两块牌子，一套班子”，因此纪检监察部门具有党委与行政的双重性质。实践中，相当数量的职务违法犯罪案件是先由纪检监察部门进行查办的，在纪检监察部门查证后认为涉及刑事犯罪的，始由检察机关进行侦查。为了顺利完成纪检监察部门收集的证据向检察机关的移交使用，《刑事诉讼法》修改时于第52条第2款特地在“行政执法”之外加上“查办案件”的情形，并将纪检监察部门收集证据的行为从行政权行使的角度视为监察部门的行政机关在行使职权，以使此种证据满足《刑事诉讼法》第52条第2款的要求，实现在刑事诉讼中的使用。[①] 在贪污贿赂等职务犯罪案件的侦查中，检察机关若要按照《刑事诉讼法》及相关规定收集证据，有的时候远不如纪检监察部门在查办案件中以“双规”“双指”限制被查办人人身自由之后收集证据来得方便；而目前有了《刑事诉讼法》第52条第2款的规定，纪检监察部门收集的证据向刑事诉讼中移送的通道已经打通，检察机关有可能刻意地通过纪检监察部门进行证据收集。

类似的情况在其他类型的刑事案件的处理过程中也有可能发生。行政机关收集的证据在刑事诉讼中的使用制度倘若运用不善，可能成为公权力钻法律规定空子的一道缺口。如果侦查机关当真利用行政机关收集的证据可以运用于刑事司法的规定故意规避法律，以较低的合法审查标准实现取证行为的完成，当前的法律规定中尚无有效的解决办法。面对此种可能性，应当做好充分的应对准备，对恶意利用和规避法律进行证据收集的行为加以禁止，从制度上堵住此种绕开法律规定的“捷径”。乔治·维克沙姆曾经说“实施司法的方式常常比司法本身更为重要”[②]，如果行政机关收集的证据进入刑事诉讼的制度使用不善，可能使法律的程序性规定被虚置，令公民权利受到严重威胁，这不能不引起我们的充分警惕。

---

① 参见谢文英：《行政执法与刑事司法“证据”实现对接》，载《检察日报》2012年5月14日。

② Richard A. Leo, *Police Interrogation and American Justice*, Harvard University Press, 2008, p.41.

第二章　警察暂时性人身限制权的理论基础

第一节　安全和秩序需要

一、安全

安全是人最基本的需要。美国心理学家亚伯拉罕·马斯洛提出人有生理需求、安全需求、社交需求、尊重需求和自我实现需求这样五类从低到高排列的需求。从最低限度来讲，人的幸福要求有足够的秩序以确保诸如粮食生产、住房以及孩子抚养等基本需要得到满足；这一要求只有在日常生活达到一定程度的安全、和平及有序的基础上才能实现，而无法在持续的动乱和冲突状况中实现。[①] 虽然对安全的需要会因个人发展到成熟阶段而相应减小，但是这种需要在他的整个一生中总会以某种形式伴随着他，[②] 因而法律的实施必须保护人的此种现实的和心理的需求。霍布斯说"人民的安全乃是最高的法律"[③]，这种说法固然有点言过其实，但也从某一方面说明了安全的重要价值。生命、自由、财产这些为人类所珍视的权利，无一不是需要有安全作为保障的，安全作为一种幕后的支撑力量，是正义得

① James S. Campbell, Joseph R. Sahid, David P. Stang, *Law and Order Reconsidered: Report of the Task Force on Law and Law Enforcement of the National Commission on the Causes and Prevention of Violence*, Praeger Publishers, 1970, p.3.

② ［美］E. 博登海默：《法理学：法律哲学与法律方法》，邓正来译，中国政法大学出版社 2004 年版，第 318 页。

③ Thomas Hobbes, *De Cive (The English Version)*, Oxford Press, 1983, p.157.

以实现的基本前提。法律应当保障公民的生命、健康、自由、财产和思想方面的自由，防止外部的不法力量对人的合法权利造成侵害。这些不法的外部力量，既包括来自公权力滥用引发的，也包括来自私人违法犯罪造成的。于是，在巩固国家、群体和个人通过政治斗争的手段而获得的自由和平等方面的进展的过程中，法律也践履着一种重要的安全功能，法律对于权利来讲是一种稳定器，而对于失控的权力来讲则是一种抑制器。[①]

犯罪是否能够得到控制是公民的安全能否得到保障的重要标志之一，也是公民是否能够获得安全感的重要原因之一，政府倘若不能有效地控制犯罪，也就无法让公众建立起对社会公共安全的信心。因此，政府总是竭尽全力地通过各种手段减少犯罪，以维护公共安全，从而避免其执政能力受到公众的质疑。在进入20世纪以后，尤其是近二十年来，犯罪浪潮似乎正席卷着全世界各个国家：毒品犯罪、反政府武装与犯罪团伙相互勾结、走私武器、掠夺资源、绑架和贩卖人口、一些城市的暴力团伙横行，这些状况在世界各地变得日益猖獗；而且犯罪还出现了国际化的趋势，跨国有组织犯罪、恐怖犯罪以及其他形式的犯罪正严重危害着各国社会的稳定，与此同时网络犯罪和经济欺诈也越来越成为威胁公民和国家安全的重要犯罪方式。[②] 而在中国，近几年犯罪问题也同样困扰着政府和普通民众，仅2009年，各级法院审结一审刑事案件就达76.7万件，判处罪犯99.7万人，其中危害国家安全犯罪，杀人、绑架、抢劫、爆炸等严重暴力犯罪以及盗窃、抢夺、诈骗等多发性侵财犯罪案件26.7万件，判处罪犯37.5万人，黑社会性质组织犯罪案件527件，判处罪犯3231人，拐卖妇女儿童犯罪案件1636件，判处罪犯2413人，毒品犯罪案件5.1万件，判处罪犯5.6万人。[③] 如此大量的刑事犯罪使得民众的安全感下降，也使得政府将制止犯罪保障公民安全置于重要地位具有了合理性。

但是，一个问题总是具有两面性的，在强调保障安全的同时，要密切关注在“保障安全”的大旗下可能出现的公权力滥用的情况，防止过度强

---

① ［美］E. 博登海默：《法理学：法律哲学与法律方法》，邓正来译，中国政法大学出版社2004年版，第317页。

② 参见方祥生：《联合国会议：世界面临“犯罪浪潮”》，载《光明日报》2009年4月18日。

③ 参见王胜俊：《最高人民法院工作报告——2010年3月11日在第十一届全国人民代表大会第三次会议上》，载《最高人民法院公报》2010年第4期。

调安全而对公民的自由和其他权利造成不当侵害，对于安全价值的保障必须处于一种合理而平衡的维度之内。因为正如博登海默所言，安全具有一张两面神似的面容，一种合理的稳定生活状况是必要的，否则杂乱无序会使社会四分五裂；然而稳定性必须常常为调整留出空间；在个人生活和社会生活中，一味强调安全，只会导致停滞，最终还会导致衰败；从反论的立场来看也是这样，即有时只有经由变革才能维续安全，而拒绝推进变革和发展则会导致不安全和社会分裂。[①]

二、秩序

秩序，意指在自然进程和社会进程中都存在着的某种程度的一致性、连续性和确定性；而无序则表明存在着断裂（或非连续性）和无规则性的现象，亦即缺乏智识所及的模式——这表现为从一个事态到另一个事态的不可预测的突变情形。[②] 根据弗洛伊德的研究发现，人对于秩序的追求是一种源自人的内心根源的心理需求，因为人具有不断重复其所满意的过去状态的欲望。[③] 秩序有两种，一为自然秩序，一为社会秩序，其中社会秩序是人与他人、与社会交往的基本纽带，也是维系人类社会关系的桥梁。在一个文明社会中，人们必须能够假定：第一，其他人不会故意对他们进行侵犯；第二，他们为了享受其利益的各种目的，可以控制他们所发现和占用的东西，他们自己的劳动的成果和他们在现行的社会和经济秩序下所获得的东西；第三，与他们进行一般社会交往的人将会善意地进行行为；第四，那些采取某种行动的人将在行动中以应有的注意不给其他人造成不合理损害的危险；第五，那些持有可能约束不住或可能逸出而造成损害的

① ［美］E. 博登海默：《法理学：法律哲学与法律方法》，邓正来译，中国政法大学出版社 2004 年版，第 321 页。

② 参见［美］E. 博登海默：《法理学：法律哲学与法律方法》，邓正来译，中国政法大学出版社 2004 年版，第 227－228 页。

③ 弗洛伊德发现，孩子们总是不厌其烦地让一个成年人重复一个他教他们玩的或他同他们一起玩的游戏，直到他筋疲力尽无法再玩时为止。如果一个小孩听了一个好故事，他就会坚持要人一遍又一遍地给他重复这个故事而不要听新故事；他还会苛刻地要求，该故事的重复要完全相同，他也会纠正讲故事的人可能作出的任何更动。转引自［美］E. 博登海默：《法理学：法律哲学与法律方法》，邓正来译，中国政法大学出版社 2004 年版，第 237 页。

东西的人，将对它们加以约束或把它们置于适当的范围内。[①] 而这些假设作为文明社会的基本前提，正表明在一个文明社会中，安定的秩序是最基本的要求。

法律本身便是社会秩序失衡的产物，中国有“夏有乱政，而作禹刑；商有乱政，而作汤刑；周有乱政，而作九刑”[②] 的说法，法律最重要的价值之一便在于维护稳定的社会秩序，这是因为“法律（和礼俗）就是某种秩序，普遍良好的秩序基于普遍遵守法律（和礼俗）的习惯”[③]。法律对社会秩序的维护是通过权利义务的分配完成的，随着法律对于社会秩序维护作用的强化，秩序成为了法律本身所追求的价值。秩序价值既包含有制度层面的价值，又包含有更为深层次的文化价值。其中制度层面的价值即法律对于社会秩序的制度性保障作用，这主要体现在两个方面：其一，在社会秩序未受到破坏之前，随时监视可能发生导致社会秩序受损的任何行为，同时通过其强大的威慑效果或预先采取措施避免此种行动的出现；其二，在社会秩序受到干扰后，通过国家强制力的行使，用惩罚或调整等手段，回复原本稳定情况下受损的社会秩序。当这两方面的作用不断地在社会生活中重复出现在人们的经验中时，法律也就产生了某种精神强制的意义，人们或自觉或不自觉地感受到法律在支撑社会秩序方面的潜在力量，于是这也就使得社会秩序的创设、确认、保持、回复形成了一种完整的结合。

秩序的价值对于当代中国而言意义更为重大。中国目前正处在社会转型时期，各种社会矛盾呈现出尖锐化的态势。由于对于社会发展的进程出现了理解偏差，经济的发展被片面地置于压倒一切的位置，社会和政府出现了对 GDP 宗教式的膜拜，而对于社会生活的其他方面投入的注意力却远远不够。在这种情况下，社会矛盾发生的概率上升，而有效处置和消化社会矛盾的机制尚未成形，于是出现了社会矛盾大量涌现、群体性事件层出不穷的状况。而更为严重的是，这种社会矛盾直接影响到了刑事司法领域，犯罪率的攀升成为了政府和公民都无法忽视的社会现实。因此在当代中国，如何发挥法律在维护社会秩序，尤其是降低犯罪率方面的作用，是

---

① ［美］罗斯科·庞德：《通过法律的社会控制》，沈宗灵译，商务印书馆 1984 年版，第 54－55 页。

② 《左传·昭公六年》。

③ ［古希腊］亚里士多德：《政治学》，吴寿彭译，商务印书馆 1965 年版，第 359 页。

刑事司法改革的当务之急。

三、安全、秩序与警察暂时性人身限制权

警察的暂时性人身限制措施正是因为国家与公民均有维护社会安全和秩序的需要而获得了其自身的正当性渊源。在社会生活的日常状态下，大量的刑事案件的发生具有突发性和不可预测性，而这种突发性的刑事案件又往往是与暴力和武器以及违禁品联系在一起的。警察需要执行大量的巡逻和执勤任务，是最容易与此种突发案件正面相遇或最早赶赴案件现场的政府公权力执行者；同时，经过了长期职业训练拥有特定职业经验的警察很可能在刑事案件发生前就对案件的发生有所警觉。当警察察觉到可能即将发生刑事案件或在刑事案件刚发生时到达现场，赋予其暂时性人身限制权，可以使其有效地控制现场态势，防止犯罪嫌疑人逃脱或犯罪的危害后果进一步扩大，避免公共安全遭受更大损失；也可以有效防止证据的湮灭，为后续的侦查工作提供便利和线索；甚至可以防患于未然，遏制刑事案件的发生，消除对公共安全的隐患。

在强调犯罪控制的大陆法系司法体制下的国家，维护安全和秩序自然是刑事司法的目标；即使在强调个人权利的英美法系中，安全和秩序仍然是占据了重要地位的考虑因素。诚如英国学者菲利浦·约翰·斯特德所指出的，对于民主制度来说，警察的力量过于强大固然不好，警察的力量不够强大也同样是危险的；犯罪是今日社会的恶疾，而且看起来很有可能在明天更为恶化；一个国家既可以被外来的战争所征服，也可以被内部的犯罪所打垮。一个国家发展警察体系的力量、特点和目标，不仅关系到它的健康，甚至还关系到它的生存。[①] 因此基于安全和秩序的考虑，赋予警察暂时性人身限制权是适当和合理的。例如在美国，宪法第四修正案的令状条款作为一项基本原则，仍然可以向“紧急情势”作出妥协。美国联邦最高法院指出：“一般来说，要求获得令状来搜查个人住宅或他的人身，除非‘情况的紧急性’使得执法需求如此的强烈，以至于根据第四修正案，

① ［英］菲利浦·约翰·斯特德：《英国警察》，何家弘、刘刚译，群众出版社1990年版，第172页。

无证搜查客观上是合理的。”① 而在布里格姆市诉斯图亚特案②中，最高法院再次确认，由于存在以下迫在眉睫的风险，即如果要求警察去申请令状，在此期间，某些公众可能会受到人身伤害，则为了保护公共安全不会受到迫在眉睫的风险，可以不适用司法令状的规定。

我国《刑法》开宗明义地规定：“中华人民共和国刑法的任务，是用刑罚同一切犯罪行为作斗争，以保卫国家安全，保卫人民民主专政的政权和社会主义制度，保护国有财产和劳动群众集体所有的财产，保护公民私人所有的财产，保护公民的人身权利、民主权利和其他权利，维护社会秩序、经济秩序，保障社会主义建设事业的顺利进行。”③ 我国《刑事诉讼法》也指出我国《刑事诉讼法》的立法目的在于“保证刑法的正确实施，惩罚犯罪，保护人民，保障国家安全和社会公共安全，维护社会主义社会秩序”④，而其中保证刑法正确实施，惩罚犯罪、保护人民和保障国家安全和社会公共安全、维护社会主义社会秩序这三方面的目的是相辅相成的。正是基于《刑法》和《刑事诉讼法》关于立法目的和任务的相关规定，我国法律赋予警察暂时性人身限制权也是具有正当依据的。

第二节　社会契约理论

一、社会契约理论

契约观念在西方社会可谓根深蒂固，在《圣经》上就能发现许多关于神与人订约的记载，其中最为著名的当属“摩西十诫”。而到了近代，随着商品经济的日益繁荣和资本主义的初步发展，契约观念在政治学领域发芽开花，逐步发展成为社会契约理论。

霍布斯是近代社会契约论的早期倡导者之一，他认为人在自然状态下，如果没有某种权威使得人们遵守自然法，则自然法本身或与驱使我们

---

① *Mincey v. Arizona*, 437 U. S. 385 (1978).

② *Brigham City v. Stuart*, 547 U. S. 398 (2006).

③ 《刑法》第 2 条。

④ 《刑事诉讼法》第 1 条。

走向偏私、自傲、复仇等的自然激情相互冲突，虽然有自然法却没有权力或权力不足以保障人们的安全，那么每个人都可以合法地依靠自己的力量和计策来戒备所有其他人，则人们将生活在危机和恐惧之中。天生爱好自由的人和统治他人的人生活在国家之中而使自己受到束缚，其终极动机、目的或企图是预测要通过这样的方式保全自己并因此而获得更为满意的生活并摆脱战争的悲惨状况；为了获得此种满意的生活，人们把大家所有的权力和力量托付给某一个人或一个能通过多数的意见把大家的意志化为一个意志的多人组成的集体，好像人人都向每一个其他的人说：我承认这个人或这个集体，并放弃我管理自己的权利，把它授予这人或这个集体，但条件是你也把自己的权利拿出来授予他，并以同样的方式承认他的一切行为。[①] 这就是霍布斯所认为的伟大的利维坦的诞生，即国家的诞生。他还认为国家的本质在于一大群人相互订立信约、每人都对它的行为授权，以便使它能按其认为有利于大家的和平与共同防卫的方式运用全体的力量和授权的一个人格；而承担这一人格的人就称为主权者，并被说成是具有主权，其余的每一个人都是他的臣民。[②]

霍布斯的社会契约理论得到了洛克的批判继承。洛克不同意霍布斯关于自然状态下人类社会弱肉强食、战争泛滥的描绘，而认为人在自然状态下是自由、平等、独立的，但是由于在自然状态下人们不能单独由自己充分提供适于人的有尊严的生活所必要的物资，因此为了弥补自然状态下的不足和缺陷，人们自然想与其他人群居并共同生活。任何人放弃其自然自由并受制于公民社会的种种限制的唯一的方法，是同其他人协议联合组成一个共同体，以谋他们彼此间的舒适、安全和和平的生活，以便安稳地享受他们的财产并且有更大的保障来防止共同体以外任何人的侵犯。[③] 当某些人这样地同意建立一个共同体或政府时，他们因此就立刻结合起来并组成一个国家，那里的大多数人享有替其余的人作出行动和决定的权力，这是因为，当某些人基于每人的统一组成一个共同体时，他们就因此把这个共同体形成一个整体，具有作为一个整体而行动的权力，而这是只有经大

① 参见［英］霍布斯：《利维坦》，黎思复、黎廷弼译，商务印书馆 1985 年版，第 128 - 132 页。

② ［英］霍布斯：《利维坦》，黎思复、黎廷弼译，商务印书馆 1985 年版，第 132 页。

③ ［英］洛克：《政府论（下篇）》，叶启芳、瞿菊农译，商务印书馆 1964 年版，第 59 页。

多数人的同意和决定才能办到的。[①]

卢梭的社会契约理论在学界广受争议。[②] 他将自然状态和社会契约作为一种假定，而不是像霍布斯和洛克那样把它们作为一种历史上真实发生的事实。他不同意霍布斯关于自然状态下人的状态的描述，他认为由于自然状态中的人们对自我保存的关心是最不影响他人的自我保存的，所以自然状态是最有利于维持和平，最适合人类的状态。[③] 但他设想，人类曾达到过某种境地，在该种境地下，自然状态中不利于人类生存的力量超过了人类为保存自身能运用的力量，若不改变人类即可能消失；但是人类又无法产生新的力量，只能结合起来并运用已有的力量，来对抗这种不利于人类生存的力量，而这就是社会契约所要解决的根本问题。[④] 于是这一结合行为就产生了一个道德的与集体的共同体，以代替每个订约者的个人；组成共同体的成员数目就等于大会中所有的票数，而共同体就以这同一个行为获得了它的统一性、它的公共的大我、它的生命和它的意志。这一由全体个人的结合所形成的公共人格，以前称为城邦，现在则称为共和国或政治体，当它是被动时，它的成员就称它为国家，当它是主动时，就称它为主权者，而以之和它的同类相比较时，则称它为政权；至于结合者，他们集体地被称为人民，个别地作为主权权威的参与者，就叫作公民，作为国家法律的服从者，就叫作臣民。[⑤] 结合的行为包含着一项公众与个人之间的相互规约，每个人在与自己缔约时，都被两重关系所制约着：对于个人，他就是主权者的一个成员；而对于主权者，他就是国家的一个成员。[⑥] 在卢梭的观念里，这样的政治共同体，由于契约的神圣性，因此不能使自

① ［英］洛克：《政府论（下篇）》，叶启芳、瞿菊农译，商务印书馆 1964 年版，第 59 页。

② 许多学者认为卢梭与其他自然法学派学者之间在观点上有相当大的距离；一些学者认为，卢梭是自然法学派的一个重要的转折人物，他既把自然法理论和社会契约说推到了高峰，同时又开始从根本上摧毁原先的自然法传统；有的学者甚至认为，卢梭是近代集权主义和民族主义精神之父。参见苏力：《从契约理论到社会契约理论——一种国家学说的知识考古学》，载《中国社会科学》1996 年第 3 期，第 91 页。

③ ［法］让·雅克·卢梭：《论人类不平等的起源》，吕卓译，中国社会科学出版社 2009 年版，第 29 页。

④ ［法］卢梭：《社会契约论》，何兆武译，商务印书馆 2003 年版，第 18－19 页。

⑤ ［法］卢梭：《社会契约论》，何兆武译，商务印书馆 2003 年版，第 21 页。

⑥ ［法］卢梭：《社会契约论》，何兆武译，商务印书馆 2003 年版，第 22 页。

己负有某种可能损害原始行为的义务，不能转让自己的某一部分，也不能使自己隶属于其他主权者。在共同体中，义务和利害关系迫使缔约者双方彼此相助，并把利益结合在一起，而主权者则没有与其组成主权者的个人利益相反的任何利益，从而形成了某种公意，这种公意是公正无偏私的，且是不容侵犯的。

三位先贤尽管对于人类在自然状态下的生存状况存在不同的理解，但是对于社会契约的论述还是呈现出某种一脉相承的特征。他们都认为人们为了延续和增进其生活状态中令人满意的内容，订立了某种契约，从而形成了国家。[①] 尽管他们在对社会契约的目的、政治体制的选择、政府权力的分配等方面存在着一些差异，但他们关于社会契约的理论都直接包含有个人权利让渡的内容，这是值得进一步思考的。

二、社会契约与公民权利的让渡

根据社会契约理论，人在自然状态下享有自然权利，但是为了消除自然状态下的种种不利于人类发展的状况，每个个人相互订立某种契约，形成某种共同体，以获得安全。于是个人为了成为公民，向国家让渡了其部分自然权利，换取了安全的对价。因此社会契约理论包含着公民权利让渡的内容。

霍布斯认为按约建立的主权者享有某些权利，这是因为大多数人把代表全体的人格的权利授予了它。被他们推为主权者的那个人承担大家的人格的权利只是由于他们彼此间的信约所授予的，而不是由他对他们之中的任何人的信约所授予的。由于多数人以彼此同意的意见宣布了一个主权者，原先持异议的人便必须同于其余人的意见，也就是说，他必须心甘情愿地声明承认这个主权者所作的一切行为。由于这种按约建立国家的制度其目的是为了全体的和平与防卫，任何对这一目的具有权利的人也就具有对于手段的权利，对内防止分歧，对外对付敌人，他也当然有权事先作出

① 但霍布斯并不认为信约方式是取得主权的唯一方式，他认为通过自然之力获得主权是与协议方式获得主权相并列的另一种主权获得方式。参见［英］霍布斯：《利维坦》，黎思复、黎廷弼译，商务印书馆1985年版，第132页。

他认为有必要的事情。① 可见霍布斯的思想具有强烈的集权主义的色彩。

洛克则指出，当每个人和其他人同意建立一个由一个政府统辖的国家的时候，他使自己对这个社会的每一成员负有服从大多数的决定和取决于大多数的义务，否则他和其他人为结合成一个社会而订立的那个原始契约便毫无意义，而如果他仍然像以前在自然状态中那样自由和除了受以前在自然状态中的限制以外不受其他拘束，这契约就不是真正的契约了。② 这是因为如果在订立契约之后，人们不需要让渡出某些方面的自由和权利，其生活状态相较于自然状态下毫无改变，则通过契约建立共同体的行为实为多余。因此，凡是脱离自然状态而联合成为一个共同体的人们，必须被认为他们把联合成共同体这一目的所必需的一切权力都交给这个共同体的大多数，除非他们明白地议定交给大于大多数的任何人数；而开始组织并实际组成任何政治社会的，不过是一些能够服从大多数而进行结合并组成这种社会的自由人的同意。③ 洛克认为，人们为了结合成为一个共同体，并使得这一共同体得以运转，所放弃的权利是多种多样的，其中一种就是处罚违反自然法的罪行的权利。他认为在自然状态下，人们有自行惩罚违反自然法的人的权利，这一权利以制止违反自然法为限度，而在共同体中，他不但要放弃此种处罚的权利，而且要协助和服从社会行使的执行权。但是洛克同时也强调，虽然人们在参加社会时放弃他们在自然状态中所享有的平等、自由和执行权，而把它们交给社会，由立法机关按社会的利益所要求的程度加以处理，但是这只是出于各人为了更好地保护自己、他的自由和财产的动机，社会或由他们组成的立法机关的权力绝不容许扩张到超出公众福利的需要之外。④

卢梭则认为，社会契约的条款无疑地可以全部归结为一句话，那就是：每个结合者及其自身的一切权利全部都转让给整个整体。⑤ 这主要有

① 参见［英］霍布斯：《利维坦》，黎思复、黎廷弼译，商务印书馆 1985 年版，第 133－137 页。

② ［英］洛克：《政府论（下篇）》，叶启芳、瞿菊农译，商务印书馆 1964 年版，第 60 页。

③ ［英］洛克：《政府论（下篇）》，叶启芳、瞿菊农译，商务印书馆 1964 年版，第 60－61 页。

④ ［英］洛克：《政府论（下篇）》，叶启芳、瞿菊农译，商务印书馆 1964 年版，第 79－80 页。

⑤ ［法］卢梭：《社会契约论》，何兆武译，商务印书馆 2003 年版，第 19 页。

三方面的原因：其一，既然每个人都把自己全部奉献出来，所以对于所有的人条件便都是同等的，而条件对于所有的人既然都是同等的，便没有人想要使它成为别人的负担了；其二，转让既然是毫无保留的，所以联合体也就会尽可能地完美，而每个结合者也就不会再有什么要求了；其三，每个人既然是向全体奉献出自己，他就并没有向任何人奉献出自己，而且既然从任何一个结合者那里，人们都可以获得自己本身所让渡给他的同样的权利，所以人们就得到了自己所丧失的一切东西的等价物以及更大的力量来保全自己的所有。[①] 这样的说法不免夸张，并且体现出某种集权主义的思维方式，但是可以认为卢梭对于个人向联合体转让权利的观点是其社会契约理论的基本内容。他进一步将社会契约简化为如下的词句："我们每个人都以其自身及其全部的力量共同置于公意的最高指导之下，并且我们在共同体中接纳每一个成员作为全体之不可分割的一部分。"[②] 卢梭对于社会契约理论的阐述，很多情况下是通过对权利义务的分配进行分析而实现的。例如他认为，既然主权者是由组成主权者的各个个人所构成的，那么主权者就没有而且也不允许有与其利益相反的任何利益；而作为个人来讲，可以具有个别的意志，这种个别意志可能与其作为公民所具有的公意不同甚至相反，他们可能希望抛弃自己所承担的义务，但这种对义务的抛弃实际是把义务转嫁到别人身上，如果他只享受公民的权利而不愿承担义务，则长此以往，将会造成政治共同体的毁灭。因此，为了使社会公约不至于成为一纸空文，它就默契地包含着这样一种规定：任何人拒不服从公意的，全体就要迫使他服从公意。[③] 换句话说，如果一开始权利的让渡尚是一种基于契约的自愿行为，那么后来这种权利的让渡便成为了一种强制的统治力量了。

霍布斯、洛克和卢梭关于公民权利让渡的理论最为重要的差别在于，霍布斯和卢梭认为人们为了达成社会契约并保障其实现，全部地放弃了其自然权利，而洛克则认为人们只放弃或让渡其中的一部分权利。笔者认为，一些根本的权利是不应被认为可以被让渡的，也是不容被让渡的。此外，在社会契约和公民权利让渡的理论之下，尚需时刻警惕"多数人的暴

① 参见［法］卢梭：《社会契约论》，何兆武译，商务印书馆2003年版，第19-20页。

② ［法］卢梭：《社会契约论》，何兆武译，商务印书馆2003年版，第20页。

③ ［法］卢梭：《社会契约论》，何兆武译，商务印书馆2003年版，第23-24页。

政”，正如哈耶克所言：“从长远看，忽视对多数人权力的限制不仅会破坏社会的繁荣与和平，还会摧毁民主制本身。”[1]

三、社会契约与警察暂时性人身限制权

在社会契约理论下，国家权力的行使需产生一定的能作为自然权力之让渡的对价的产品，其中最主要的就是公共安全和公共福利。作为国家公权力的重要行使方式之一，警察的暂时性人身限制权正是来源于此种公民权利的让渡，也必须指向实现犯罪控制、保障公共安全这一目标。公民让渡其一部分权利给国家，国家将其公权力中的警察暂时性人身限制权行使达到保障公共安全的目的，则双方的契约得到有效履行，若国家不能完成此任务，则契约的履行存在瑕疵。

警察为了保障公共安全而行使暂时性人身限制权时，得适当限制公民的自由，公民对警察权的行使有某种服从义务，而这种义务是基于契约产生的，这种义务的行使是为了获得社会属性的自由和安全。在这种情形下，“人类由于社会契约而丧失的，乃是他的天然的自由以及对他所企图的和所能得到的一切东西的那种无限享有的权利；而他所获得的，乃是社会的自由以及对于他所享有的一切东西的所有权。”[2] 于是遵守公意所制定的法律也成为一种自由，公民对警察暂时性人身限制措施的服从也有了其合理性渊源。

由此可见，在社会契约的理论下，公民权利的让渡是而且必然是警察暂时性人身限制权的来源。尽管这种社会契约的自然法学派的国家观念受到了批判，并被许多学者所抛弃，[3] 尤其是受到马克思主义学者的猛烈批判，认为：“卢梭的通过契约来建立天生独立的主体之间的关系和联系的‘社会契约’，也不是以这种自然主义为基础的。这是假象，只是大大小小

① ［英］弗雷德里希·奥古斯特·哈耶克：《自由宪章》，杨玉生等译，中国社会科学出版社1999年版，第165页。

② ［法］卢梭：《社会契约论》，何兆武译，商务出版社2003年版，第26页。

③ 例如哈耶克就认为，（“自然法”和“社会契约”）这些概念已失去感召力，并且是否使用它们来表达也与问题的实质无关。见［英］弗雷德里希·奥古斯特·哈耶克：《自由宪章》，杨玉生等译，中国社会科学出版社1999年版，第153页。

的鲁滨逊一类故事所造成的美学上的假象。”① 但这一观念已经融入西方政治法律活动的实践，并且成为一种信仰，而这种信仰是难以凭借理论的否证就能使人们对之加以拒斥的。② 因此，至少可以这么说，在西方社会，社会契约理论下的公民权利的让渡被认为是警察暂时性人身限制权的基础和来源。

第三节 价值平衡观

美国联邦最高法院首席大法官伦奎斯特曾经指出：“在我们国家，贯穿政治理论长期历史和宪法发展历程的最难以裁决的案件是存在两种相互冲突的价值的案件，每一价值都应当得到应有的尊重，但它们却相遇在此消彼长的竞争当中。”③ 在刑事诉讼中存在多元价值的观点也已经得到了广泛的认可，但同样是为人们所认可的价值，在数者之间如何进行平衡是一个重大的难题。这个问题虽然棘手，却是不能回避的。刑事诉讼的整个阶段，从案件发生时（甚至发生之前）到案件被完全处理完毕之时，国家权力和个人权利的冲突都是不可避免的，刑事诉讼程序的构建倾向于何种价值，则在公权力和私权利的冲突中作出的选择也将极为不同。

一、公正与效率的平衡

公正与效率是刑事司法中最为重要的对应价值之一，公正作为刑事诉讼的最基本的价值自然是毋庸置疑的，而效率价值被引入诉讼则是随着亚当·斯密以来的经济学对法律的渗透和对法律的经济分析的运用而来的。④

效率是指投入与产出的比例，而诉讼中的效率价值是指诉讼中投入较

---

① 《马克思恩格斯选集》（第 2 卷），人民出版社 1995 年版，第 1 页。

② 苏力：《从契约理论到社会契约理论——一种国家学说的知识考古学》，载《中国社会科学》1996 年第 3 期，第 80 页。

③ William H. Rehnquist, *Is an Expanded Right of Privacy Consistent with Fair and Effective Law Enforcement?*, 23 U. Kan. L. Rev. 1, 2 (1974).

④ 参见陈光中等：《中国司法制度的基础理论问题研究》，经济科学出版社 2010 年版，第 573 页。

少的司法成本（人力、金钱、时间等等）而解决更多的案件。法律经济学的奠定者波斯纳教授认为最大限度减少司法中的经济消耗，并且提高产出，这既是涉及程序时所应当重视的，也是司法本身所追求的重要价值。有效率的劳动分工可以使得司法部门集中关注基础更为广泛的社会要求：即以有效率的规则来保护安全、产权和交易；他甚至认为尽管除了效率和再分配之外，司法活动可能有其他潜在的目标，其中有许多（各种各样的“公正”和“正义”观念）都不过是财富最大化或利益再分配而已。[①] 他还提出了直接成本与错误成本的概念，认为直接成本是指法律实施中耗费的经济资源，错误成本是指因法律实施中的错误裁判而耗费的资源。与波斯纳的经济效率至上的效率理论不同，贝勒斯在借鉴德沃金道德成本理论的基础上，主张综合的效率理论，认为程序法除了重视经济成本外，尚需注意道德成本和程序利益。他认为，在直接成本、错误成本、道德成本和程序利益四者的关系上，应当追求（直接成本 + 错误成本 + 道德成本 - 程序利益）的总额的最小化。[②] 尽管有学者认为此种综合效率理论使得经济分析法学失去了对诉讼程序进行定量分析的方法论优势，混淆了效率与社会效益的概念，[③] 但笔者认为综合效率理论在凸显社会伦理价值和程序独立价值方面弥补了一元的效率理论的缺失，因而对于分析公正和效率的关系更具有参考意义。

诉讼公正与诉讼效率都是刑事诉讼应当追求的价值目标，但二者既有相统一的一面，也有可能出现相互冲突的情形。在二者出现冲突时，如何在二者之间进行取舍或者平衡，即如何处理二者的关系，曾有过许多不同的争论。从最初的公正绝对主义到对其矫枉过正的效率至上主义理论，人们逐渐认识到诉讼公正和诉讼效率这两种价值其实是可以兼容的，而并非必然相互排斥的。主张二者兼容的各种观点又主要分为三派：第一派认为效率具有优先于公正的价值，第二派认为公正和效率二者应当并重，第三

---

① 参见［美］Richard A. Posner：《法理学问题》，苏力译，元照出版公司 2002 年版，第 414 – 415 页。

② 参见［美］迈克尔·D. 贝勒斯：《法律的原则——一个规范的分析》，张文显等译，中国大百科全书出版社 1996 年版，第 34 页。

③ 陈光中等：《中国司法制度的基础理论问题研究》，经济科学出版社 2010 年版，第 578 页。

派则认为应当坚持公正优先、效率其次。值得注意的是，在我国由于经济领域曾经提出的“效率优先、兼顾公平”的口号对于法律界的影响，在西方并未形成重大影响的效率优先主义观念在我国司法实践中却有着实际的运用，制度和程序的公平化设计向司法资源的减省妥协，即使在我国外汇储备跃居世界第一、政府年税收收入高达7.7万亿元①的今天，“司法资源有限”似乎仍是一块常用的遮羞布。笔者认为诉讼效率由于其不仅包含着经济合理性内容，也包含着伦理价值的意义，因此二者是具有统一的一面的。但是若是二者发生冲突时，由于刑事诉讼涉及人的最基本权利的剥夺，应当明确公正的优先价值意义，因此刑事诉讼从整体上必须坚持公正优先；否则在本末倒置、无视公正的情况下，即使效率很高，也可能只是生产出一些“次品”，反而会损害我们所珍视的自由、人权等价值。当然在诉讼的特定阶段或特定时期，可以适当地突出效率的价值，其中最为典型的就是警察行使暂时性人身限制权之时。

警察行使暂时性人身限制权，在很大程度上看是公正优先原则的一个特例。由于情况紧急或者其他原因，警察倘若不迅速采取暂时性人身限制措施，则可能有更为重大的损害或者后续侦查的困难，因此个案的公正价值向刑事案件处理的个案效率价值作出了妥协。但是笔者以为，与其说警察暂时性人身限制权的行使是个案的公正价值向效率价值的让步，不如说是个案的公正价值为了刑事司法整体的运行和社会的安全、秩序等其他价值作出的牺牲。但是即使行使警察暂时性人身限制权，也应当保障底线正义，最基本的公正标准是不能被逾越的，最低的人权保障也是不能被侵犯的。

二、实体正义与程序正义的平衡

诉讼中的正义包含有实体正义和程序正义两方面的内容。诉讼上的实体正义主要包括四个标准。第一，准确认定事实。对于案件事实的准确认定，是实体公正得以实现的基本前提，无论是英美法系还是大陆法系，尽管在对何为发现案件真实的最佳手段方面存在不同认识，但都承认发现真

① 参见李丽辉：《2010年全国税收收入77390亿元》，载《人民日报》2011年1月10日。

实对于案件公正处理的基础性意义。因为放弃了对案件事实的准确认定，公正就成为了无根之木、无源之水，“如果没有与真实相一致的司法事实认定，那么公民就会对司法程序的公正性和可靠的司法裁判以及有效的纠纷解决丧失信心。”[①] 第二，正确适用法律（实体法）。法律所确立的一般规则在个案中的具体适用是个案公正实现的基本路径，没有正确合理的法律适用，就没有公正的刑事案件处理。第三，错案能够得到及时的纠正。第四，判决能够得到公正执行。程序正义除了具有保障实体正义实现的工具价值之外，尚有其自身的独立价值。程序正义的标准较实体正义纷繁复杂得多，陈光中先生认为程序正义的标准至少有六个方面的内容：第一，司法独立；第二，裁判者中立；第三，诉讼双方平等；第四，程序公开；第五，当事人程序权利的有效保障；第六，程序终局。[②] 其中与警察暂时性人身限制权关系最为紧密的是当事人程序权利的有效保障。诉讼中的程序权利至少应包括联合国《公民权利和政治权利国际公约》所规定的那些基本诉讼权利，即使在紧急情况下行使警察暂时性人身限制权时，这些权利也是不容克减的。

在实体正义与程序正义的关系上存在着重大的理论争议，出现了实体正义优先论、程序正义本位论和优先论、实体正义与程序正义并重论等不同观点。实体正义优先论起源于边沁，他关于程序法的唯一目的在于最大限度实现实体法的论述，是实体正义优先论的理论基础。实体正义优先论认为程序是服务于实体的工具，程序正义是手段，实体正义是目的，如果程序正义与实体正义发生冲突和矛盾时，对于程序正义的放弃应当是绝对而无条件的。实体优先论在大陆法系流行甚广，尤其对我国的司法制度造成了巨大的影响，在我国，直到20世纪90年代初，理论界基本上都认为程序法与实体法的关系是形式与内容、手段与目的，[③] 时至今日尽管理论界早已抛弃此种思维方式，但其于实务中的流毒还远没有消除。出于对实体正义优先论的反思

---

① ［美］罗伯特·萨摩尔、阿西尔·莫兹：《事实真实、法律真实与历史真实：事实、法律和历史》，徐卉译，载王敏远主编：《公法》（第4卷），法律出版社2003年版，第133页。

② 参见陈光中：《陈光中法学文选》（第一卷），中国政法大学出版社2010年版，第363-369页。

③ 陈光中：《陈光中法学文选》（第一卷），中国政法大学出版社2010年版，第372页。

和批评，我国的一些学者转向了在英美法系流行的程序正义本位论和优先论。这种观点认为，审判结果是否正确并不以某种外在的客观的标准来加以衡量，而充实和重视程序本身以保证结果能够得到接受是其共同的精神实质；换言之，只要严格遵守正当程序，结果就被视为是合乎正义的，[①] 甚至称“程序是实体之母，或程序法是实体法之母”[②]。他们认为在无法兼顾实体正义与程序正义之时，应当强调程序正义，宁愿放弃实体正义也不能放弃程序正义。第三种观点实体正义与程序正义并重论则认为：“程序公正和实体公正，总体上说是统一的，但有时难免发生矛盾。在两者发生冲突时，应当视具体情况而定。有时采取程序优先，如适用非法证据排除规则，有时采取实体优先，如对冤狱的平反不受申诉时效和终局程序的限制。总之，程序公正和实体公正如车之两轮，鸟之两翼，互相依存，互相联系，不能有先后轻重之分，而应当是并重的。”[③]

笔者持实体正义与程序正义并重论的观点，认为片面强调程序正义的工具价值和独立价值都是有失偏颇的，应当将此二者置于同等的价值位阶上，既不应当忽视程序正义自身体现的法治和人权价值，又不应当抹杀其保障实体正义实现的价值。但在二者出现冲突时，可以具体问题具体分析，根据不同的情势进行价值平衡，允许对其中的某一种价值适当偏重，也就是说，二者之间的关系应当是一种动态的平衡，而不应是僵化的、一成不变的对等。实体正义与程序正义的平衡对于警察暂时性人身限制权行使的意义主要在于以下几个方面：第一，警察暂时性人身限制权的启动要注意对是否会发生犯罪或其他导致暂时性人身限制权行使的合理可能的把握，倘若没有对于此种可能性的合理怀疑便不能行使此权力；第二，警察暂时性人身限制权的行使过程中也要注意对当事人程序性权利的保护，不能超越底线正义而作出侵犯相对人基本法定权利的行为，暂时性人身限制的实施强度也不能超过案件客观情况所需的必要程度；第三，警察暂时性

① ［日］谷口安平：《程序的正义与诉讼》，王亚新、刘荣军译，中国政法大学出版社1996年版，第5－6页。

② ［日］谷口安平：《程序的正义与诉讼》，王亚新、刘荣军译，中国政法大学出版社1996年版，第8页。

③ 陈光中：《刑事诉讼法再修改之基本理念——兼及若干基本原则之修改》，载《政法论坛》2004年第3期，第5页。

人身限制权行使完毕后应当接受监督和审查，既要审查权力行使的必要性，又要审查权力行使的合理性，从而保证权力的行使符合实体正义与程序正义平衡的要求。

三、控制犯罪与保障人权的平衡

控制犯罪的价值观认为，刑事诉讼的最基本功能在于控制犯罪行为，犯罪控制不力是对自由和秩序的巨大威胁，刑事程序应是社会自由的积极捍卫者，故而国家应当通过各种手段控制犯罪。[①] 这种价值观从某种意义上代表了一种对犯罪行为深恶痛绝并对社会生活充满不安全感的情绪，这种价值观也体现了对政府公权力的信任态度，因而在这种价值观下，警察通常拥有较大的权力。例如在这种价值观指导的刑事模式下，尽管警察在逮捕一个公民时需要有合理理由认为其从事了犯罪活动，但逮捕绝不仅限于此种情形；对公民的人身自由和隐私的轻微侵犯，比如在大街上拦阻公民并进行盘问，或将其带到警察局进行进一步的询问和侦查，在很多情形下即使没有合理理由也是正当的。[②] 在此价值观下，警察被认为通常是不会滥用权力的，若法律要对警察权进行限制，则必须明示。警察可以在很多情形下对犯罪嫌疑人实行紧急拘留，对于紧急情况下拘留的犯罪嫌疑人，警察有较长时间的人身限制期限，且即使在此期间警察出现了强迫性讯问等违反程序法规定的行为，其所获得的口供仍可以作为后续案件处理的信息线索和证据予以使用。

强调人权保障的价值观则认为，个人权利应当被摆在首位，且必须限制政府的权力。刑事诉讼中个人自由的丧失被认为是政府对个人最严厉的剥夺和惩罚，因为个人自由的权利是首要的权利，而政府权力总是容易被滥用的，必须对其进行限制。[③] 这种价值观体现了个人至上和对公权力充满怀疑的情绪，也体现了对政府出现错误时的不宽容的态度。在这种价值观下的刑

---

① Herbert L. Packer, *Two Models of the Criminal Process*, 113 U. Pa. L. Rev 1, 10 (1964).

② Herbert L. Packer, *Two Models of the Criminal Process*, 113 U. Pa. L. Rev 1, 10 (1964).

③ Herbert L. Packer, *Two Models of the Criminal Process*, 113 U. Pa. L. Rev 1, 10 (1964).

事诉讼，认为刑事案件处理中的“假阳性”（无辜者被判有罪而受到惩罚）比“假阴性”（有罪者被判无罪而逃脱惩罚）更不可取，宁可减少“产品”的“数量”，也要保证“产品”的“质量”，因为过度强调效率会导致专制，最大的效率意味着最大的专制。过大的警察权会导致对不同阶层不同对待，从而产生法律适用的不平等，且警察权过大会导致对个人自由的过度侵害，因此必须限制警察权。警察对公民进行逮捕必须具有“合理根据”，不得任意逮捕公民，逮捕权甚至拦阻盘问权的使用均不得恣意为之。对于被紧急拘留的犯罪嫌疑人，警察的人身限制时限较短，且一旦出现违反程序法规定的行为，其获得的证据很有可能在后续程序中被排除。

实际上，控制犯罪与保障人权并不是两种完全对立的价值观，这种强行的割裂只能作为一种分析方法，在现实中是找不到对应的。在现代法治国家中，控制犯罪和保障人权都被认为是刑事诉讼的重要价值，而各国的刑事诉讼也是控制犯罪和保障人权价值观的“混合体”。无论是在传统的英美法系国家还是在大陆法系国家，控制犯罪和保障人权都被作为最宝贵的价值而成为刑事诉讼所追求的目标。当然，不同的国家对于这两种价值会有所偏重，而两种价值所处的地位的细微差别，也会对“如同桅杆顶尖，对船身最轻微的运动也会作出强烈的摆动”的、作为社会生活“形式的形式”的刑事诉讼[①]产生重大的影响。

笔者认为，在不同诉讼阶段和特定的范围内，刑事诉讼程序对于控制犯罪和保障人权这两个价值的平衡和诉讼重心的倾向是不同的。在警察行使暂时性人身限制权的刑事案件即将发生或刚刚发生的阶段，由于情势的紧急性，可以容忍适当地向控制犯罪之价值倾斜，因为在此时，其他的法益，例如保障公共安全、避免危害后果发生或扩大，占据了重要的地位。如果将刑事诉讼比作一架天平，控制犯罪和人权保障分别是天平两端的托盘，那么在此刻，在控制犯罪一端的托盘上，被放上了保障公共安全的紧急需要等重要砝码。因此，在刑事案件即将发生或刚刚发生的阶段，允许警察依据其自身的专业经验，对公民的人身安全作一定程度的先行限制，待到事后再对警察行为的合法与否进行审查，是具有合理性的，也是符合价值平衡的要求的。

---

① ［德］拉德布鲁赫：《法学导论》，米健、朱林译，中国大百科全书出版社1997年版，第120页。

第三章　警察暂时性人身限制权与其他相关制度

在法律体系中，很难说一项制度是独立存在的，制度与制度之间总是相互纠结相互支撑的，因此，欲分析一项制度，不对与其相关的制度进行一番剖析，此种研究恐怕是不完整的。因而笔者在此对与暂时性人身限制权相关的制度进行一番比较。

第一节　警察暂时性人身限制权与搜查扣押

一、搜查扣押概述

搜查，是指执法人员对违法犯罪嫌疑人以及可能隐藏嫌疑人或者违法犯罪证据的人的身体、物品、住处和其他有关的地方进行搜索检查的一种侦查活动。其中对人身的搜查涉及两个方面：一是对人的体表以及附着在体表之上的物品进行的搜查，例如拍身搜查时可搜查身体外部和衣服口袋以查证是否携带武器；另一是对人体体表以内进行搜查，例如在强制抽取血样、在涉嫌体腔藏毒的案件中强制排泄等。对住宅的搜查范围广泛，不仅包括人的固定住处，也包括人的临时居所，还包括住房的附属物，例如房屋周围的草坪、杂物堆等地点。对于物品的搜查包括对文件、行李、箱包等等除了人身和住宅之外的事物的搜查，其中对汽车的搜查是一个重要的问题。随着汽车的日渐普及，汽车与案件发生某种关系的概率也变得越来越高，由于汽车本身机动性和相对隐秘性的特征，对汽车的搜查引发了许多探讨，在一些国家还衍生出关于汽车搜查的一整套独特的规定。搜查权的行使涉及众多的法益，其中受其影响最大的是公民的隐私权。关于公民隐私权是否受到侵害的考量，美国联邦最高法院在卡茨案[1]及其后续案件中制定出主客观双重判断标准，即以该个人是否对其具有实际的隐私期待为主观判断标准，以社会是否认可（或准备认可）此种隐私期待为客观判断标准，是较为有效的判断法则。

扣押包括对物的扣押和对人的扣押，对物的扣押是指国家机关依法强行扣留或提存与案件有关的物品的行为，而对人的扣押是指国家机关凭借其公权力而限制公民人身自由的行为。对物的扣押包括冻结、实际控制、转移等行为，如果警察扣押了某一物品，则对处于其中的物品亦构成扣押，例如警方扣押了违法犯罪嫌疑人的房屋，则其对房屋里的家具、电器等物品亦构成扣押；但是如果警察对物品只进行了极为短暂的控制，例如将公民的身份证件取来检查后又还给了公民，则不构成扣押。对人的扣押包括限制和剥夺公民的人身自由的情形，包括责令公民停止行动、命令其跟随警察接受调查以及对公民进行逮捕和羁押，盘查、留置和拘留措施的采取，在许多情况下即造成对人的扣押，因此警察暂时性人身限制权的行使方式几乎可以被包容于对人的扣押的维度之内。对人的扣押不一定必须有明示强制力的使用，警察即使在没有现实使用强制力的情况下，由于其表明身份或使用语言的行为给公民造成了某种强制要求的心理认知，从而使得公民服从其要求而放弃了自由行动，也构成对人的扣押。与搜查权的行使主要涉及公民隐私权问题不同，对物的扣押主要涉及的是公民对其财产排他性的占有、使用、收益、处分的权利，而对人的扣押主要涉及的是公民的人身自由权利。

搜查和扣押往往涉及公民的隐私权、财产权和人身自由权，是一种“侵入性”较强的侦查行为，其可能影响的法益十分重大，一旦权力滥用，可能对公民的权利造成严重的侵害，因此在许多国家，搜查和扣押行为都被认为是受宪法规制的强制性措施，通常必须遵循令状原则方得施行。美国联邦宪法第四修正案详细规定搜查和扣押需有合理根据，且需有令状方得执行。日本宪法第 33 条规定：“除作为现行犯逮捕者外，如无主管的司法机关签发并明确指出犯罪理由的拘捕证，对任何人均不得加以逮捕。”第 35 条规定：“对任何人的住所、文件以及持有物不得侵入、搜查或扣留。此项权利，除第 33 条的规定外，如无依据正当的理由签发并明示搜查

① *Katz v. United States*, 389 U. S. 347 (1967).

场所及扣留物品的命令书，一概不得侵犯。搜查与扣留，应依据主管司法官署单独签发的命令书施行之。”[①] 俄罗斯联邦宪法第22条规定：“每个人都有自由和人身不受侵犯的权利。只有根据法院的决定才允许逮捕、关押和监禁。在法院作出决定之前不得将人关押48小时以上。”[②] 我国《宪法》亦规定：“中华人民共和国公民的人身自由不受侵犯。任何公民，非经人民检察院批准或者决定或者人民法院决定，并由公安机关执行，不受逮捕。禁止非法拘禁和以其他方法非法剥夺或者限制公民的人身自由，禁止非法搜查公民的身体。”[③]

二、辨析警察暂时性人身限制权与搜查扣押的意义

辨析警察暂时性人身限制权与搜查扣押制度的异同之处的意义在于：倘若暂时性人身限制权的行使不构成宪法意义上的“搜查”与“扣押”，则无须对其进行宪法层面上的审查，也不能援引宪法的相关规定对公民权利进行救济；倘若暂时性人身限制权的行使构成宪法意义上的“搜查”与“扣押”，则对其的审查可以上升到宪法的高度，如果警方在行使暂时性人身限制权时有违法行为，则构成对公民权利的重大侵害，其后果与普通侵权相比严重性方面的差异不言而喻。

【杜那威案[④]】纽约州罗切斯特市的一名披萨店老板在一起抢劫案中被人杀害。安东尼·凡蒂格罗西警官从一名正受到羁押等待审判的囚犯处听说杜那威与该案有关。但是该名囚犯提供的信息无法满足警察们向法官申请逮捕杜那威的令状的要求，尽管如此，凡蒂格罗西警官还是命令其下属将杜那威“带回来”。于是三名警察于不久后的某一天早晨在杜那威邻居家中找到了杜那威，他们先在那里对杜那威实施了暂时性的拘禁，在此期间，警察一直跟杜那威说，他并没有受到逮捕，但是也不允许他自由离开。随后，他们又用警车将杜那威带回了警局，将其关在一个讯问室里。

---

① 日本众议院网站：http：//www.shugiin.go.jp/index.nsf/html/index_ e_ laws.htm（2013－4－11）。

② 俄罗斯联邦宪法英文版参见俄罗斯联邦宪法网站：http：//www.constitution.ru/en/10003000－03.htm（2013－4－11）。

③ 《宪法》第37条。

④ *Dunaway v. New York*, 442 U.S. 200 (1979).

警察对其进行了米兰达警告，随后进行了讯问。杜那威自愿地放弃了律师讯问时在场和律师帮助的权利，作出了对己不利的证言。在审判中，杜那威提出了将其在受拘禁和讯问期间作出的供述排除的动议，但该动议被审判法院所否决，杜那威被判有罪。

美国联邦最高法院签发了调卷令，受理了该案的上诉。最高法院的大法官们在接受了此案后，首先考虑的便是罗切斯特市的警察们在没有合理根据的情况下对杜那威限制人身自由，是否构成了第四修正案所规定的"扣押"，是否存在违反第四修正案的情形。在此案中，尽管无论控辩双方均承认警察实施限制人身自由的措施时并没有"合理根据"，但政府一方认为关于警察对杜那威的自由限制尚未达到"扣押"的程度。而布伦南大法官代表最高法院书写的判决意见则认为，无论何时，只要警察走向公民向其询问情况并且限制了其离开的自由，即构成"扣押"。尽管政府一方声称杜那威是自愿地随着警察一起去警察局的，而且此前警察也告诉杜那威，他并未受到逮捕，但最高法院认为，警察让某人一起去警局的要求本身很容易就带有一种强制的色彩，除了警察明确说明其可以自愿离开，否则对于任何一个普通人来说都是不得已而为之的，因此杜那威并不被认为是自愿前往的。第四修正案所保障的公民免受无理扣押的权利正是在"逮捕"的语境下实施和进行解释的，最基本的原则便是，"逮捕"与第四修正案所称的"扣押"意义相同。在进行"逮捕"或"扣押"时，尽管第四修正案并不要求在任何情况下都必须有令状，但是"合理根据"的要求却是绝对的，而警方的行为实际上已经构成了对杜那威的"扣押"，而在实施扣押时却又没有合理根据，因此其行为违法。根据以上分析，最高法院作出了以下判决：第一，警察对杜那威的人身限制行为构成了第四修正案所规定的"扣押"；第二，警察在没有合理根据的情况下，对杜那威进行扣押，违反了第四修正案；第三，从此种非法扣押和讯问中所取得的杜那威不利于己的证言不具有可采性。

从该案的分析可以看出，由于搜查扣押制度本身是与公民的宪法性权利密切相关的，因而暂时性人身限制措施的行使是否构成宪法意义上的搜查扣押，其关系甚大。一旦认定警察暂时性人身限制措施的采取构成了搜查或扣押，则不但法院可以从宪法层面上对警察行为进行审查，而且权力行使的相对人可以获得宪法救济。更为重要的是，如果认定暂时性人身限制措施构成搜查或扣押行为，则由于其涉及法益的重大性，对警察行使暂时性人身限制措施应当采取更加严格的监督和制约手段，严厉避免其权力的滥用，从而防止公民的宪法性权利受到不当侵害。

三、警察暂时性人身限制权与搜查扣押的异同

暂时性人身限制措施与搜查扣押制度既有交集又有区别，暂时性人身限制措施中亦包含有搜查和扣押的行为。但是对于警察对公民的盘查行为是否属于“搜查”或“扣押”存在争议，例如在特里案中检察官一方即主张“拦阻”“拍触”只会对公民带来一时的不便及轻微尊严的影响，由于其对公民权利的干涉非常轻微，因而不应属于第四修正案所指称的“搜查”和“扣押”的范畴。然而美国联邦最高法院认为“拦阻”虽然不是逮捕，但仍然属于宪法上规定的对人的“扣押”。宪法规定的扣押包括对物及对人的扣押，只要警察限制了公民的自由，且不允许公民自由离去，即构成对人的扣押，而“拍触”虽然不是对全身的彻底搜索，但仍是对隐私的重要侵犯，因此仍构成宪法规定的“搜查”。① 笔者认为在盘查时的拦阻行为、留置措施以及拘留事实上都属于对人的扣押，盘查时检视、搜索当事人的身体、持有物或汽车的行为事实上属于搜查行为。不能否认暂时性人身限制措施与搜查扣押行为存在很多交叉点，其行为方式具有一定的相似性，甚至可以说暂时性人身限制措施中相当大的一部分内容应当为搜查扣押制度中的对人的扣押制度所包含。

暂时性人身限制措施与普通的搜查扣押行为又有一些不同。这些不同点主要表现在以下方面。

第一，采取措施所面临的情势不同。暂时性人身限制措施是在特定的情势下迫不得已的选择，此种情势有三方面的基本要素：事件处理的急迫性、立即执行的必要性、申请授权的不现实性。事件处理的急迫性是指警察主观认为存在某种紧急的现实危险，立即执行的必要性是指警察主观认为倘若不立即采取暂时性人身限制措施可能导致更为严重的后果，申请授权的不现实性是指根据警察的前两项主观判断，在当时情况下申请令状或不必要或不可能。即要求是在由于时间急迫和情况需要，无暇亦无能力预先给予授权，而确有立即执行人身限制措施时，警察方得行使此种暂时性

① 参见王兆鹏：《美国刑事诉讼法》，元照出版公司2004年版，第237－238页。

人身限制权力。而普通的搜查扣押行为通常没有此种急迫性和立即执行的必要性，因此通常应当预先申请授权始得执行搜查或扣押。

第二，是否需有令状的要求不同。通常情况下警察对公民执行搜查扣押措施时，应当持有中立而无偏倚的第三方（通常是法官）颁布的令状方可实施。[①] 但是在某些紧急情况下，申请令状与现实的紧急性需要发生了激烈冲突，经过利益的平衡，认为应当授权警察在紧急情况下的便宜行事的权力，从而产生了警察的暂时性人身限制权。可见，行使暂时性人身限制权无须预先获得令状即可施行。但是普通的搜查扣押则不同，由于没有紧急情况这一例外，原则上搜查和扣押均需由法官颁发令状，除非有其他法定例外，方可进行无证的搜查扣押。然而不得不承认的是，如今暂时性人身限制措施与普通的搜查扣押行为在这方面的区别已经变得越来越不那么泾渭分明了，即使在令状主义被奉为金科玉律的美国，例外也变得越来越多，无证的搜查扣押行为已不鲜见，有学者细数例外规则竟超过二十项，[②] 难怪有人哀叹例外吞噬了原则、原则反而成为例外了。

第三，被强制人涉嫌违法犯罪的嫌疑程度不同。在警察采取暂时性人身限制措施尤其是盘查措施时，被强制人涉嫌违法犯罪的嫌疑程度较低，甚至某些几乎没有违法犯罪嫌疑的人员亦可能受到盘查等暂时性措施的限制。尽管采取暂时性人身限制措施时和进行普通搜查扣押时可能都要求具有合理根据，但是由于暂时性人身限制措施具有紧急性和程序启动的自主性特征，要求警察在如此短的时间内对于违法犯罪嫌疑的严重程度作出准确合理的判断，是不符合客观现实的。警察只能凭借自己的职业经验，根据自己的主观判断，作出相对合理的认定，从而决定是否需要采取暂时性人身限制措施。在这种情况下，由于警察判断的自主裁量权较大，暂时性人身限制措施的相对人的违法犯罪嫌疑的程度可能出现从高到低较大幅度的差别。而在普通的搜查扣押中，受到搜查扣押的被强制人往往有一定的

---

① 亦有一些法域规定并非由中立的第三方签发搜查证、扣押证。例如我国大陆地区搜查证由侦查机关自行签发，扣押证中独有逮捕一项由检察院签发许可，且检察院仍非中立之第三方。又例如我国台湾地区向来规定检察官有签发搜索票之权，唯因2000年检察官搜索议会和媒体引起轩然大波，“立法院”始于次年将检察官此项权力废除。

② Craig M. Bradley, *Two Models of the Fourth Amendment*, 83 Mich. L. Rev. 1468, 1473－74 (1985).

违法犯罪嫌疑，甚至可能要求警察对其违法犯罪嫌疑的怀疑达到相当高的标准。

第四，措施的目的不完全相同。普通搜查和扣押的主要目的在于获得与案件相关的证据，其中对人的扣押的目的还包括防止违法犯罪嫌疑人逃跑或妨碍侦查。而暂时性人身限制措施的最主要目的在于防止案件造成的危害的进一步扩大，保障公民和警察自身的人身安全，获得相关的案件线索。尽管暂时性人身限制措施也具有固定证据、防止嫌疑人逃跑或自残、自杀等功能，但其与普通搜查扣押的目的侧重点有所不同，并不完全重合。这种侧重点的差别使得暂时性人身限制措施和普通搜查扣押在权力行使过程中的具体操作方式有所不同，对于暂时性人身限制措施而言，限制相对人的进一步行动的能力，保证不会造成更大的危害后果，是警察首先要重视的问题。

尽管暂时性人身限制措施与普通的搜查扣押行为存在上述的四点区别，还是应当承认，暂时性人身限制措施与搜查扣押制度的相似之处多于相异之处，暂时性人身限制措施中绝大部分内容能够为搜查扣押制度所涵盖，因此在研究暂时性人身限制措施时必须要参考搜查扣押制度的相关内容。而通过参考搜查扣押制度，笔者认为，在研究暂时性人身限制措施时，对其行使的“合理性”的问题，应当置于重中之重的位置。

第二节　警察暂时性人身限制权与路检和国境检查

一、路检和国境检查概述

（一）路检

路检是指警察或其他执法人员在特定的路段设置指示牌或路障，拦截过往车辆，执行检查任务。路检主要针对的是来往的机动车辆，实施路检时，警察可以强制车上人员离车，并通常可以检查汽车。一般而言，路检主要有以下方面的目的：一般交通安全检查、酒后驾车测试、追缉违法犯罪嫌疑人及其他目的。①

以一般交通安全检查为目的的路检是指警察或其他执法人员在道路上设置指示牌或路障以拦截过往车辆，通过检查证件、检查车辆特征等手段，确保车辆行驶和道路交通的安全。例如警察发现某驾驶员未系好安全带，遂指示其靠边停车，对其进行检查和处罚。

以酒后驾车测试为目的的路检是指警察或其他执法人员在道路上对过往的不特定车辆或所有车辆的驾驶人员进行酒精测试，以发现酒后驾车之人并对其采取管束和处罚措施，保障公众的安全。在我国，由于酒后驾车造成的交通肇事案件频发，民怨沸腾，因此警方也加大了对酒后驾车的查处力度，故而以酒后驾车测试为目的的路检出现的频率也大大增加。进行此种路检时，警察往往有三步措施：首先，选择特定路段设置指示牌或路障；其次，有选择性地对部分过往车辆或对过往的全部车辆的驾驶人员进行呼气式酒精检测；再次，对于发现酒后驾车之人进行处理，或暂停其驾车资格，或进一步进行抽血检测，或进行管束或拘押。但在美国等一些国家，此种类型的路检不限于酒精检测，其涵盖范围甚广，包括了所有以检测驾驶人在受到酒精或药品影响状态下驾驶或无足够驾驶能力而驾驶为目的的路检，故称为 DUI（Driving under the Influence）检测。

以追缉违法犯罪嫌疑人为目的的路检是指警察在治安或刑事案件发生后，因出现违法犯罪嫌疑人脱逃的情况而在特定道路上设置路障，对往来车辆进行检查，以期发现嫌疑人或其踪迹。但此种路检要求警察对于违法犯罪行为的发生和嫌疑人的脱逃有确实的认定。例如美国法学会草拟的法案，即主张在符合一定条件下，允许警察设置路障，搜查往来车辆：①警察有理由相信严重犯罪已发生；②平衡犯罪的严重性及其相关情况，拦阻全部或大部分车辆系搜索犯罪行为人或被害人的合理必要的方式。②

其他目的的路检种类繁多，例如我国常见的为查处私家车辆冒用公务车或军车牌照而进行的路检、为实施高峰时段车辆限行政策而进行的路检、为阻止普通车辆进入特定区域而进行的路检等。

---

① 王兆鹏教授认为路检有三方面目的，分别为证件检查、酒精检测和追缉严重犯罪。参见王兆鹏：《路检、盘查与人权》，元照出版有限公司2003年版，第165页。

② 参见王兆鹏：《路检、盘查与人权》，元照出版有限公司2003年版，第172页。

（二）国境检查

国境检查是指在国境或海关处，政府为防止走私、偷渡和其他违法犯罪行为，设置固定或流动的检查岗哨，对出入国境的人员、物品进行检查的措施。出于主权、领土安全等考虑，各国在国境检查问题上都采取了较普通搜查扣押制度限制程度为低的规定。国境检查一般可以分为对人的检查和对物的检查，其中对人的检查又可分为针对不特定人的检查和针对特定人的检查。

针对不特定人的检查是指凡是通过口岸出入国境之人都必须接受的检查。在国境及海关口岸处要求所有进出境人员都通过安检关口，交验护照和其他身份证件，并通过电子技术对其身体及其随身携带的物品进行扫描检查，是各国的普遍做法。此种做法主要是为检查出入境人员的出入境行为是否合法，以及其身体和其行李物品中是否有危险物品及其他违禁物品。当然这种针对不特定人的检查可以因为所处时间空间的不同有所差异，例如在我国云南省靠近“金三角”地区的国境线上采取的检查措施的强度显然有别于内地关口，再如“9·11”袭击发生后各国均加强了机场海关的检查强度。针对特定人的检查是指对某些具有特殊嫌疑的人员进行与其他人不同的特殊检查，例如要求出入境人员接受开箱检查、由警犬嗅闻等。此种检查往往是以针对不特定人的检查的结果为基础的，要求该出入境人员达到一定的嫌疑程度方可实施此种特殊检查，例如通过安检门时发现其可能携带有毒品、枪支、大量贵重金属等。在实施这种特殊检查时，必须注意不得将种族、性别、年龄、阶级等作为启动检查程序的基本理由，即不得进行歧视性检查。美国在遭受“9·11”恐怖袭击后，大幅提高了海关安检强度，尤其是对于来自中东地区的航班和具有阿拉伯长相的出入境人员采取了短暂谈话和特别检查等措施，就曾引起极大的争议，被认为构成对阿拉伯人的歧视。对物的检查是指对出入境的物品、货品进行的检查，由于其与警察暂时性人身限制权的关系不大，故在此不复赘言。

国境检查主要采取的是固定关卡和边境巡逻两种手段。其中固定关卡的检查为普通人所常见，设置在机场、码头的海关关口，设置在国境沿线的哨所，以及设置在跨国公路国界处的“国门”等，均属于固定关卡。而边境巡逻对于普通人而言相对陌生，其实著名的美国边境巡逻队就是这样一个从属于国土安全部的边境执法机构，其主要职能就是在美国与加拿大、墨西哥边境处进行边境巡逻，防止非法移民、毒品等进入美国本土。由于边境巡逻的检查人员往往是临时偶发地突然出现而要求相对人接受检查，公民倘若在边境附近突然遭遇边境巡逻警察的检查，无论该受检查人本身有无违法行为，此种检查都可能引起其恐慌，而且边境巡逻时警察的自由裁量权往往较大，因此在实施边境巡逻时也需注意对人权的保护，不但要注意不应以外貌等作为检查的唯一原因而实施歧视性检查，而且应注意在必要时使用武力的合理性。2010 年，美国边境巡逻队就曾因开枪打死一名向他们投掷石块的 14 岁墨西哥男孩而受到墨西哥政府的抗议，并在国际上引起轩然大波。此种过度使用武力的边境巡逻行为，显然违反了合理性的要求，也是对人权保护理念的违反。

二、警察暂时性人身限制权与路检和国境检查的交叉

路检和国境检查中政府对公民或外国人亦可能采取暂时性人身限制措施，其强度和对人的自由的干涉度可能非常重大，且有时不但可能导致相对人的隐私权受限制，甚至可能给相对人造成强烈的屈辱感，例如在海关处理毒品走私案件时可能要求涉嫌人体藏毒的犯罪嫌疑人排泄。

【赫尔南德兹案①】赫尔南德兹乘坐国际航班从哥伦比亚波哥大市飞往美国的洛杉矶市，在洛杉矶国际机场，由于她的护照显示她最近多次飞往迈阿密或洛杉矶，引起了美国海关官员的注意，因此她的护照、小提箱受到了海关官员的检查，她本人也受到了海关官员的盘问。经过检查和盘问，海关官员们发现她来洛杉矶竟然没有预订酒店，她没带钱包，可是却带了大量现金，且都是大额纸币，而哥伦比亚的波哥大市又是一个毒品产地。海关官员们根据自己的执法经验，怀疑她是个“吞囊贩毒者”，即将毒品装进了橡胶囊中并吞咽进消化道里，想通过人体藏毒的方法将可卡因带入美国境内。一名女性官员于是将她带至一个隐秘的区域，对她进行了拍身搜查，尽管没发现违禁品，却发现她的下腹部异常。赫尔南德兹声称自己正在怀孕期，拒绝接受 X 光照射检查，于是她受到了单独监禁。官员们向法官申请令状，以对其进行怀孕检查、X 光照射检查和直肠检查，但直到十六个小时之后，他们才拿到令状。在此十六个小时期间内，官员们

---

① *United States v. Montaya de Hernandez*, 473 U. S. 531 (1985).

让赫尔南德兹选择要么乘坐下一班航班返回哥伦比亚，要么接受X光照射检查，要么继续受到监禁。赫尔南德兹选择了返回哥伦比亚，但官员们未能将她送上回去的航班。官员们告诉赫尔南德兹，如果她想上厕所，必须使用女厕所里的废纸篓，因为他们想通过检查粪便来发现毒品，于是她一直拒不上厕所。约十六小时后，官员们拿到了对她进行怀孕检查、强制X光照射检查和直肠检查的令状，怀孕检查结果显示其并未怀孕，而进行直肠检查的医生从她的直肠中取出了一个包着异物的橡胶囊，于是她被正式逮捕。最终从她体内取出了88个小橡胶囊，里面共含有528克纯度高达80%的可卡因。

美国联邦最高法院认为本案中海关官员们在综合当时情形的条件下，具备对赫尔南德兹人体藏毒的合理怀疑，因此，本案中对其采取的扣押行为是合理的。最高法院认为，第四修正案所规定的“合理性”要求在个人隐私和公共利益之间取得平衡，而在本案中，由于考虑到案件发生在国际机场，涉嫌贩毒的方法又使得执法官员无法迅速对此作出判断，再加上赫尔南德兹拒绝接受X光照射检查这唯一的侦查替代手段，以及她竭力控制自己使自己不上厕所，因此本案的扣押行为持续约十六个小时并非是不合理的。

本案是一个典型的警察暂时性人身限制权与国境检查交叉的案例，在本案中，海关官员对赫尔南德兹进行了盘问、拍身搜查、留置、紧急逮捕等暂时性人身限制措施。通过本案，可以认识到路检和国境检查中往往混杂着暂时性人身限制措施的采取，二者有非常多的交叉之处。

三、警察暂时性人身限制权与路检和国境检查的区别

暂时性人身限制措施是路检和国境检查中常用的，但是由于路检和国境检查所处的空间的特殊性，路检和国境检查与刑事案件中的暂时性人身限制措施存在着一定的区别。

第一，路检和国境检查与暂时性人身限制措施的属性有所不同。路检明显具有行政性，除了在特定的情况下警察为了追缉重罪案件的罪犯而设置路障进行路检之外，其他几种形式的路检均具有行政性，[1] 尤其是以一

[1] 尽管醉酒驾车可能涉嫌轻微刑事犯罪并导致刑事处罚，例如在我国醉酒驾车涉嫌刑事犯罪，在美国许多州DUI是一项轻罪（Misdemeanor），但针对醉酒驾车的路检并非以侦查犯罪为目的，其目的主要在于维护道路安全，故而行政性质更强。

般交通安全检查为目的的路检，更是出于执行交通法规、保障行车安全的考虑，其行政性色彩浓烈。尽管经由这些路检行为很可能发现刑事犯罪的线索，甚至可能直接查获犯罪，例如在进行酒驾检测时发现某车辆中藏有大量毒品从而破获贩毒案件，但并不能以此种可能性而改变其本身的行政性质。国境检查通常是由海关人员或边防军警执行的，其检查措施的采取是为了执行国境管理法规，行为往往具有常规性，受到国家政策的影响较大，检查方式和检查力度均相对不稳定，更为重要的是，国境检查具有单方性和主动性等行政特征，故而国境检查亦主要是行政性的。而暂时性人身限制措施兼具行政性和刑事司法性特征，对此前文已述，此处不复赘言。

第二，路检和国境检查与暂时性人身限制措施强制的对象有所区别。路检和国境检查的对象都是两方面的，对人和对物的检查和强制都是其重要的内容。在路检中，对汽车的检查（包括对汽车油箱、后备箱等超出“一目了然”范围部分的检查）是其检查的重要内容，许多案件正是在对汽车的检查中发现毒品、武器及其他违禁品的。在国境检查中，对于出入境人员的行李、进出口货物和国际邮包等的检查则是国境检查工作的重点之一。对于进出口货物的检查，其目的除了检查有无违禁物品之外，主要是检查是否存在走私等破坏国家经济秩序的行为。而对于国际邮包的检查，不但涉及出入境动植物检验检疫问题，还可能涉及国家安全，例如一些国家曾经收到内含有炭疽病菌的邮包，而通过邮包寄送爆炸物的事件也曾多次发生，因此这些国家纷纷加强对国际邮包安全性的检查，以防止通过国际邮包进行恐怖袭击。与路检和国境检查将人和物并重地作为检查对象不同的是，暂时性人身限制措施的强制对象主要是人身，其对物的强制范围极其有限。

第三，路检和国境检查与暂时性人身限制措施的行为相对人的特定性不同。无论是出于一般交通安全检查、酒后驾车测试、追缉犯罪嫌疑人或其他目的路检，其涉及的对象存在广泛性，受其行为影响的相对人往往是不特定的，这是由路检本身的特征决定的。路检是一种“大海捞针”式的检查行为，因此其行为相对人的不特定性也就不足为奇了。国境检查中对人的检查，既有针对不特定人进行的检查，又有针对特定人进行的检查。针对不特定人进行的检查对象的不特定性自不必言，即使是针对特定人进行的检查，其行为对象的特定性也是有限的，这种特定是在一个非常广的范围内的相对特定。路检和国境检查行为相对人的不特定性一方面是由于安全的需求超过个人自由的需求，另一方面则是因为这两种检查对于一般接受检查之人的自由所造成的干预都是短暂而轻微的。而暂时性人身限制措施则不同，由于这些措施涉及的法益重大，因此措施的采取必须针对某些特定要求，针对某些特定之人，不得随意滥用此种人身限制权力。

第四，路检和国境检查与暂时性人身限制措施在是否需要对被强制人具有怀疑方面的要求不同。路检是一种类似排查的行为，警察在特定路段设置障碍之后，凡是经过的车辆均有可能受到检查，尤其是酒精测试，往往针对的是不特定人员，执法官员对于其检查的人员未必具有任何怀疑。在国境检查中，针对不特定人的检查根本不是出于怀疑，而是一种例行公事；而针对特定人的检查，其怀疑程度也往往是很低的，例如可能因为某人携带有普通金属物质导致安检门发出警报而采取进一步检查的措施。正如美国联邦最高法院在拉姆齐案①中指出的："相对短暂的、毫无嫌疑根据的无证搜查、扣押活动，仅仅因为发生在国际边境地带，所以它就是合理的。"② 可以认为，在实施国境检查时，出于对国家的主权和安全的考虑，个人的自由权利在一定程度上作出了让步，法律承认国境执法人员具有相对较大的自由裁量权。暂时性人身限制措施虽然要求的怀疑度较低，但毕竟是要求有怀疑根据的，例如特里案中美国联邦最高法院认为适用宪法第四修正案的"合理性条款"。我国《人民警察法》第 9 条亦规定只有对有违法犯罪嫌疑的人员方可当场盘问、检查和留置。

第五，路检和国境检查与暂时性人身限制措施的行为目的的侧重点不同。路检主要有一般交通安全检查、酒后驾车测试、追缉犯罪嫌疑人等方面目的；国境检查的目的主要在于保障国境安全，防止贩毒、走私、偷渡等，维护国家主权和领土安全，例如"9·11"事件后，美国明显加强边境检查和管制力度，显然是出于国家安全政策的考虑。而暂时性人身限制措施的主要目的在于获得违法犯罪案件的线索、防止案件损害扩大、固定证据和阻止嫌疑人逃跑等方面。

---

① *United States v. Ramsey*, 431 U. S. 606 (1977).

② Joshua Dressler, Alan C. Michael, *Understanding Criminal Procedure*, *Volume* 1: *Investigation*, 4th ed, Matthew Bender&Company, Inc., 2006, p. 315.

第三节　警察暂时性人身限制权与警械武器使用制度

一、警械武器使用制度概述

警械，是指警察按照规定装备的警棍、催泪弹、高压水枪、特种防暴枪、手铐、脚镣、警绳等警用器械；武器，是指警察按照规定装备的枪支、弹药等致命性警用武器。[①] 警察承担着与犯罪做斗争、保护公众安全的重要任务，其职务危险性远超过其他行业，作为国家强制力的手段，几乎没有一个国家的警察是不配备警械或武器的。

警察使用警械或武器的历史，可以追溯到近代警察制度的发源地英国。英国现代警察诞生于19世纪早期。[②] 由于该制度初创时备受争议，从托利党到贵族甚至普通工人阶级都对该制度抱有一种怀疑和恐惧的态度，认为警察制度可能对传统的自由产生威胁或者干涉工业或政治的改革运动，因此英国警察最初在携带武器的问题上非常谨慎，当时的情形是"3000名不携带武器的警察，面对对他们充满敌意的公众"[③]。为了赢得公众的支持，警察尽量少使用水炮、催泪弹或橡胶子弹等警械或武器，一直到1863年，才把警察所使用的武器限制在警棍上，并且将其作为最后的手段；在执行具体的危险任务或巡逻时，经过挑选的警察可以携带一把手枪或短刀，但是每次使用或只是拔出以上这些武器都要受到严格的检查，如果被认为不是合理的自卫，那么以上行为很可能让警察受到解雇。[④] 20世纪50年代以来，由于面对嬉皮士等反传统文化现象对社会稳定造成的影

① 参见《人民警察使用警械和武器条例》第3条的规定。

② 参见［英］罗伯特·雷纳：《警察与政治（第三版）》，易继苍、朱俊瑞译，知识产权出版社2008年版，第56页。

③ ［英］罗伯特·雷纳：《警察与政治（第三版）》，易继苍、朱俊瑞译，知识产权出版社2008年版，第25页。

④ ［英］罗伯特·雷纳：《警察与政治（第三版）》，易继苍、朱俊瑞译，知识产权出版社2008年版，第63页。

响，以及爱尔兰共和军等极端组织引发的多次社会暴乱，英国政府不但允许警察使用水炮、催泪弹或橡胶子弹等警械或武器，而且还在许多警队配置了一些装着枪的车载弹药库，一旦总部下命令就可以使用。[①] 至此，警察大量使用警械或武器成为了英国的现实。在世界其他国家或地区，警察对警械或武器的使用也经历了类似的过程。

警械或武器的使用，事关警察本人、行为相对人及社会公众的安全。尤其是武器的使用，由于其具有杀伤性，一旦使用不当或错误使用，则可能给警察自身、相对人及其他人造成严重的伤害，甚至危及其生命。不当使用或错误使用警械或武器主要包括两种情形：一是滥用警械或武器，无论在不应使用警械或武器的情况下使用了警械或武器，还是超过必要的限度故意过度使用警械或武器，均属于滥用情形；另一种情形是认知错误下使用警械或武器，即在出现主观认识与客观事实不相符或对相对人行为合法性产生错误认识的情况下使用警械或武器，例如误将见义勇为者当作抢劫嫌疑人对其使用手铐等警械。上述两种情形，无论何者均属于警械或武器的不当或错误使用，但由于认知错误往往难以通过客观手段加以避免，相较而言，滥用警械或武器比较容易通过规章制度加以控制。

二、警察暂时性人身限制权与警械武器使用制度

警察在采取暂时性人身限制措施时，手铐等警械的使用频率相当高，在某些情况下甚至可能由于遭遇反抗而需要使用枪支等杀伤力较大的武器。尤其是采取暂时性人身限制措施时，由于存在紧急情况，倘若不允许警察使用警械或武器，则暂时性人身限制措施的目的便常常难以达到。但是在执行盘查、留置和拘留时倘若警察不当或错误使用警械或武器，将造成极为严重的后果，侵犯公民的生命权和健康权。因此，讨论警察采取暂时性人身限制措施时不应当回避警察使用警械武器的问题。

笔者认为，在执行暂时性人身强制措施的过程中使用警械或武器，至少要遵循以下三点原则。

第一，存在使用警械或武器之必要。此原则在此处是指警械或武器只

① ［英］罗伯特·雷纳：《警察与政治（第三版）》，易继苍、朱俊瑞译，知识产权出版社2008年版，第85页。

有在确有使用的必要时方可使用，否则使用警械或武器即属违法。倘若被采取暂时性人身限制措施的相对人完全没有任何反抗、逃跑或继续犯罪的迹象，则不得使用警械或武器，这既体现了对公民人身权利的尊重，也体现了对人的尊严的保护。此时对于是否存在必要性的衡量，一方面固然要依据警察职业培训和实际执法所形成的经验，另一方面也应该遵循“一般理智人判断”标准，即普通人在此种情势下均会认为有使用警械或武器的必要，则使用警械或武器系属合理。

第二，最小伤害原则。最小伤害原则是指在有必要使用警械或武器时，亦必须在合理的限度内使用之，不得超出一个正常心智的人处在该情形下所应认为的合理的边界。如果能够采取较为温和的方式解决问题的则不应采取强硬的方式，如果使用伤害性较小的警械即可达到强制的目的则不应使用伤害性较大的警械或武器。通常情况下，对于儿童、孕妇和老人不得使用警械或武器，但涉嫌暴力犯罪且不使用警械或武器不足以排除危险的除外。在人群密集或存放有易燃易爆危险品的场所，除非不使用某种警械或武器可能造成更为严重后果的情形外，一般不得使用可能引发重大危险的警械或武器，例如枪支、爆炸物等，以免因使用警械或武器波及无辜。

第三，及时停止。及时停止是指使用警械或武器的必要性消失后，立即停止使用警械或武器。例如，在采取暂时性人身限制措施以制止犯罪的情况下使用了警械或武器，如果违法犯罪行为已经得以制止或者违法犯罪嫌疑人已服从强制时，即应停止使用警械或武器。这是基于必要性原则的衍生，既然此时必要性已然不存在，倘若未使用警械或武器的，则根本就不得采取对警械或武器的使用，那么同理，已经使用了警械或武器，自然应当停止使用，以免对相对人的权利造成过度的和不必要的侵害。

三、联合国和其他国家或地区的相关规定

由于警械或武器的使用所涉重大，联合国对此问题也给予了充分的关注。联合国人权事务高级专员办事处制定的《警察人权标准与实践》这一警察使用的人权袖珍手册中专门规定了“使用武力和火器”一章，其中规定，人人有权享有生命、人身安全并免遭酷刑和残忍、不人道或有辱人格的待遇或处罚，应首先采用非暴力手段，只有在严格必要的情况下才能使

用武力，武力只能用于合法的执法目的，不得利用任何特殊情况或借口作为非法使用武力的根据，使用武力始终应该与合法的目的相称，使用武力时应力行克制，尽量减少损失和伤害，此外需制定一系列手段区别使用武力，所有执法人员均应在区别使用武力的各种手段方面受到培训，所有执法人员均应在使用非暴力手段方面受到培训；而对于火器的使用要求更是严格，火器只能用于极端紧急的情况，只能在自卫或保卫他人免遭迫在眉睫的死亡或重伤威胁的情况下，或为了防止对生命带来严重威胁的特别重大犯罪，或为了逮捕构成此类威胁并阻止警察消除这种威胁的人或为了防止此人逃跑，以及只有在不使用此种极端手段不足以达到目的时才可以使用火器。[①]

在美国，在警察对警械或武器的使用方面存在各种各样的手册、指南等指导文件，而关于警械或武器使用的最著名案例为加纳案。该案中，由于接到报案妇女家中出现窃贼的报警，警察被派往现场查看。警察到场后，在报案妇女的指点下，见到了正在逃跑的加纳，他正跑向一个六英尺高的篱笆，而在手电筒的光照下，警察看到加纳年仅十七八岁，个子不高，而且没有武器，警察让其停止，但他继续攀爬篱笆，于是警察开枪，正中其后脑，最后加纳死于抢救室中。[②] 怀特大法官代表美国联邦最高法院作出的判决认为，此案中警察开枪的行为使用了致命武器，违反了宪法第四修正案，因为在宪法意义上，不顾具体情况而为防止嫌疑人逃跑而使用致命武器是不合理的，这是由于把嫌犯打死并不比让他们跑掉好多少。判决指出，即使具有合理根据，使用致命性武力仍需满足以下两个条件。第一，警察必须有合理根据相信嫌疑人将伤害他人生命，只有警察有合理根据相信嫌疑犯持有致命武器或曾以致命武器进行威胁而犯有重罪，其使用致命武器才是合理的。第二，必须有合理根据相信只有使用致命武器方能执行逮捕或防止逃脱，且之前必须予以警告，如果借助不足以致命的武器即可实施逮捕，则警察必须放弃使用致命武器。而对于不足以致命的武器，只须考虑其行为是否具有客观的合理性，而不必考虑行为背后的目的和动机，其中应考虑的因素包括犯罪的严重性、犯罪嫌疑人对他人安全造

① 参见联合国人权事务高级专员办事处：《警察人权标准与实践》，联合国出版物 2003 年版，第 32－36 页。

② *Tennessee v. Garner*, 471 U. S. 1 (1985).

成威胁的程度、嫌疑人对抗逮捕和企图逃跑的强度。①

其他一些国家或地区对于采取暂时性人身限制措施时的警械或武器的使用也有明文的规定。法国《使用武器总条件的有关规定的要点》明确规定警察使用火器是一种重大的、严肃的行为，与一般公民相比，警察在这方面不拥有更大的权力，只能在规定的合法防卫的情况下开枪。② 新西兰《警察行动规则》规定警察在为保护自己或他人免遭死亡或严重身体伤害，而且使用力度较小的手段将不足以保护自己或他人的情况下可以使用枪支。③ 台湾地区的"警察职权行使法"第20条亦规定，警察依法留置、管束公民时，有下列情形之一的，在有必要时，可以对其使用警铐或其他经过核定的戒具：①抗拒留置、管束措施时；②攻击警察或他人，损毁执行人员或他人物品，或有攻击、损毁行为之虞时；③自杀、自伤或有自杀、自伤之虞时。④ 而"警械使用条例"规定，警察人员应基于急迫需要，合理使用枪械，不得逾越必要程度；警察人员使用警械之原因已消灭者，应立即停止使用；警察人员使用警械时，应注意勿伤及其他之人；警察人员使用警械时，如非情况急迫，应注意勿伤及其人致命之部位。⑤ 这些规定表明，各个国家或地区对于警械或武器的使用，尤其是在警察行使暂时性人身限制权时的使用，抱有一种审慎的态度。

四、我国的规定与实践

1995年颁布的《人民警察法》第10条规定遇有拒捕、暴乱、越狱、抢夺枪支或者其他暴力行为的紧急情况，公安机关的人民警察依照国家有

① Joshua Dressler, Alan C. Michael, *Understanding Criminal Procedure*, *Volume* 1: *Investigation*, 4th ed, Matthew Bender&Company, Inc., 2006, pp. 164 - 165.

② 参见陆中俊主编：《中华人民共和国人民警察使用警械和武器条例释义与适用指南》，中国人民公安大学出版社1996年版，第128页。

③ 参见常菲：《警察职务防卫权的法律基础》，载《公安研究》2007年第4期，第70页。

④ 参见蔡震荣：《警察职权行使法之评析》，载台湾《法学讲座》第19期，第21-22页。

⑤ 台湾地区"警械使用条例"参见台北市法规查询系统：http://www.laws.taipei.gov.tw/taipei/lawsystem/lawshowall02.jsp? LawID = A040040110005300 - 20020515& RealID = (2013-4-11)。

关规定可以使用武器；第 11 条规定为制止严重违法犯罪活动的需要，公安机关的人民警察依照国家有关规定可以使用警械。为了明确警械和武器的使用规则，1996 年，国务院颁布了《人民警察使用警械和武器条例》，该条例第一章总则部分明确地规定了警械或武器使用的原则，即应当以制止违法犯罪行为，尽量减少人员伤亡、财产损失为原则，并且规定人民警察使用警械和武器前，应当命令在场无关人员躲避。第二章“警械的使用”部分明确了使用警械的相关规定，规定对于法定的违反犯罪行为，经警告无效的，可以使用警棍、催泪弹、高压水枪、特种防暴枪等驱逐性、制服性警械，但应当以制止违法犯罪行为为限度，当违法犯罪行为得到制止时，应当立即停止使用；遇有违法犯罪分子可能脱逃、行凶、自杀、自伤或者有其他危险行为的，可以使用手铐、脚镣、警绳等约束性警械，但不得故意造成人身伤害。第三章“武器的使用”部分对使用武器做了规定，明确人民警察判明有法定暴力犯罪行为的紧急情形之一，经警告无效的，可以使用武器，来不及警告或者警告后可能导致更为严重危害后果的，可以直接使用武器；而发现实施犯罪的人为怀孕妇女、儿童的或者犯罪分子处于群众聚集的场所或者存放大量易燃、易爆、剧毒、放射性等危险物品的场所的，一般不得使用武器；当犯罪分子停止实施犯罪、服从人民警察命令时，或犯罪分子失去继续实施犯罪能力时，应当立即停止使用武器。

法律法规对于警械或武器的使用规则的规定基本是明确的，但是在实践中，警械或武器的使用却存在很多问题。一方面，由于警械和武器使用方面的严格性给一些警察造成了压力，导致其畏首畏尾，不敢使用甚至不愿配备警械或武器，尤其是在枪支使用方面，于是导致了一些不必要的受伤或牺牲的情况。另一方面，滥用警械和武器的情况仍然存在。例如，2000 年广东韶关一民警擅自带手枪在清城区横荷镇扫墓，在祖宗坟前朝天连鸣 5 枪后，以为子弹已射完，没料到枪膛内还有一粒子弹，验枪时将站在枪口对面的一个 7 岁女孩打倒在地，子弹从女孩胸部穿过，女孩因抢救无效死亡；[①] 又如，2007 年广州市就曾发生珠江医院一名副教授在医院附近与对其进行盘查的巡警发生争执被巡警开枪致死的事件，在该案中，该名副教授在返回医院拿东西的途上和附近的巡警发生争执，短暂的争吵过

① 梁有华等：《广东韶关一民警鸣枪祭祖误杀女孩》，载《南方日报》2000 年 4 月 7 日。

后，巡警开枪，子弹在穿过车门后从该教授的左侧内骨打入心脏，同时穿过肝脏，导致心脏和肝脏破裂，致其死亡。[①] 在此类案件中警察完全是在不必要的情况下滥用了武器，造成了对公民生命的非法剥夺。

如何使警察能够合理地使用警械或武器，尤其是在行使暂时性人身限制权这样情况紧急之时合理使用警械或武器，是我国法律所应当关注的问题。笔者认为，在使用警械或武器时，遵循使用前存在使用警械或武器之必要、使用时尽量保证最小伤害、使用的必要性消失时及时停止这三方面的标准，将有助于我国警察对警械或武器的合理使用能力的提升。

第四节　警察暂时性人身限制权与私人场所保护

一、私人场所的特殊性

在公共场所（包括街道上、公园、公交车、地铁及其他对公众开放的场所）实施的警察暂时性人身限制措施是常见的，尤其是盘查和留置，往往是与“街头犯罪”做斗争最常用的手段。在公共场所实施警察暂时性人身限制权时，警察除了可以进行拍身搜查之外，还可以根据“一览无余”原则进行扣押，即警察可以对其举目可见的具有明显违法嫌疑的物品进行扣押。但是当地点从公共场所转移到私人场所尤其是住宅时，情况就出现了重大的不同。尤其在西方，公民和政府对于个人对其住宅的权利都极端重视，18 世纪英国首相威廉·皮特曾在一次演讲中说：“最贫穷的人可以在其村舍中与王室的一切军队对抗。村舍可能脆弱，屋顶可能动摇，狂风可能吹打，暴风雨可能袭来，但是英国国王不得进入，他的一切武装力量不敢跨越已倒塌村舍的门槛。”[②]

私人场所尤其是住宅之所以“风可进、雨可进、国王不能进”的原因在于对私人场所的不法侵入至少涉及两方面利益的损害。

---

① 参见《广州珠江医院一副教授与民警发生争执后被打死》，载新华网：http：//news.xinhuanet.com/legal/2007－11/13/content_7063955.htm（2013－4－11）。

② 转引自《英国刑事诉讼法》（选编），中国政法大学刑事法律研究中心组织编译，中国政法大学出版社 2001 年版，第 5 页。

一是对房主对其房屋的支配权和控制权的侵害。公民在不妨害他人并不违反法律的前提下，可以支配其房屋进行任何活动。房主居于其房屋之内，有免受侵扰的权利，对于任何其所不欲的侵入，有权与其进行对抗并寻求法律救济。然而当这种不法的侵入系来源于政府时，公民便无力与强大的公权力进行对抗，其支配权和控制权显然会受到不当侵害。

二是对隐私权的严重损害。隐私权是现代公民所享有的宪法性权利，而相比于公共场所而言，人们在其私人场所尤其是住宅中显然具有较高的合理隐私期待。也就是说，一个理性的普通人在其住宅或其他私人场所中能够享有较高程度的对其隐私权不会受到影响的期待，而这种期待是完全符合社会公众的一般认识的。住宅或其他私人场所是私密的空间，只要不影响他人或违反法律，人们有权利在自己的房中为所欲为，但政府突如其来的侵入可能撞见此种人们不欲为人所知的状态，给公民带来恐惧、羞辱或尴尬。

正是出于以上两方面的考虑，各国通常对进入私人场所尤其是住宅而进行的搜查或扣押行为加以严格的限制。在美国，除了上述考虑之外，出于对英国殖民时期殖民者时常破门而入的行为的深恶痛绝，不但美国宪法第四修正案规定“公民的人身、住宅、文件和财产不受无理的搜查和扣押的权利不得侵犯”外，美国联邦最高法院甚至认为“对住宅的物理侵入是第四修正案文本所指的首要恶行”①。当然，由于私人场所这一概念的宽泛性，不同的私人场所具有不同程度的隐私期待，而其所受到的宪法和相关法律保护的程序也不相同。其中，公民的私人住宅具有的隐私期待最高，所受的法律保护也最为严格。

二、私人场所对警察暂时性人身限制权行使的排斥

根据美国联邦最高法院的判决，在私人场所除非获得了行为相对人的同意，警察一般不得采取暂时性人身限制措施。这主要是基于两方面的理由：第一，私人场所具有前文所述的特殊性，对其侵入之限制应当更为严格；第二，在私人场所中公共利益和公共安全的需求较低。这一观点在美国联邦最高法院对佩顿案的判决中得到了最明确的体现。

---

① *United States v. United States District Court*, 407 U. S. 297 (1972).

【佩顿案[1]】1970年1月14日，经过两天的密集侦查后，纽约警察所收集的证据已经足以证明有合理根据相信佩顿在两天前杀害了加油站的经理。于是在次日早晨七点半，六名警察进入了佩顿位于布朗克斯区的公寓，虽然他们没有取得令状，但他们已经打算逮捕佩顿了。当时尽管公寓里亮着灯并且放着音乐，但却没有人来应门。于是警察请求了紧急援助，并于30分钟之后用撬棍打开了房间门，但房中没有人。然而警察一眼就看见了一枚点30口径的子弹壳，于是他们扣押了这枚弹壳，并将这枚弹壳作为在其后用于证明佩顿杀人的证据。

与佩顿一案同案处理的奥比·雷迪克案中，奥比·雷迪克涉嫌持枪抢劫，1973年受害人辨认出雷迪克。1974年1月警察获知了雷迪克的住址，但却没有获得令状的授权。3月14日中午，警察敲了雷迪克所居住的位于皇后区的房子的门。当雷迪克三岁的儿子打开门时，警察们看到雷迪克盖着床单躺在床上。他们进入了房间将其逮捕。在允许其穿上衣服之前，警察打开床边的抽屉搜查以确定是否有武器，结果发现了致幻毒品和相关吸毒工具。后来雷迪克因为这些毒品而受到指控。

联邦最高法院的判决认为："'每个人的住宅是他的城堡'，对该格言的热情而频繁的重复，在英国、在美国都清晰表明，'一个人的住宅自由'是英国自由最核心的要素；普遍的做法是，除非是"热追捕"或持有令状，否则不能进行进入住宅的无证逮捕；在这个案件中，历史和国家的经验都不要求我们不顾住宅的不可侵犯性，这是自从美利坚合众国诞生以来就深植于我们的传统之中的。"[2] 最终法院判决，在未经同意且没有令状的情况下，为了实施对重罪案件嫌疑人的逮捕而进入嫌疑人的住宅，系为宪法第四修正案所禁止。但是以怀特大法官为首的反对意见则对这一判决提出了质疑。他们认为第四修正案并不支持佩顿案判决所确立的规则，第四修正案并不意在削弱警察根据普通法所享有的固有权力。对进入住宅进行的逮捕应当遵循四方面的限制：重罪、敲门并宣告、白天、严格的合理根据。重罪要求反对滥用权力和专断执法，保证对住宅的侵入仅仅多数发生在重罪案件中；敲门并宣告规则和白天的要求，能保护公民避免被发现在床上因全裸或半裸所导致的害怕、羞辱和尴尬，这使得被逮捕者有机会在

① *Payton v. New York*, 445 U.S. 573 (1980).

② 该案判决正文中译本参见《美国联邦宪法第四修正案：搜查与扣押》，吴宏耀等译，中国人民公安大学出版社2010年版，第408-451页。

门口就表示服从警察，从而保持尊严并阻止警察进入住宅的其他房间；而根据严格的合理根据要求，禁止警察在被逮捕人不在家的情况下进入住宅并吓到其他家庭成员或在住宅内到处搜索。将这四方面要求综合起来，允许被逮捕人在住宅门前即向警察投降，从而避免遭受其他与逮捕相伴随的羞辱和损害尊严。反对法官们认为本案已经满足了上述四方面的限制，警察对佩顿和雷迪克的逮捕是合法的。

从佩顿案的判决来看，必须有令状才能进入公民的住宅中实施逮捕。由于美国的逮捕指对人的行动自由进行限制的行为，其含义宽度足以涵盖留置、拘留等警察暂时性人身限制权的大部分措施，而盘查制度大部分均发生于街道等公共场所，因此警察的暂时性人身限制权于一般情况下并不能在公民的住宅中行使。即便从该案的反对法官们的意见向下推演，根据实施入户逮捕所必须遵循的敲门并宣告规则，嫌疑人可以明确地知晓警察的到来，因此警察暂时性人身限制权也丧失了大部分实施的空间。

三、例外："热追捕"

值得注意的是，美国联邦最高法院给佩顿案所确立的进入公民住宅实施逮捕的令状主义规则留下了一个缺口。最高法院称，除了取得住宅主人的同意之外，如若存在紧急情形，也可以不经司法令状的授权而径行进入住宅实施逮捕，而此处的紧急情形，最高法院迄今只肯认了"热追捕"一种。所谓的"热追捕"，是指警察对嫌疑人的追捕始于公共场所，并连续地延续到在公民住宅实施的逮捕。根据桑塔纳案[①]的判决，凡是属于"热追捕"情形的，均不适用佩顿案所确立的警察必须持有令状方能进入公民住宅进行逮捕的规则，警察可以无证进入住宅实施逮捕。

"热追捕"对于警察暂时性人身限制权行使的意义主要在于警察执行的留置和拘留方面，例如在案件现实发生的情况下，警察从犯罪现场的街道上对嫌疑人穷追不舍，一直追踪至嫌疑人的住宅内，对其实施留置和拘留。此种情况下，应当作为住宅逮捕令状主义规则的例外，不适用私人场所对警察暂时性人身限制权行使的排斥规定。

然而在司法实践中，公共场所实施的留置或拘留、"热追捕"和住宅

---

① *United States v. Santana*, 427 U. S. 38 (1976).

逮捕这三者之间往往只有一纸之隔。例如在桑塔纳案中，嫌疑人站在其住宅的房门口，见到警察后迅速退回房中，但没有关门，警察尾随其进入房间将其逮捕，美国联邦最高法院即认为这构成了“热追捕”，最高法院称“向前走一步，她就走到了住宅的外面；向后走一步，她就回到了住宅的门廊里面”。然而这种僵硬而机械的划分在实践中可能造成警察或其他执法官员的困惑，也受到了学者的诟病。有学者即指出，更为困难和有争议的问题在于下列情形：在不具有紧急情况的情形下，没有获得令状的警察来到嫌疑人的家门前并敲门，嫌疑人打开了门，警察对其实施了逮捕；在此时，与桑塔纳案不同，被逮捕人在自己的家中，而且当警察来到其家门时，门是关着的，那么在上述的情况下，警察对其实施的无证逮捕是否合法呢？嫌疑人开门之时，他身体的一部分，例如，他的脚尖，稍微越过了门槛，这一事实是否具有重大意义呢？或者如果是警察的脚尖稍微迈入了嫌疑人的门中一点，那么又会如何呢？或者假如警察要求嫌疑人出来，而对其进行了拘留，那又如何呢？[①] 这种质疑显然不是杞人忧天，公共场所与私人场所毫厘之间的区分方式对于面对一触即发情态的现实执行规则的警察而言无疑是巨大的挑战。

第五节　技术侦查与警察权问题

一、高科技时代对技术侦查的要求及其风险

科技的发展给社会生活方式带来了全新的变化，也使得犯罪形态不断更新换代。例如随着现代科技的发展，新的媒体形态包括网络媒体、手机媒体、数字电视等迅猛发展，这些新媒体利用数字技术、网络技术，通过互联网等渠道和电脑、手机等终端，向用户提供信息和娱乐服务的传播形态，促进了信息传播，但也带来新的法律问题，其中利用网络电信手段进行诈骗、敲诈勒索等犯罪花样翻新、屡禁不绝。据河北省公安厅刑侦局发

---

① Joshua Dressler, Alan C. Michael, *Understanding Criminal Procedure*, *Volume* 1: *Investigation*, 4^{th}ed, Matthew Bender&Company, Inc., 2006, p.159.

布的信息显示，最新型的网络电信诈骗、敲诈勒索方式就达46种之多，包括利用任意显号软件诈骗、网络购买火车票或打折机票、假冒汇款或催还借款名义进行诈骗、虚构绑架事实的诈骗、发布敲诈勒索的信息实施诈骗、假冒司法机关诈骗、邮寄包裹威胁诈骗、网络购物诈骗、利用合成照片敲诈勒索、假冒网络交易平台诈骗、冒充黑社会实施敲诈、冒充赌场人员实施敲诈等。[①] 这些诈骗和敲诈勒索犯罪行为，由于其是利用网络电信进行的，有的在国外、境外建立诈骗网络平台或利用境外服务器架设诈骗和敲诈勒索网站，运用网络电话技术任意设置虚拟号、设置电脑模拟语音提示等高科技实施电话诈骗和敲诈勒索，追查起来十分困难。而且骗术花样繁多，手段不断翻新，甚至呈产业化发展、企业化运作的态势，不仅严重侵害公民的合法权益，甚至危害社会公共安全。除了网络电信诈骗等新型犯罪行为之外，传统型的犯罪也随着科技的发展不断“技术升级”“产业升级”，例如在传统的毒品犯罪中使用高科技手段的情形屡见不鲜。

犯罪的“高科技化”给警察权的行使提出了难题，运用传统手段预防和打击犯罪行为常常使得警察[②]陷入力所不逮的窘境，于是“魔高一尺、道高一丈”，各国均以立法的方式允许警察使用高科技手段执法和进行技术侦查。例如，美国于1968年通过《综合犯罪控制与街道安全法》（Omnibus Crime Control and Safe Streets Act of 1968），允许包括“监听与电子监控”[③] 在内的新型侦查手段在包括贪腐犯罪等案件中的使用；英国1985年通过《通讯拦截法》（The Interception of Communication Act 1985），允许警察在法定情形下对公民的通信进行截收；1992年，德国制定通过了《对抗有组织犯罪及毒品犯罪法》，其中规定了众多新型的技术侦查措施，这些规定成为1998年德国刑事诉讼法增修的重要内容。[④] 这些规定还影响了联合国相关公约，如《联合国反腐败公约》第50条第1款罗列了三种特殊

① 《河北警方公布最新46种电信骗术：请小心防范》，载新华网：http://news.xinhuanet.com/info/2013-06/14/c_132454385.htm（2016-05-08）。

② 本文“警察”概念泛指有侦查权的主体，不限于公安机关侦查人员。

③ 美国法中所言之“监听（surveillance）”范围极广，既包括电话窃听、人工监视、录像监视等传统监听手段，也包括电子通信追踪、声影监控、GPS定位、计算机技术监控、红外线监视、热成像监视等方式。

④ 艾明：《论德国对技术侦查措施的法律规制》，载陈兴良主编：《刑事法评论》（第35卷），北京大学出版社2015年版，第238页。

侦查手段，规定“为有效地打击腐败，各缔约国均应当在其本国法律制度基本原则许可的范围内并根据本国法律规定的条件在其力所能及的情况下采取必要措施，允许其主管机关在其领域内酌情使用控制下交付和在其认为适当时使用诸如电子或者其他监视形式和特工行动等其他特殊侦查手段，并允许法庭采信由这些手段产生的证据”，其中就包括电子或其他形式的监视，但其开放性文本表达方式意味着其罗列性规定不排斥其他高科技侦查手段的适用。《联合国打击跨国有组织犯罪公约》第20条第1款也有类似的规定：“各缔约国均应在其本国法律基本原则许可的情况下，视可能并根据本国法律所规定的条件采取必要措施，允许其主管当局在其境内适当使用控制下交付并在其认为适当的情况下使用其他特殊侦查手段，如电子或其他形式的监视和特工行动，以有效地打击有组织犯罪。”使用大量先进的仪器与工具是警察技术侦查手段区别于传统警察权行使方式的重要特征，其中常见的仪器与工具包括电子同步设备、访问控制设备、数据保存和恢复设备、图影成像设备、加密解密系统、卫星定位系统、网络跟踪设备、数据库等。这些科技手段的运用，大大提升了警察应对犯罪的能力。

我国对于警察运用技术侦查手段也经历了从默认到明示规定的过程。在相当长一段时间内，尽管包括监听监视等在内的科技手段一直为警察所使用，“涉及严重的暴力犯罪案件、涉黑涉恶案件和重大贩毒案件，我们基本上都可以采用技术侦查手段”[①]，但在法律条文尤其是国家层级的法律中难觅相关规定，直至1993年通过的《国家安全法》第10条规定“国家安全机关因侦察危害国家安全行为的需要，根据国家有关规定，经过严格的批准手续，可以采取技术侦察措施”，1995年通过的《人民警察法》第16条规定“公安机关因侦查犯罪的需要，根据国家有关规定，经过严格的批准手续，可以采取技术侦察措施”，警察技术侦查才走上明面。2012年的《刑事诉讼法》修改对于警察技术侦查制度有重大意义，修改后的《刑事诉讼法》第148条规定：“公安机关在立案后，对于危害国家安全犯罪、恐怖活动犯罪、黑社会性质的组织犯罪、重大毒品犯罪或者其他严重危害社会的犯罪案件，根据侦查犯罪的需要，经过严格的批准手续，可以采取

---

① 张洋：《聚焦刑事诉讼法修改：技术侦查从幕后走向台前》，载《人民日报》2011年10月12日。

技术侦查措施。人民检察院在立案后，对于重大的贪污、贿赂犯罪案件以及利用职权实施的严重侵犯公民人身权利的重大犯罪案件，根据侦查犯罪的需要，经过严格的批准手续，可以采取技术侦查措施，按照规定交有关机关执行。追捕被通缉或者批准、决定逮捕的在逃的犯罪嫌疑人、被告人，经过批准，可以采取追捕所必需的技术侦查措施。”这即明确了适用技术侦查的案件类型和审批程序。事实上在实践中警察使用科技手段的情形并不限于刑事侦查中对技术侦查措施的采用，治安执法中也常见科技手段的运用，因此使用科技手段实际上已经成为警察权行使的常态。

然而警察技术侦查是一把双刃剑，虽可以预防和打击犯罪，但也可能有被滥用的风险，其中最值得关注的就是违法运用技术侦查手段可能对普通公民的权利造成侵犯，尤其可能侵犯公民的隐私权。事实上此类事件并不鲜见，例如湖南岳阳市公安局民警顾某曾利用技术侦查手段非法拘禁并试图性侵受害女子，[①] 曾引发民众对技术侦查滥用风险的热烈讨论。如果滥用技术侦查手段的主体由普通民警换为高阶官员，则此种风险导致的后果则可能被进一步放大。原山西省太原市公安局长李亚力为包庇其子醉驾和袭警的犯罪行为，动用技术侦查手段对办案交警的手机以实施短信关键字搜索过滤的方式进行监控。[②] 原四川省雅安市委书记徐孟加因有人举报其经济问题，为打击报复举报人，也曾违法动用技术侦查手段，最终查处发帖举报人并违规对其进行处分。[③] 根据王立军案的刑事判决书所载，王立军任重庆市公安局长期间也曾“滥用职权，非法对多人使用技术侦查措施，严重侵犯了公民的合法权益，破坏了社会主义法制”[④]。出现此种滥用技术侦查手段、侵犯公民权利的情形，与我国当前技术侦查手段相关制度的不完善有着密切的关系。目前以《刑事诉讼法》为代表的法律文本中对于技术侦查手段的规定较为笼统粗疏，缺乏对技术侦查手段适用的启动条

① 《湖南警察欲性侵女子遭停职 用技术定位受害者》，载人民政协网：http://www.rmzxb.com.cn/c/2015-10-13/595720.shtml（2016-5-11）。

② 参见刘敏：《太原公安局长李亚力涉嫌滥权被双规》，载《大河报》2012年12月11日。

③ 参见《雅安落马书记徐孟加曾用技侦手段查出发帖举报人》，载《法治新报》2013年12月13日。

④ 李斌、杨维汉：《王立军一审被判十五年，当庭表示不上诉》，载《检察日报》2012年9月25日。

件、运用方式等的细化规定，对于技术侦查的实施主体缺乏外部监督和制约，同时过于强调对公安等侦查机关的授权，而对于相应的公民权利保护重视不足。公安部《公安机关办理刑事案件程序规定》和最高人民检察院《人民检察院刑事诉讼规则（试行）》虽对相关制度加以补充和细化，但仍未改变此种重授权、轻保护的特征。为避免技术侦查合法化当真"被一些部门日益滥用，严重侵犯公民人身权隐私权"[①]，必须从立法和司法两个方面着手，对现有的技术侦查制度做一番法治化改造。

二、立法的应对

欲对警察的技术侦查权进行法治化改造，在立法层面上，应对其适用对象和适用程序进行更加详细具体的规定。对技术侦查措施做更详细具体的规定，符合强制措施法定主义原则的精神，即作为具有强制性的可以不顾当事人意志实施的强制措施，必须遵循法定主义。我国法律承认强制措施法定主义原则的精神，而技术侦查涉及对公民权利的强制，应当被认定为一种强制措施，适用强制措施法定主义原则。根据这一原则，技术侦查措施必须经过法律授权，这点我国包括《刑事诉讼法》在内的一系列法律已有规定，然而该原则要求相关规则应当具体细化，成为具有可以实际操作且能平衡打击犯罪与保障人权之精神的合理规定，对此我国目前的规定仍有可以完善之处。

（一）技术侦查适用对象的限制

在可以适用技术侦查的案件类型方面，《刑事诉讼法》第 148 条规定公安机关对危害国家安全犯罪、恐怖活动犯罪、黑社会性质的组织犯罪、重大毒品犯罪或者其他严重危害社会的犯罪案件，检察机关对重大的贪污、贿赂犯罪案件以及利用职权实施的严重侵犯公民人身权利的重大犯罪案件，可以采取技术侦查措施。最高人民检察院《人民检察院刑事诉讼规则（试行）》第 263 条将"重大"解释为"涉案数额在十万元以上、采取其他方法难以收集证据"。公安部《公安机关办理刑事案件程序规定》第 254 条则以列举的方式，在《刑事诉讼法》罗列的四类案件之外，将"其

① 参见陈有西：《刑诉法修订的若干重要问题》，载《学习时报》2011 年 9 月 19 日。

他严重危害社会的犯罪案件”的范围扩大为严重暴力犯罪案件、集团性系列性跨区域性重大犯罪案件、利用电信计算机网络寄递渠道等实施的重大犯罪案件、计算机网络实施的重大犯罪案件、可能判处七年以上有期徒刑的严重危害社会犯罪案件。在解释《刑事诉讼法》所言“重大”或“严重”的含义方面，公安部《公安机关办理刑事案件程序规定》“列举类罪+规定刑期”的方式较最高人民检察院《人民检察院刑事诉讼规则（试行）》“犯罪要素（数额）+具体罪名”[①]的方式合理。最高人民检察院《规则》以“十万元”作为判断是否“重大”的标准，源自原《刑法》第383条关于贪污贿赂案“十万元”的情节判断标准，然而此种标准必然因为经济的发展而被调整。2015年通过的《刑法修正案（九）》即放弃了“十万元”的刚性标准而改采“数额+情节”的综合标准，2016年4月18日最高人民法院、最高人民检察院联合发布的《关于办理贪污贿赂刑事案件适用法律若干问题的解释》又将“数额较大”“数额巨大”“数额特别巨大”的数额标准线分别规定为三万元、二十万元、三百万元。由此可见，以数额判断是否适用技术侦查措施存在标准不稳定的问题，不利于贯彻强制措施法定主义原则。公安部《公安机关办理刑事案件程序规定》以法定刑期为标准的方式相对稳定，但目前该《规定》的问题在于过度扩张《刑事诉讼法》兜底性列举的“其他严重危害社会的犯罪案件”之范围，仍有限缩的空间。

在可以适用技术侦查措施的相对人问题上，《刑事诉讼法》与最高人民检察院《人民检察院刑事诉讼规则（试行）》均无明确规定，唯有公安部《公安机关办理刑事案件程序规定》第255条规定“技术侦查措施的适用对象是犯罪嫌疑人、被告人以及与犯罪活动直接关联的人员”。何为“与犯罪活动直接关联的人员”？所谓“直接关联”，首先即应当排除犯罪嫌疑人、被告人的亲属、朋友，绝不能对这些人适用技术侦查措施，而应从诉讼参与人中寻找“与犯罪活动直接关联的人员”。根据刑事诉讼理论，刑事诉讼参与人的概念下只有“当事人”与“其他诉讼参与人”的区分，公诉案件中当事人包括犯罪嫌疑人或被告人、被害人，其他诉讼参与人主要是辩护人、诉讼代理人、证人、鉴定人、翻译人员等，并无“与犯罪活动直接关联的人员”这一概念。在这些人中，倘若允许对辩护人或诉讼代

① 王东：《技术侦查的法律规制》，载《中国法学》2014年第5期，第275页。

理人适用技术侦查措施，将严重威胁辩护与代理这一刑事诉讼的基础性制度，而对鉴定人、翻译人员也无太大适用技术侦查措施的空间，因此“与犯罪活动直接关联的人员”主要涉及的是被害人、证人这两类人。在具体适用时，对于犯罪嫌疑人、被告人可以强制适用技术侦查，但对于被害人和除“污点证人”[①] 之外的证人则不应强制适用技术侦查。

（二）技术侦查适用方式的规定

第一，在可采用的技术侦查类型方面应当予以适当规定。从世界各主要国家的司法实践来看，按照技术运用的方式，警察执法中所运用的科技手段大致可以分为信息采集、数码证据处理、电子通讯追踪、声影监控、定位与追踪等。[②] 中国学者将技术侦查具体细化为电子侦听、电信监控、电子监控、邮件检查、密搜密取、外线侦查、网络侦查七种。[③] 但我国法律对于技术侦查的类型并无任何明确规定，这样固然可以避免“在技侦手段不断迅猛发展的情况下，在法律中列举技侦手段的结果势必是定期应当修改法律增加授权侦查机关采取新的技侦手段，这样的法律条文永远滞后于现代科技的发展”[④]，但也为警察随意扩大技术侦查的外延、滥用相关措施埋下了隐患。因此，笔者认为根据强制措施法定主义原则的精神，仍然应对技术侦查措施的具体类型做适当的列举性规定，以限制公权力滥用之风险。

第二，技术侦查在启动方面应有明确的标准，尤其是证明标准方面的要求。在美国，由于技术侦查措施的使用往往被视为构成宪法第四修正案

---

① 污点证人，是指具有犯罪污点且知道案件情况，在诉讼中向司法机关提供实质性配合和帮助，由司法机关确定，赋予其一定程度的司法豁免权，指证其他犯罪人犯罪事实的人。彭新林：《中国特色腐败犯罪污点证人作证豁免制度构建要论》，载《法治研究》2014年第11期，第26页。

② Technology Working Group for Investigative Uses of High Technology, *Investigative Uses of Technology: Devices, Tools, and Techniques*, U. S. Department of Justice Office of Justice Program, 2007, p.vii.

③ 程雷：《论检察机关的技术侦查权》，载《政法论丛》2011年第5期，第95－96页。

④ 程雷：《检察机关技术侦查权相关问题研究》，载《中国刑事法杂志》2012年第10期，第58页。

所规制的搜查扣押行为,[①] 因此按照第四修正案的要求，警察启动技术侦查时必须符合“合理性（reasonableness)”的要求，且需符合“合理根据（probable cause)”的标准。我国法律没有规定启动技术侦查时证明标准方面的要求，仅规定针对符合适用技术侦查措施的案件立案后即可以使用。那么根据《刑事诉讼法》第110条的规定，在这些案件中，只需要公安机关或检察机关认为有犯罪事实且需要追究刑事责任，即可以使用技术侦查措施。在启动技术侦查问题上套用立案时极低的证明标准，对于公检等侦查机关而言毫无制约力度。笔者认为，应当参考美国“合理根据”的证明标准，明确规定启动技术侦查时的证明标准，从而避免技术侦查权的随意行使。

第三，对于技术侦查的期限应有细化的规定。技术侦查涉及对公民权利的侵犯，因此必须遵循比例原则的要求，在期限上也以实际必要为标准加以规定。法国的电讯截留期限最长是4个月，意大利法规定的每次窃听时间不得超过15日，德国针对监视电讯签发的令状最多规定3个月的期限，荷兰窃听命令的有效期最多为4个星期。[②] 美国琼斯案中，联邦调查局和华盛顿特区警察超过令状规定的期限进行了长达28天的GPS追踪，哥伦比亚特区上诉法院判定判定警方超期追踪侵犯了被告人的宪法权利，所得到的追诉证据不可采纳，最终联邦最高法院也肯定了这一判决。[③] 我国法律对于各种技术侦查措施的期限尚无明确规定，笔者认为，宜由公安部和最高人民检察院以技术侦查具体规定的方式作出明确规定，从而避免无限制、超必要地长时间滥用技术侦查手段。

第四，检察机关决定实施的技术侦查不必交由公安机关执行。《刑事诉讼法》第148条第2款规定：“人民检察院在立案后，对于重大的贪污、贿赂犯罪案件以及利用职权实施的严重侵犯公民人身权利的重大犯罪案件，根据侦查犯罪的需要，经过严格的批准手续，可以采取技术侦查措施，按照规定交有关机关执行。”这一规定导致检察机关技术侦查权在决定权与执行权上的分离，将这部分的执行权交由以公安机关为代表的其他侦查机关，对于检察机关自侦案件而言，既不利于打击犯罪，对于保障人

---

① *Katz v. United States*, 389 U. S. 347 (1967).

② 参见胡铭：《英法德荷意技术侦查的程序性控制》，载《环球法律评论》2013年第4期，第15页。

③ *United States v. Jones*, 132 S. Ct. 945 (2012).

权也没有任何好处。立法者这样的选择并非出于分权的理念，这点在公安机关技术侦查决定权与执行权合一的问题上可见一斑，而是担心检察机关没有直接实施技术侦查的能力。事实上，担心检察机关无力实施技术侦查而剥夺其执行权完全没有必要，许多检察机关都有专门的技术侦查人员和设备，实施一般的技术侦查措施完全不成问题。[①] 倘若担心检察机关不足以实施更高科技的手段，则可以考虑允许其在必要时履行必要手续委托其他机关执行即可，大可不必完全剥夺其执行权。

三、司法的规制

对警察技术侦查的司法规制，应从事前事后两方面着手：事前奉行令状主义由中立无偏倚的法官对其进行审批，事后由法官审查其技术侦查行为的合法性并排除违法技术侦查取得的证据，从而实现对技术侦查权的有效制约和监督。由于“允许以强制性侵犯公民的权利时，关键的是一方面必须对国家权力的强制权明确地予以划分和限制，另一方面必须由法院对强制性措施进行审查，使公民由此享受到有效的法律保障”[②]，因此这样的在事前事后均由法官对技术侦查措施合法性进行审查的规制方式，符合现代法治下司法控制的原则。

（一）事前审批：令状制度

刑事侦查中的令状制度，是指侦查行为尤其是强制性侦查的实施，必须经过中立的法官的批准和授权，由法官判断认为有实施此侦查行为的必要后签发令状方可施行。令状主义是普通法国家的基本制度，典型地体现在美国联邦宪法第四修正案中：“公民的人身、住宅、文件和财产不受无理的搜查和扣押的权利不得侵犯。除非依合理根据且以宣誓或代誓宣言保证并详细说明搜查地点和扣押的人或物外，不得签发令状。”令状制度的基本价值在于通过中立法官的审查，避免侦查机关滥用强制性侦查手段，

---

① 2008年笔者曾赴西部某省的一个基层检察院进行调研，当时就发现该院设有专门的技术侦查部门，配备了大量从德国进口的先进设备，能够满足电子监听监视、硬盘复原、手机监控、GPS定位、红线扫描、热成像等一系列技术侦查手段的要求。

② ［德］约阿希姆·赫尔曼：《〈德国刑事诉讼法典〉中译本引言》，载《德国刑事诉讼法典》，李昌珂译，中国政法大学出版社1995年版，第6页。

从而防止公民的权利受到过度和不必要的侵犯。技术侦查涉及对公民隐私权和其他权利的强制侵犯，显然属于强制性侦查手段，应当通过令状制度加以规制。

针对技术侦查适用令状制度，有三方面的要求。第一，有权签发令状的必须是中立无偏倚的官署。从现代政府的分权方式看，法官在整个政府体系中扮演相对中立的角色，因此由其签发令状较为合适，这也是世界上实行令状制度的国家和地区的基本做法。第二，对警察等侦查人员而言，其必须向有权签发令状的法官提供足够的理由方能取得令状。如前文所述，技术侦查在启动方面应有明确的标准，尤其是证明标准方面的要求。例如如果法律规定启动技术侦查要求达到使用技术侦查措施的“合理根据”，则申请令状的警察应向法官证明此种“合理根据”之存在，由法官依此作出是否签发令状的判断。第三，就令状的具体内容而言，必须明确规定其授权本次采取技术侦查措施的类型、对象、期限、方式等内容。美国的令状要求“详细说明搜查地点和扣押的人或物”，这是因为只有具体规定实施细则的令状才能对警察和其他侦查人员起到限制权力的作用，否则允许法官签发“空白令状”不但不能防止技术侦查权的滥用，甚至可能为滥用权力的行为“背书”，成为反法治的工具。

我国的法律体系中并无令状制度存在，侦查机关实施的逮捕等涉及人身自由权利剥夺的强制措施也非由中立法官审查其合法性。侦查机关对令状制度抱有质疑和排斥的态度，担心对技术侦查措施实施令状审查缩小了侦查机关的权力、不利于侦查效率。事实上，对侦查机关权力的限缩也同时意味着其责任的减轻，对于侦查机关及警察个人而言，只要其严格按照令状所授权的范围执行技术侦查，则其行为即被推定为合法，因此“令状对于侦查机关而言是一种对抗无理争讼的有效护身符”①，尤其在法治化进程不断推进、司法追责制度日益完善的时代下更是如此。至于担心侦查效率受影响，可以通过设置专门的令状审查值班法官的方式加以解决，并无太大的难度，例如美国一些警察局的楼中就有法官办公室，申请令状无非上下楼一趟，并不比由警察机关负责人签署命令耗费时间。当然在我国目前的体制下，实施令状制度尚有很大难度，于是有学者认为可以效法现有

① 孙长永、高峰：《刑事侦查中的司法令状制度探析》，载《广东社会科学》2006年第2期，第187页。

的审查批捕制度，将技术侦查的审查权交由检察机关行使。这样的观点固然符合“相对合理主义”[①]的要求，但是由于检察机关具有强烈的追诉倾向，其中立性值得怀疑，因此由中立法官签发令状仍应成为努力的方向。但不论是将技术侦查的审查权交由检察机关行使，还是奉行令状主义制度由中立法官进行审查，基本的共识是不宜由侦查机关尤其是公安机关自行决定技术侦查措施的启动，因为这样的自行启动方式放弃了外部审查，不利于确保技术侦查的合法性，也不利于保障相关公民的权利。

（二）事后审查：证据排除

除了事前以令状方式由法官对技术侦查进行审批之外，事后审查也是司法控制的重要内容。法官对技术侦查行为合法性的事后审查，主要体现在审查技术侦查所取得的证据是否具有可采性方面，从而排除违法技术侦查所取得的证据。以证据排除规则为路径由法官对技术侦查措施的合法性进行事后审查是许多法治国家的共同做法。《意大利刑事诉讼法典》第271条规定：“如果窃听是在法律允许的情况以外进行的或者未遵守第267条和第268条第1款和第3款的规定，产生于上述窃听活动中的材料不得加以使用。”[②]在美国，前文所述的琼斯案中，哥伦比亚特区巡回上诉法院即是因为警察实施技术侦查违法而排除了由此得到的证据，这一判决也得到了联邦最高法院的支持而具有重大的判例价值。[③]

在我国，相比于事前审查的令状制度，以证据排除规则为基础的事后审查也显然更具有可操作性，实施难度也小得多。我国《刑事诉讼法》第152条针对包括技术侦查措施在内的特殊侦查规定“依照本节规定采取侦查措施收集的材料在刑事诉讼中可以作为证据使用”，第54条又规定“收集物证、书证不符合法定程序，可能严重影响司法公正的，应当予以补正或者作出合理解释；不能补正或者作出合理解释的，对该证据应当予以排除”。从这两个法条来看，以证据排除规则为路径由法官在事后对技术侦查合法性进行审查并作出相应评价是有法可依的。尽管我国对排除非法实

---

① 龙宗智教授提出的司法“相对合理主义”是指中国的司法改革采取条件论的、渐进性的、改良的方式，即“不求最好、只求较好”。参见龙宗智：《相对合理主义》，中国政法大学出版社1999年版，第3页。

② 《意大利刑事诉讼法典》，黄风译，中国政法大学出版社1994年版，第92页。

③ *United States v. Jones*, 132 S. Ct. 945 (2012).

物证据设置了较高的门槛，实物证据只有同时满足“不符合法定程序”和“可能严重影响司法公正的”，而且无法进行“补正”或“作出合理解释”的才会被排除，但毕竟法律已经有了相应的规定。

既然将证据排除规则适用于技术侦查措施是法律的明确规定，则当前实施证据排除加强事后审查无非是立法方面降低准用门槛，或是实践中加大排除力度。二者相比，由司法机关严格掌握证据排除规则加大排除力度较之修改法律更具可行性，相应的成本较低，效果也较为直接。目前法律规定的排除非法实物证据的四个要求中，“可能严重影响司法公正的”最为语焉不详，最可能成为限制排除规则实施的障碍。《最高人民法院关于适用〈中华人民共和国刑事诉讼法〉的解释》第95条第2款规定：“认定刑事诉讼法第五十四条规定的‘可能严重影响司法公正’，应当综合考虑收集物证、书证违反法定程序以及所造成后果的严重程度等情况。”这样的规定提供了一种理解路径，即以“违反法定程序”作为认定“严重影响司法公正”的必要条件。但如果欲再严格证据排除的适用，笔者认为可以进一步规定将“违反法定程序”视为满足“严重影响司法公正”的充分条件，适用于技术侦查措施的事后审查中就可以有效规制侦查机关的技术侦查权。

第四章　比较法视野下的警察暂时性人身限制权

第一节　英美法系的暂时性人身限制权

一、美国（联邦法域）

美国联邦最高法院前任大法官桑德拉·戴·奥康纳女士曾在一次演讲中说："每当生命与自由面临危险，人们都会对美国最高法院的里程碑式判决进行认真研究，无论这些人身处新德里或斯特拉斯堡，还是华盛顿特区或伊利诺伊州首府斯普林菲尔德。"[①] 这是奥康纳大法官周游世界并旁听了许多国家的法庭审判后所得出的结论。实际上这样的说法毫不为过，尽管美国司法传统继受于英国，但是在美国联邦最高法院大法官们的卓越努力下，美国式司法正在向全世界蔓延，美式司法的影响力已经超过了世界上任何一个国家，甚至比联合国刑事司法准则更为人们所熟知。

美国由于联邦制下独特的司法体制，有多达50多个司法管辖区，每个司法管辖区都有独立的司法体系，联邦只对部分刑事案件具有管辖权。联邦与州的权力划分向来被认为是关系宪法的重大问题，出于限制联邦权力的长期保守主义传统，一旦出现任何争议，人们首先考虑的是州（而非联邦）是否有权力对被追诉人进行审判。[②] 但是美国联邦宪法的大部分内容

① ［美］杰弗里·图宾：《九人：美国最高法院风云》，何帆译，上海三联书店2010年版，第185页。

② Ronald N. Boyce, Donald A. Dripps, Rollin M. Perkins, *Criminal Law and Procedure: Cases and Materials*, Foundation Press, 2010, p.1093.

通过第十四修正案已然合并适用于美国各州。在宪法权利法案规定的权利合并适用于各州、《联邦证据规则》等联邦法律对州的影响力扩大、美国法学会等机构在推动“模范法典”等方面的努力等一系列因素的共同作用下，美国各个司法管辖区的司法制度日渐与联邦趋同，故而本书在此处从美国联邦司法管辖区的视角探讨暂时性人身限制权，当能窥知美国司法体制下暂时性人身限制权的概貌。

（一）暂时性人身限制权的行使主体

美国暂时性人身限制权的主体是警察，但应当注意，美国的“警察”是一个范围极为宽泛的概念。在美国有超过18000个政府机构被划归为警察机构，某一机构只要满足两项要求即被称为警察机构：第一，赋予机构的主要职责在于执行某一项或多项刑事法律；第二，机构内至少有一些工作人员被赋予了能够区别于普通公民的特殊职权（例如逮捕权）。[①] 因此，联邦最高法院往往使用“执法机构官员（Law Enforcement Officials）”代替“警察”一词。

在联邦层面上，警察机构又可以具体划分为三个体系：司法部体系、国土安全部体系和其他。司法部体系是指隶属于司法部的警察机构，主要包括联邦调查局（FBI）、联邦药品管理局（DEA）、联邦烟酒火器管理局（ATF）和联邦移民归化局（INS）等。国土安全部体系是指隶属于国土安全部的警察机构，主要包括美国海岸警卫队（USCG）、海关与边境保护署（CBP）、美国特勤局（USSS）等。其他联邦警察机构还包括美国国务院所属的美国外交安全局（DS）、隶属于国会的美国国会警察局（USCP）、国家公园管理局下属的美国公园警察署（USPP）等。除此之外邮政局、林业局等联邦机构下也设有相应的警察机构。联邦警察机构中最重要的是联邦调查局。联邦调查局人员众多、调查力量雄厚，承担了大部分违反联邦法律的案件的侦查任务，对刑事案件具有广泛的调查权。在暂时性人身限制权问题上，联邦调查局也是联邦层级中行使暂时性人身限制权的最主要机构之一。其他警察机构在其各自的权限内也有行使人身限制的权力，尤其对于联邦烟酒火器管理局、海关与边境保护署等机构而言，暂时性人身限

① Jerold H. Israel, Yale Kamisar, Wayne R. LaFave, *Criminal Procedure and the Constitution: Leading Supreme Court Cases and Introductory Text*, West Group, 2002, p.16.

制措施是其最常采用的调查措施之一。

在州一级，主要由州警察局行使警察权力，而各个市、郡甚至村都有各自的警察机构。这些警察机构主要负责治安管理、刑事案件侦查等职责，一般仅可以在其辖区内行使职权，但在特殊情况下亦可跨界履职或请求协助。这些警察机构在各自的范围内行使警察权力，各个警察机构的人员数量、警徽标志、着装样式、装备水平等各不相同，有的机构早已进入信息化作业时代，有的机构的警察还保留着西部牛仔大马长枪式的执法方式，充分体现出美国社会多元化的典型特征。但是这些警察机构有一个重要的相同之处：其警员无论在执行治安管理还是刑事案件侦查的任务时，遇有紧急情况，一般均有暂时性限制人身的权责。

（二）暂时性人身限制权的运作

美国是典型的判例法国家，通过判例（尤其是联邦最高法院的判例）确定的规则构成了其司法制度的重要内容，暂时性人身限制权制度也不例外。关于警察暂时性人身限制措施相关问题，联邦最高法院有许多判例，但下述几个判例是最具有代表性的，这几个案例均与警察拦阻并暂时限制公民人身自由有关：特里案①主要针对的是截停后的询问和拍身搜查问题，确立了关于“截停与拍身搜查”的“特里规则”；迪克尔森案②限制了对特里规则的扩张，禁止将其用于收集证据；埃德蒙德案③主要针对的是警察设卡拦阻过往车辆的问题，该案将搜索毒品的设卡拦阻区别于先前判例中探讨的为检测酒精、阻止非法越境和缉捕重罪犯的设卡拦阻；黑贝尔案④主要针对的是拦阻后警察要求被拦阻人说明身份而其拒绝，是否得以妨碍执法之名将其逮捕的问题；罗伊案⑤试图划分截停与逮捕的边界，但最终采用了个案衡量的方式；沃森案⑥涉及公共场所的无证逮捕，判定警察的合理根据在于公共场所对重罪犯实施的无证逮捕是合法的。

除了这些关于拦阻和短暂限制人身自由的判例之外，第四修正案令状

① *Terry v. Ohio*, 392 U. S. 1 (1968).

② *Minnesota v. Dickerson*, 508 U. S. 366 (1993).

③ *City of Indianapolis v. Edmond*, 530 U. S. 1296 (2000).

④ *Larry D. Hiibel v. Sixth Judicial District Court of Nevada*, 542. U. S. 177 (2004).

⑤ *Florida v. Royer*, 460 U. S. 491 (1983).

⑥ *United States v. Watson*, 423 U. S. 411 (1976).

原则的许多例外均是基于紧急情况的原因而设立的，当情况使得警察不能够申请令状时，警察基于紧急状况必须立即采取行动，则警察在此时进行无证的搜查与扣押是合理的。① 这些紧急情况是警察履行职务过程中非常常见的，例如在警察获得令状之前，嫌犯可能从身上或在可控制的区域内使用隐藏着的武器或销毁证据。② 这些情况下，警察可以无证进行紧急的暂时性人身搜查和扣押。这些第四修正案的紧急情况例外与下述案件确立的规则共同构成了美国联邦关于政府对公民进行暂时性人身自由限制的制度。

1. 截停与拍身搜查（Stop and Frisk）：特里案

在美国联邦最高法院的众多判例中，特里案被认为是一个具有里程碑意义的案件。在本案中，一名从业 39 年的资深警官麦克法登在身着便衣巡逻时发现两名年轻人来回窥视商店，并且与另一人在街角处秘密交谈。根据多年从警的经验，麦克法登警察怀疑这三人是在为抢劫踩点，经过一段时间的有意识观察，他形成了彻底的怀疑，于是尾随二人，发现他们在街角与先前交谈过的那人在嘀咕些什么。麦克法登警官认为时机成熟，于是上前表明了自己的警察身份进行询问，三人的回答嘟嘟囔囔含糊不清。于是麦克法登警官抓住其中一名叫特里的人，将他扭转过身，把他挡在自己和另两人之间，以防止那两人对他发动攻击。麦克法登警官从他的衣服外面轻拍特里的衣服表面。在特里的外套口袋位置，警察感觉到有一把手枪，于是伸手进口袋，但无法掏出这把手枪。于是麦克法登警官命令三人进入一家商店，而后让特里脱掉上衣，从其上衣口袋里掏出一把 38 毫米口径的左轮手枪，随后警官继续对另两人进行了拍身搜查，又从其中一人的口袋中发现了另一把左轮手枪，于是警察让商店老板叫来一辆警车，将三人带回警察局。在整个过程中，警察只是轻拍了三人的衣服以确定他们是否携带武器，在摸到有枪之前，警察没有将手伸进他们的口袋。最后，以这两把手枪为证据，警方对特里和另一名持枪者提出了秘密携带武器罪的指控，在被判有罪后，案件一直上诉到了联邦最高法院。③

① Joshua Dressler, Alan C. Michael, *Understanding Criminal Procedure*, *Volume* 1: *Investigation*, 4th ed, Matthew Bender&Company, Inc., 2006, p.191.

② *See* Joshua Dressler, Alan C. Michael, *Understanding Criminal Procedure*, *Volume* 1: *Investigation*, 4th ed, Matthew Bender&Company, Inc., 2006, p.191.

③ See *Terry v. Ohio*, 392 U. S. 1 (1968).

美国联邦最高法院维持了不利于被告人特里的原判决。尽管沃伦首席大法官撰写的法院判决肯认了警察行为的合法性，却在历史上第一次将“截停与拍身搜查”纳入了宪法第四修正案的审查范围。沃伦大法官认为，“只要警察走过去和公民搭茬并限制了他离开的自由”，就构成了对该公民的“扣押”，而警察的拍身搜查行为“严重侵犯”了特里的个人隐私，因此构成了宪法意义上的“搜查活动”，尽管“其侵犯程度比完整意义上的搜查要小一些”。[①] 虽然沃伦大法官承认“截停与拍身搜查”应受第四修正案的制约，但却认为不应适用第四修正案的“令状条款”。判决说：“我们在此处理的是一种完全特殊的警察行为——警察根据其在现场观察到的情况，需要立即迅速地采取行动——这种行为无论从历史上来看还是从实践的角度看，都不适用令状原则。”[②] 联邦最高法院认为，对于此类由警察或其他政府公权力机构执行的可能侵害公民自由权的行为，审查的核心内容在于政府的执法行为是否具有合理性。联邦最高法院要求：“为了证明其特殊侵犯性行为的合理性，警察必须指出特定和可言说的事实，这些事实应当可以被联系起来，通过理性推断，保障该行为的合理性。”[③] 通过审查麦克法登警官的行为与当时的情形，联邦最高法院认为麦克法登警官具有近四十年的警察职业经验，且经过了充分的观察，对三人持有武器的怀疑具有充分的理由，在表明警察身份并进行询问后这种怀疑并未消失，此时决定扣押特里等人并对其进行拍身搜查的做法是合理的，而其行为也属温和，并无失当之处。于是联邦最高法院得出结论，判定麦克法登警官对特里等人的截停和拍身搜查行为合法，搜查获得的左轮手枪可以被作为对被告人不利的证据使用。

通过该案，联邦最高法院确立了以下规则：如果警察看到了某种反常的行为，从而根据其经验导致其产生了犯罪行为即将发生且其遭遇的该人可能有武器并具人身危险性的结论，在调查过程中他向对方表明了警察身份并进行了合理的询问，仍不足以排除其对自身和他人安全受到直接威胁的合理怀疑，为了保护警察自身和他人的安全，警察有权对该人进行有限

---

① Joshua Dressler, Alan C. Michael, *Understanding Criminal Procedure*, *Volume* 1: *Investigation*, 4^{th}ed, Matthew Bender&Company, Inc., 2006, p.281.

② *Terry v. Ohio*, 392 U. S. 1 (1968).

③ Joshua Dressler, Alan C. Michael, *Understanding Criminal Procedure*, *Volume* 1: *Investigation*, 4^{th}ed, Matthew Bender&Company, Inc., 2006, p.282.

的从其衣服外面的搜查，以找出可能被用于攻击警察的武器，上述搜查属于合理的搜查，且搜查获得的武器可以在后续程序中作为不利于该持有人的证据使用。[1] 这就是关于“截停与拍身搜查”的著名的“特里规则”。

2. 截停规则的扩张与限制：迪克尔森案、埃德蒙德案与黑贝尔案

迪克尔森案、埃德蒙德案与黑贝尔案是在特里案确定截停的相关规则后有关截停制度的三个重要案例。

1993 年的迪克尔森案主要涉及是否允许警察在拍身搜查中凭借触觉发现毒品并予以扣押的问题，即是否允许将特里规则所确定的允许拍身搜查扣押武器的规定加以扩张。在该案中，明尼苏达州警察在巡逻时注意到迪克尔森离开了公寓楼，由于警察之前曾接到关于该公寓楼存在毒品交易的投诉，因此警察产生了怀疑。迪克尔森开始朝警察方向走来，一看见警车就转头往回走，于是警察令其停止，并对其拍身搜查。搜查中没有在口袋中发现武器，但发现了一小包东西，警察反复触摸，觉得是像装在玻璃纸中的毒品的东西，于是警察伸手入口袋取出了一小包可卡因。[2] 联邦最高法院以 9∶0 的投票结果一致判定警察的行为非法。联邦最高法院进行了以下的推理：根据“一览无余”原则，如果警察合法地处于某一位置，看到了某一物品，而该物品的归罪性特征又极为明显，警察又有权控制该物，则警察可以在没有令状的情况下扣押该物；但是若该物的归罪性并非那么明显，警察除非经过进一步的搜查才能明确知晓该物品为非法物品，那么警察就无权无令状扣押该物。本案中警察在摸到那一小包东西时并不确定其是不是毒品，而是通过反复触摸才怀疑其是毒品，因此不能进行无令状的扣押。联邦最高法院判决指出，警察在明知口袋中没有武器的情况下出于对被告人不利的扣押目的伸手入兜取出毒品，逾越了特里案中确定的拍身搜查以保护警察和周围人的安全之目的，成为了一种为收集和扣押证据而进行的拍身搜查，属于对特里规则的不当扩张，因此警察行为违法，扣押获得的毒品不得作为证据使用。本案的判决确定了截停时拍身搜查的界限：截停时拍身搜查只能以保护警察和周围的人为目的，而不能任意将其扩展到以收集证据为目的，否则就成为了第四修正案意义上的普通搜查了。

---

① *Terry v. Ohio*, 392 U. S. 1 (1968).

② *Minnesota v. Dickerson*, 508 U. S. 366 (1993).

2000年的埃德蒙德案中，联邦最高法院判定虽然基于打击酒后驾车和拦截非法入境者的目的，在高速公路检查站进行短暂的、无嫌疑根据的扣押是合宪的，但以发现并截获违禁毒品为主要目的而在高速公路上设置检查站，截停过往车辆并短暂地限制车上人员的人身自由是违反了宪法第四修正案的，因为其首要目的在于促进“犯罪控制之一般利益”，而这些情景创制的紧急情况远远不同于下述情形，即当局简单地截停车辆的通常目的在于，查看是否恰好存在一名逃离该辖区的重罪犯。① 也就是说，同样是在高速公路上设置路卡拦截过往车辆并对车上人员进行短暂的限制自由的政府行为，如果其目的是为了检测酒后驾驶、拦阻非法出入境人员和追缉逃离该辖区的某一重罪嫌疑犯，则政府的行为符合宪法之要求；如果是为了针对不特定人员检查以控制毒品的，则政府的行为违反了宪法第四修正案的要求。

2004年联邦最高法院判决的黑贝尔案是关于警察暂时性人身限制权的又一重要案例。在该案中，警察基于对黑贝尔曾经参与故意伤害他人的合理怀疑（尚未达到合理根据的程度）而依法对黑贝尔施行拦阻，并要求其说明身份，但其始终拒绝，故警察依据内华达州制定法（该法要求被合法拦阻的人员向警察说明其身份）的规定，以黑贝尔阻碍执法为由逮捕了他。② 最高法院认为，内华达州的制定法没有违反宪法的规定，因为如果说明身份的要求根据当时的环境并不能使得拦阻具有合理性，则警察不得因为嫌犯拒不说明身份而逮捕他，但是在此案中该“合理性”标准已然得到了满足，故而逮捕合法。③ 也就是说，当警察基于“合理怀疑”而拦阻了某位嫌疑人时，若该嫌犯拒不说明自己的身份，则警察有权以其阻碍执法为由逮捕该人。有学者认为本案作出的限定——说明身份的要求必须与当时使得拦阻具有正当性之环境有合理的联系　　的意义不大，因为几乎所有依法进行的侦查要求说明身份均为合理的。④

① *City of Indianapolis v. Edmond*, 530 U. S. 1296 (2000).

② Joshua Dressler, Alan C. Michael, *Understanding Criminal Procedure*, *Volume 1: Investigation*, 4th ed, Matthew Bender&Company, Inc., 2006, p.154.

③ *Larry D. Hiibel v. Sixth Judicial District Court of Nevada*, 542. U. S. 177 (2004).

④ Joshua Dressler, Alan C. Michael, *Understanding Criminal Procedure*, *Volume 1: Investigation*, 4th ed, Matthew Bender&Company, Inc., 2006, p.154.

3. 截停与逮捕的楚河汉界：罗伊案

罗伊在迈阿密国际机场购买了一张去往纽约的机票，在此期间由于其行李的特征、紧张的神色和用大量现金购票的行为举止引起了警方的注意，警方认为其行为方式符合毒品贩子的一般特征。罗伊托运了两个行李箱后，在走向机场大厅等待登机时有两名警察向其走来。警察向罗伊表明了其是州警察的身份，要求罗伊出示其机票和驾照，罗伊照做。警察发现机票和驾照的名字不相符，而罗伊解释机票是他朋友帮他订的，上面的名字是该朋友的名字，而驾照上的才是他真实的名字。在交谈中警察觉得罗伊变得越发紧张，于是警察告诉罗伊他们是缉毒警察，他们怀疑罗伊携带有麻醉药品。警察没有将机票和驾照还给罗伊，而是要求其随他们去一间小屋子里做进一步的询问，罗伊只好随警察前往该房间。其中一名警察用罗伊的行李存根取回了罗伊托运的行李箱，并将它们拿到该房间。警察问罗伊是否同意对其行李箱进行搜查，罗伊没有说话，但拿出了钥匙，打开了其中的一个箱子。在没有征得罗伊同意的情况下，警察又打开了另一个行李箱，在其中发现了大麻，于是罗伊被逮捕。在审判罗伊是否犯有持有毒品罪之前，罗伊提出排除搜查行李箱所取得的证据的动议，但初审法院没有采纳，而是判其有罪，案件最终上诉到了联邦最高法院。[①]

联邦最高法院得出了几个意见：第一，本案中对罗伊的行李箱的搜查既没有令状也没有合理根据或紧急情况，其合法性取决于罗伊的同意，控方有责任证明其已经取得了罗伊的同意，且该同意是自由自愿作出的而非出于强制的；第二，警察在公共区域里仅仅走近某人，问他是否愿意回答一些问题，在得到同意后问他一些问题，或在刑事程序中将就这些问题得到的回答作为证据呈交，均不违反第四修正案；第三，并非所有对人身限制的行为都必须有合理根据才是合法的，根据特里案的判决，以合理依据作为人身限制正当化的理由的规则是具有有限例外的，当涉及打击毒品犯罪等严重犯罪时，也可能在低于合理根据的标准下进行合法的以询问为目的的短暂扣押；第四，截停等短暂扣押必须是暂时性的，不能超过实现截停本身的目的所需的必要时间，应采取在短时间既能确定或消除警察的怀疑、其侵犯程度又最小的行为方式，控方应当证明，他们所采取的扣押行为，完全限定在实现短暂扣押所必需的时间和范围之内；第五，非法逮捕

① *Florida v. Royer*, 460 U. S. 491 (1983).

阶段所作出的陈述，如果是非法逮捕而非自由意志的产物，即使是自愿作出的也不具有可采性；第六，如果罗伊是在合法人身限制或特里式截停中作出自愿同意的话，则对其行李箱的搜查是合法的，但他在对搜查表示同意时已经受到了实际的逮捕，本案中的逮捕已经超过了特里式截停的界限。[①] 联邦最高法院通过分析控方的理由后认为，本案中警察的行为比特里等案件判决所允许的扣押的侵犯性严重，因为本案中不存在能促使警察命令罗伊去另一个房间进行谈话的合理理由，警察的兴趣不在于与罗伊的谈话本身，而在于他的行李箱。本案中警察对罗伊的扣押是一种无令状的没有合理根据的逮捕，因此罗伊同意搜查他的行李箱实际上是出于受到了非法逮捕的状态，这种状态下的同意受到了非法逮捕行为的污染，搜查取得的毒品不能作为证据使用。

尽管该案的判决认定对罗伊的扣押行为突破了特里式截停的界限，已经形成了对相对人的逮捕，但即使联邦法院也承认，将特里式截停与逮捕进行泾渭分明的划分是非常困难的，不存在“石蕊试纸”[②] 式的检验标准。在机场等地方警察与公民进行接触直至导致暂时性人身限制的各个案件中，每个案件的事实和情况都会存在许多差异，法院很难将某一规则简化为一个简单的具有指导性的句子或段落，从而为判断是不是存在违反了第四修正案提供简单而无争议的解决方法，因此对此的判断主要是采用个案衡量的方法，而这种方法的采用也再次体现出判例法体系规则的模糊性和不确定性特征。

4. 公共场所的逮捕：沃森案

一名线人给邮政检查机构人员打电话，告诉他沃森有一张盗窃所得的信用卡，并让自己和他一起利用双方的资源来使用这张信用卡。由于此前这名线人曾经多次提供包括与沃森有关的可靠的线报，因此这个电话有一定的可靠性。当天，该线人将这张信用卡交给了邮政检查人员，检查人员要求该线人安排与沃森的见面，并让他在发现沃森带有其他盗窃得来的信用卡后发出特定信号。初定的见面后来被沃森取消，但不久后沃森在其指定的饭店与该线人进行了会面。这名线人果然发现了沃森有盗窃来的信用卡，于是发出了信号，警察迅速包围了饭店，并逮捕了沃森。在沃森被从

① *Florida v. Royer*, 460 U. S. 491 (1983).

② *Florida v. Royer*, 460 U. S. 491 (1983).

饭店带到大街上之后，警察对其进行了米兰达警告。经过搜查警察没有在沃森身上发现信用卡，于是问沃森能不能搜查他停在不远处的汽车，沃森说“搜吧”，警察警告他如果搜到了什么东西，这些东西可能被用来作为对其不利的证据使用，但沃森还是说“搜吧”。于是警察用沃森交给他的汽车钥匙打开了车门，在车里的地毯下发现了一些上面写着别人名字的信用卡。这些信用卡在后来的程序中被用作指控沃森犯有持有盗窃邮件罪的证据。审判前沃森提出动议，要求排除信用卡这一证据的使用，其理由是对他的逮捕由于既没有合理根据也没有令状故而违法，且对他的汽车的搜查无效，因为他未被告知可以拒绝这种搜查。案件一直上诉到联邦最高法院。[①]

联邦最高法院认为，并不能因为对沃森的逮捕没有令状就认为逮捕非法，因为《美国联邦法典》第 18 编第 3061 条明确规定，邮政服务监管委员会可以授权邮政服务官员或雇员在履行与邮政检查相关的职责中，在有合理根据认为某人已经或正在实施某一法律规定的重罪时对其进行无证逮捕。[②] 第 3061 条意味着国会认为在第四修正案令状条款之下授权邮政检查人员进行具有合理根据的无证逮捕是合理的，这并非立法机构的孤立做法，实际上制定法长期都允许警察根据合理根据对重罪进行无证逮捕，而联邦最高法院也从不认为根据第四修正案对所有重罪犯的逮捕都必须具有令状才是合理的。由怀特大法官执笔的判决书为了论证其观点，特别引用了马萨诸塞州最高法院在百年前罗翰案[③]中的一段论述：“人们时常主张，无证逮捕违反了我们国家和州宪法的下述重要基本原则，即禁止不合理的搜查和逮捕，除非有以根据宣誓作出的宣言为基础的令状。这些条款毫无疑问还有其他不同目的，即限制签发进行搜查的一般令状、要求令状只能根据已宣誓作出的宣言为基础。这与警察、其他治安官或者私人所享有的、受到恰当限制的无证逮捕重罪犯的权力并不冲突。公共安全和受重罪指控罪犯的正当监禁，都要求警察可以进行无证逮捕。”[④] 沃森案的判决主要是根据对普通法传统的分析而作出的，根据对历史上诸多案例和国会立

① *United States v. Watson*, 423 U. S. 411 (1976).

② Title 18 U. S. C. s 3061 (a) (3).

③ *Rohan v. Sawin*, 59 Mass. 281 (1850).

④《美国联邦宪法第四修正案：搜查与扣押》，吴宏耀等译，中国人民公安大学出版社 2010 年版，第 332 页。

法的分析，判决认为普通法通常会给予警察在有合理根据的情况下无证逮捕重罪犯的权力，这也是国会长期指导警察遵守的规则。联邦最高法院最终判定，长久以来国家都授权警察可以在公共场所基于合理根据实施无证逮捕，因此对沃森的逮捕并没有违反第四修正案，所以沃森对搜查他的汽车的同意并没有受到非法逮捕的污染，故而将搜查汽车获得的证据作为不利于沃森的证据使用是合法的。

（三）暂时性人身限制权的监督与制约

美国人向来对政府权力这一“利维坦”怪兽怀有极强的戒惧心理，重视对权力的监督与制约，对于警察的暂时性人身限制权也不例外。在美国警察暂时性人身限制权的制约主要有以下几方面的途径。

第一，“合理怀疑”或“合理根据”要求对于警察暂时性人身限制权行使的制约。警察行使暂时性人身限制权至少需有“合理怀疑”，有些措施的行使还必须有“合理根据”。“合理根据”标准适用于无证逮捕或搜查，警察在没有令状的情况下对某人实施逮捕或搜查，必须由他们自行作出有无“合理根据”的判断。满足“合理根据”的要求一般而言是一个客观判断的标准，是指警察在行使无证逮捕或搜查的权力时，按照一般理性人的标准，以足够的可靠信息为合理理由，能够形成被逮捕人极有可能实施了犯罪行为或通过搜查能够得到被搜查人犯罪的证据的信念。[①] 根据此标准，“合理根据”涉及“实质基础”，需具有相当程度的可能性但又低于优势证据标准。[②] 而“合理怀疑”的确信程度较“合理根据”为低，适用于截停等制度，在作出此类决定时，警察可以凭借其经验或职业训练，对于某些普通人难以察觉的信息进行推理并得出某种结论，从而实施截停等暂时性人身限制措施。这些作为判断基础的信息可以有广泛的来源：根据线人等传闻证据得到的信息、毒品贩子一般特征的描述、高犯罪率地区的特定环境等。[③] “合理根据”和“合理怀疑”的暂时性人身限制程序启动

① Joshua Dressler, Alan C. Michael, *Understanding Criminal Procedure*, *Volume* 1: *Investigation*, 4th ed, Matthew Bender&Company, Inc., 2006, p.122.

② Joshua Dressler, Alan C. Michael, *Understanding Criminal Procedure*, *Volume* 1: *Investigation*, 4th ed, Matthew Bender&Company, Inc., 2006, p.284.

③ Joshua Dressler, Alan C. Michael, *Understanding Criminal Procedure*, *Volume* 1: *Investigation*, 4th ed, Matthew Bender&Company, Inc., 2006, p.284 – 292.

要件像一个安全阀，一方面要求警察审慎地作出是否有必要采取行动的决定，另一方面也为行动实施后的审查提供了判断标准，从而有效地制约了暂时性人身限制权的行使。

第二，令状主义原则的“影子”对警察的心理制约。令状主义的原则经过普通法国家数百年的传承，几乎已经渗透到了每一位执法人员的血液中了，即使在没有令状即可以采取行为的暂时性人身限制权实施条件下，令状主义原则仍然像一支“看不见的手”，影响着警察的行为方式：在美国，警察在难以作出准确判断的情况下采取一边令人监视嫌疑人一边紧急向法官申请令状的案件并不鲜见。从某种角度上看，令状主义原则削弱了警察的“自信”，也使得公民权利沦丧于警察“自信”的危险系数大大降低。

第三，暂时性人身限制措施实施中的“合理性”要求。联邦最高法院在格拉汉姆案件[①]中判定：“关于执法官员在执行对自由公民的逮捕、侦查性截停或其他类型的‘扣押’时过度使用强力（无论其是否是致命性的强力）的主张，都要接受第四修正案‘合理性’标准的分析。”[②] 根据该案的判决，“合理性”成为警察行使暂时性人身限制权时必须遵守的基本原则。从本质上看，“合理性”标准与“最小侵犯原则”基本相同，要求警察对于相对人的暂时性人身限制应在最短时间内得出进一步处理的结论，或证实其嫌疑而加以逮捕或排除其嫌疑而对其释放，同时对于暂时性人身限制手段和方式的采取，应秉承不得超过为实现暂时性人身限制的目的所需要的必要程度的行为准则。

第四，法官对警察暂时性人身限制权的事后审查：非法证据排除规则。司法权力对警察行为事后进行审查的最重要方式就是非法证据排除规则的运用，对警察暂时性人身限制权的审查亦不例外。美国的非法证据排除规则包括对非法言词证据的排除和对非法实物证据的排除，一般对非法言词证据不但要强制排除，而且还要受到“毒树之果”原则的制约，而对于非法实物证据则通常采取裁量排除的方法。非法证据排除规则对于警察暂时性人身限制权的意义在于“震慑”警察行为，一旦警察非法采取暂时性人身限制措施，其取得的证据很可能在后续的程序中被排除，则其侦查

---

① *Graham* v. *Connor*, 490 U. S. 386 (1989).

② Joshua Dressler, Alan C. Michael, *Understanding Criminal Procedure*, *Volume* 1: *Investigation*, 4thed, Matthew Bender&Company, Inc., 2006, p.165.

行为不但变得徒劳无功，甚至可能对案件的处理起反作用。因此非法证据排除规则对于警察的震慑作用是显著的，对于暂时性人身限制权的规制作用也是不言自明的。应当说明的是，非法证据排除规则涉及数个宪法修正案条文，其中与警察暂时性人身限制权相关的主要是第四修正案排除规则。

（四）特殊问题：种族与警察暂时性人身限制权

在西方移民国家的法律制度中，种族问题是一个难以回避的特殊问题，这个问题在美国表现尤为明显。尽管美国内战以来直至20世纪60年代的民权运动使得种族歧视消失于公开层面，但长期以来的种族隔阂却不是那么容易能够消除的，由此引发了许多法律问题，即使在美国联邦最高法院中对此也存在极其激烈的争论。[①]

在整个刑事诉讼体系中，种族问题表现得最为明显的正是在警察暂时性人身限制权制度中。美国的公共部门长期以来将种族作为具有某种较高犯罪可能的标签，[②] 种族的偏见使得受到暂时性人身限制的有色人种的数量远远大于白人，尤其是在截停与拍身搜查方面，往往将相对人是黑人或拉丁裔人作为实施截停的基本考虑因素。在2000年发生的一起案件中[③]，警察甚至因为有人报警说一名黑人男子侵入其住宅并对其实施攻击，就对附近大学里的所有黑人男学生按照名单进行逐一询问和检查，并将此种拉网搜查扩展到所有黑人社区，对每个黑人男性进行截停、询问和检查。圣地亚哥路检研究发现被截停之人全是男性，其中66%为黑人或墨西哥裔美国人。1973年达拉斯截停研究发现，年轻的、黑皮肤的和社会地位低的人最可能被逮捕。此外，尽管黑人与白人在受到警察暴力侵犯方面概率相同，但黑人更可能被警察杀害，黑人死于警察枪击的比例大概是白人的9

---

① 许多自由派大法官认为应当给予非洲裔美国人以更多的保护，但保守派大法官们则认为这可能导致“反向歧视”，联邦最高法院中唯一的黑人大法官托马斯甚至引用道格拉斯的话认为：“美国人民总是急着想知道该为我们（指黑人）做些什么……对此，我从一开始就只有一个答案。不用对我们做什么！……如果一个黑人不能凭自己的双腿站起来，那就让他趴下吧！”［美］杰弗里·图宾：《九人：美国最高法院风云》，何帆译，上海三联书店2010年版，第97页。

② Randall Kennedy, *Race, Crime, and the Law*, New York: Vintage Books, 1997, p.138.

③ *Brown v. City of Oneonta*, 221 F. 3d 329 (2d Cir. 2000).

倍，超过一半的警察枪击受害者是黑人，而黑人只占美国人口的10%。① 正如美国联邦第九巡回法院在判决中所言："我们不能不了解到，挑衅性和侵犯性的警察行为之负担已经不成比例地落入黑人男性（有时是拉丁裔男性）的肩头……从实际的角度看，无论整个社会还是执法机构还都不是'色盲'的。案例、新闻报道、书籍和学术论著都清楚地说明对于黑人男性而言，其经历的截停要比白人男性多得多。"②

"9·11"恐怖袭击以后，反恐成为美国政治生活的一个重要主题，而在刑事司法领域，传统的种族问题又与反恐或宗教问题相互纠葛，使得情况变得越发复杂。除了黑人与拉丁裔美国人之外，来自中东地区的阿拉伯相貌的人，已经成为暂时性人身限制权行使的重要对象，尤其在机场，这种情况更加常见。2001年9月，在受到袭击后恢复空中民航运营的第一天，机场要求所有搭乘飞往沙特阿拉伯的航班的阿拉伯人或长着阿拉伯相貌人统统接受简短询问，这一做法引起了广泛的争议。可以想象，如果美国政府知道某一恐怖袭击系由白人男性策划或实施的，例如1995年的俄克拉荷马州联邦大楼爆炸案，那么警察是否会对周边所有的白人男子进行截停或询问呢？答案恐怕是否定的。

对于黑人、拉丁裔人或阿拉伯人这种横扫式的暂时性人身限制措施已经大大突破了"合理怀疑"的界限，这种不加区别的限制仅仅以种族或外貌作为采取措施的唯一理由，违反了宪法第十四修正案关于平等保护的要求。尽管这个问题已经得到了社会的关注，尤其是引起了美国联邦最高法院的重视，但是由于政治和社会方面的原因，要解决这一问题恐怕不是通过一两个判例所能够实现的，种族问题在很长一段时间内仍将成为美国警察暂时性人身限制权制度的困扰。

二、英国（英格兰和威尔士）

英国分为三个司法法域，其中苏格兰不能被归入当事人主义模式的范围，而北爱尔兰由于政治和历史的多方面原因，也与当事人主义模式下所

① 参见［英］罗伯特·雷纳：《警察与政治（第三版）》，易继苍、朱俊瑞译，知识产权出版社2008年版，第150页。

② Joshua Dressler, Alan C. Michael, *Understanding Criminal Procedure, Volume 1: Investigation*, 4th ed, Matthew Bender&Company, Inc., 2006, p. p.294－295.

指称的英国刑事司法制度相去甚远，故而本书在此处所探讨的英国警察暂时性人身限制权的内容仅指英格兰和威尔士地区的相关制度。

（一）暂时性人身限制权的行使主体

与美国一样，英国暂时性人身限制权的主体也仅限于警察。英国是最早建立现代警察制度的国家，1829 年英国通过《大都市警察法案》，成为世界上第一个建立现代警察制度的国家，但由于警察与人权的密切关系，英国的警察制度曾经过多次改革。英国目前有 52 支警察部队，17 万余名警察，名义上归属于内政部，但实际上是独立的，且地方警察彼此互不隶属，警察机关经费由内政部和地方政府共同负担，地方警察局一般下设交通管理、刑事侦查、警察行动和人员训练等直属机构，负责当地警务工作，并需向当地公众报告工作情况。①

警察享有与刑事侦查和治安管理相适应的各种权责，其中最重要的职责之一就是街头巡逻，但现在随着电话的普及，巡逻的方式已经发生重大变化，主要依赖巡逻警车进行，但巡逻仍是与暂时性人身限制权相伴随的警察权责。除此之外，警察还有拦截与搜查、进入住宅搜查和扣押、逮捕、羁押、讯问与处置等权力，这些权力均与暂时性人身限制权制度发生关系。

（二）暂时性人身限制权的运作

尽管英国是传统的判例法国家，但 20 世纪以来，议会立法成为了重要的法律渊源，成文法不断吸收和采纳判例法的内容，从而出现了成文法地位上升而判例法地位下降的局面。其中涉及警察暂时性人身限制权的法律主要有《1984 年警察与刑事证据法》及其执行守则、《1994 年刑事审判及公共秩序法》和《2003 年刑事审判法》。

《1984 年警察与刑事证据法》第一部分“拦截与搜查的权力”明确规定警察在截停与搜查方面所具有的权责。具体而言，根据该法第 1 条（3）的规定，如果警察有合理的理由怀疑他将发现被盗或违禁的物品，他就可

① 参见卞建林、刘玫主编：《外国刑事诉讼法》，中国政法大学出版社 2008 年版，第 20 页。

以搜查任何人或车辆。[①] 另外第1至3条规定了警察有为搜查人身的目的而在不逮捕的情况下拘留公众成员的一般权力。[②] 这是关于授权警察实施截停和搜查权的规定，但是截停搜查权有下列的限制：第一，合理怀疑必须是根据相关的情报或者信息而产生的，而不能仅因为相对人的肤色、年龄或衣着方式等个人因素而产生；第二，只能在诸如合理地需要执行搜查时才能拘留嫌疑人；第三，除外衣、夹克或手套外，不能命令嫌疑人当众脱掉任何东西；第四，要先行告知嫌疑人其警察身份和嫌疑人享有可以要求获得搜查笔录副本的权利。[③] 第三部分"逮捕"则规定警察有实施拘留的权力，除了可以无令状逮捕正在实施某可捕罪[④]的人和有合理理由怀疑其正在实施可捕罪的人之外，还可以无令状逮捕准备实施某可捕罪的人和有合理理由怀疑其准备实施可捕罪的人；[⑤] 换而言之，警察可以逮捕任何人，只要他有合理理由怀疑其已实施、正在实施或将要实施一项可逮捕罪行。第25条规定，警察在合理怀疑被逮捕人已经或正在实施一般非逮捕罪行，且满足①被逮捕者拒绝给出姓名、地址或在警察合理怀疑其正确性时拒绝给出细节，或②警官合理地相信必须实施逮捕以防止被逮捕者伤害自己或他人、毁坏财产、实施违反公序良俗的犯罪或阻碍公路交通的犯罪时，可以对其实施逮捕。[⑥] 这是英国关于警察拘留的内容，警察拘留权的实施要求必须具有急迫性和合理怀疑。对于可逮捕罪行，只要满足急迫性和合理怀疑的要件即可逮捕；对于一般的非逮捕罪行，则要求有附加条

---

① 《英国刑事诉讼法（选编）》，中国政法大学刑事法律研究中心组织编译，中国政法大学出版社2001年版，第249页。

② ［英］约翰·斯普莱克：《英国刑事诉讼程序》，徐美君、杨立涛译，中国人民大学出版社2006年版，第55页。

③ 参见［英］麦高伟、杰弗里·威尔逊：《英国刑事司法程序》，姚永吉等译，法律出版社2003年版，第47页。

④ 可捕罪，是指可判处5年或以上监禁的罪行，加上一些《警察与刑事证据法》第24（2）条所指的虽然不需要判罚5年但依然被列为可逮捕罪行的犯罪（如未经主人许可擅取机动车辆、某些性犯罪和某些海关犯罪等）。参见［英］约翰·斯普莱克：《英国刑事诉讼程序》，徐美君、杨立涛译，中国人民大学出版社2006年版，第14页。

⑤ 参见《1984年警察与刑事证据法》第24条（4）和（7），《英国刑事诉讼法（选编）》，中国政法大学刑事法律研究中心组织编译，中国政法大学出版社2001年版，第270页。

⑥ ［英］约翰·斯普莱克：《英国刑事诉讼程序》，徐美君、杨立涛译，中国人民大学出版社2006年版，第13－14页。

件。此外英国法除了规定了警察的拘留之外，亦规定有公民的拘留权，但其限制较警察为多。

《1984年警察与刑事证据法执行守则》具体规定了警察在实施暂时性人身限制时所需注意的问题。守则A是对截停和搜查的规定，该守则规定，行使截停和搜查权时必须有合理根据怀疑相对人携带非法取得或非法持有的物品。合理根据是否存在要取决于每一个案件的具体情况，但必须有客观的基础，警察需要在考虑时间、地点以及相关人员或相随人员的行为的背景下，考虑被怀疑携带的物品的性质。[①] 合理怀疑可以基于可靠的情报或信息，该情报或信息表明特定的群体或团伙的成员或他们的同伙习惯性地携带非法的刀具或武器或持有毒品，但合理怀疑绝对不能建立在只有个人的因素而没有情报和信息支持的基础上。[②] 但是守则对于截停的限制性规定不影响警察日常在不拘留或动用武力的情况下与公民进行交谈或询问，也不禁止警察和民众的合作性交流或公民对警察防止犯罪和发现罪犯的协助责任。守则B是关于警察搜查住宅和扣押在住宅或人身发现物品的相关规则，守则C是关于警察拘留和处置当事人的相关规则，这些规则也与警察暂时性人身限制权的行使有颇多相关之处。

《1994年刑事审判及公共秩序法》第60条赋予警察预见到暴力时责令停止并搜查的权力。根据该条规定，如果警察局长或以上级别的警官有充分理由相信在他的辖区内有可能发生涉及严重暴力的事件，而且这样做有利于制止这些事件的发生，则他可以批准在不超过24小时的时间内，在他的辖区内行使责令人和车辆停止并搜查的权力；探长或警探有充分理由相信涉及严重暴力的事件即将发生，而此时却找不到警察局长，则探长或警探也可以实施责令停止和搜查；得到授权的警官或警察局长考虑到与授权范围内的事件有关的罪行已经或有充分理由怀疑已被实施，认为有必要时

---

① 参见《1984年警察与刑事证据法执行守则》守则A第1.6条，《英国刑事诉讼法（选编）》，中国政法大学刑事法律研究中心组织编译，中国政法大学出版社2001年版，第399页。

② 参见《1984年警察与刑事证据法执行守则》守则A第1.6A、1.7条，《英国刑事诉讼法（选编）》，中国政法大学刑事法律研究中心组织编译，中国政法大学出版社2001年版，第399－400页。

可以将授权延长6个小时。[①] 该条赋予身穿制服的警察责令行人停止并搜查他身上或携带的物品以确定是否有犯罪武器或危险器具和责令车辆停止并搜查车辆、司机和乘客以确定是否有犯罪武器或危险器具的权力，警察在行使这些权力时，可以责令行人或车辆停止，并进行他认为适当的搜查，不论他是否有理由怀疑此人或车辆携带有武器或此类物品，搜查中若发现危险器具或物品，有充分理由怀疑是犯罪武器时，可以对以上物品进行扣押。[②] 该条的规定不但适用于行人和车辆，也适用于船只、飞机和气垫船。

《2003年刑事审判法》对《1984年警察与刑事证据法》进行了修改，扩大了警察截停与搜查的权力，扩张了原法对于违禁物品的定义，增加了企图造成损害而制造、变造的物品，[③] 使得警察在有合理理由怀疑某人携带此类物品时亦有权对其进行截停和搜查。该法同时规定，逮捕之后倘若认为没有必要将其带至警察局进行进一步处理的，警察可以在逮捕现场对其进行保释，即街头保释，而对于因可捕罪而被逮捕之人，若得到警督的授权，其羁押期限可以从24小时延长至36小时。[④] 另外，该法第3条对可捕罪增加了三项内容：为获取护照而作虚假陈述、有关大麻或大麻脂的犯罪、虚伪陈述以及隐瞒重要信息。[⑤] 根据此项规定，警察有合理理由怀疑某人已实施、正在实施或将要实施上述三项罪行，则有权对其实施拘留。由于上述三项犯罪通常并非属于紧急情况，增加此三项罪名为可捕罪，不啻对警察暂时性人身限制权的重大扩张。

（三）暂时性人身限制权的监督与制约

英国的暂时性人身限制权的监督与制约主要体现在四方面：合理怀疑

---

① 《英国刑事诉讼法（选编）》，中国政法大学刑事法律研究中心组织编译，中国政法大学出版社2001年版，第575－576页。

② 参见《英国刑事诉讼法（选编）》，中国政法大学刑事法律研究中心组织编译，中国政法大学出版社2001年版，第576页。

③ 《英国2003年〈刑事审判法〉及其释义》，孙长永等译，法律出版社2005年版，第524页。

④ 《英国2003年〈刑事审判法〉及其释义》，孙长永等译，法律出版社2005年版，第525页。

⑤ 《英国2003年〈刑事审判法〉及其释义》，孙长永等译，法律出版社2005年版，第22页。

要求、最低限度武力原则、皇家检控署与警察的关系和法官对警察的制约。

第一，合理怀疑要求。英国的合理怀疑要求是指在根据案件的具体情况，依照客观的基础，考虑时间、地点以及相关人员或相随人员的行为等的条件下，对相对人携带违法物品或存在犯罪行为所产生的怀疑。这种合理怀疑必须基于可靠的情报或信息，但不能建立在只有个人的因素的基础上。合理怀疑要求警察按照一般理智人的标准对相关情况作出判断，从而对警察启动暂时性人身限制权进行了门槛式的限制。

第二，最低限度武力原则。几乎可以说，英国的警察是世界各国警察中最为强调最低限度武力原则的，他们认为警察的秘密武器不是水炮、催泪弹或橡胶子弹，而是公众的同情。① 在很长一段时间里，英国警察是不配备枪支的，1863 年警察才开始使用警棍，在执行特定危险任务或巡逻时，警察可以携带一把手枪或短刀，即使时至今日，英国的警察与其他任何国家的警察相比，枪支的使用还是很少的。② 这种较为温和的最低限度武力的传统对于英国警察的影响是深远的，关于英国警察在行使暂时性人身限制权时过度使用武力的报道明显少于其他当事人主义模式国家，可见最低限度武力原则现实地正在发生对警察暂时性人身限制权的制约作用。

第三，皇家检控署与警察的关系。1985 年设立的皇家检控署是一个全国性的起诉机构，尽管是否指控某一犯罪嫌疑人的最初决定系由警察作出，但皇家检控署负责对案件的审查起诉。警察的行为实际上要受到皇家检控署的审查，皇家检控署可以根据警察报送的材料决定是否起诉，倘若其决定不起诉，警察之前的侦查努力从某种角度看便付之于流水了，因此皇家检控署对警察采取暂时性人身限制权阶段收集的证据有审查之责，对警察也有制约的效果。

第四，法官对警察的制约。英国法官对警察的影响主要体现在三个方面，即诉讼、证据排除和司法审查。警察在行使暂时性人身限制权时，一旦违法行事，可能成为民事诉讼的被告被要求赔偿，甚至可能构成刑事犯

① 为了得到公众的同情，大都市警察厅甚至训练了一匹极具吸引力的马，名叫“碧姬芭杜”，以赢得英国喜爱动物的公众的支持。[英] 罗伯特·雷纳：《警察与政治（第三版）》，易继苍、朱俊瑞译，知识产权出版社 2008 年版，第 62－63 页。

② 宋英辉、孙长永、刘新魁等：《外国刑事诉讼法》，法律出版社 2006 年版，第 95 页。

罪，而且在英国执法行为并不能作为被告人的辩护理由，因此法院通过审理针对警察违法行使暂时性人身限制权而提起的民事或刑事诉讼，能够对警察起到警示作用。证据排除对警察的震慑作用和制约意义与美国基本相同，但在英国，普通法上排除供述的权力是受限制的，而《1984 年警察与刑事证据法》及其执行守则的颁布，使得上诉法院在这个问题上发挥了更加积极的作用。[①] 法院对警察暂时性人身限制权的行使的司法审查是指受到警察暂时性人身限制行为不利影响的人，可以申请王座法院根据其司法审查权对警察行为进行审查，法院可以命令警察作出或不作出某种行为，还可以通过人身保护令对受到羁押的人的羁押理由进行审查，从而对警察暂时性人身限制权的行使进行干预，防止警察滥用此项权力。

三、小结

尽管美国和英国在许多制度上存在差异，但通过对美国和英国这两个英美法系典型国家的暂时性人身限制权制度的研究，基本可以概括出英美法系暂时性人身限制权的基本特征。

第一，判例法与成文法相结合对暂时性人身限制权进行规范。传统普通法的特征就在于用判例创设法律，赋予法官“造法”的权力，但随着两大法系的相互融合，英美两国也开始制定大量的成文法律。在英国除了前文所述的与暂时性人身限制权密切相关的《1984 年警察与刑事证据法》及其执行守则、《1994 年刑事审判及公共秩序法》和《2003 年刑事审判法》之外，尚有其他成文法律或多或少地从一些方面影响着警察暂时性人身限制权制度的实施。在美国，尽管判例的效力并无丝毫消退，尤其是联邦最高法院的判例，依然发挥着至关重要的作用，但人们也越来越重视成文法了。除了宪法修正案（权利法案）在刑事诉讼中的广泛运用之外，《联邦刑事诉讼规则》是其中最为重要的成文法律，不但在联邦法域具有效力，而且有超过一半的州的刑事诉讼立法均参考和模仿了《联邦刑事诉讼规则》。此外《1966 年联邦保释金改革法》、《1968 年陪审团选任法》和《1974 年联邦迅速审判法》等也是关于刑事诉讼的重要法律。值得注意的

---

① 参见宋英辉、孙长永、刘新魁等：《外国刑事诉讼法》，法律出版社 2006 年版，第 96 页。

是美国法律协会制定的《美国刑事诉讼法典》和《美国律师协会刑事诉讼标准》对联邦和州的立法产生了极大的影响。尽管这些法律中有一些与暂时性人身限制权制度关系较远，但这种判例法与成文法相结合的规则运行模式却实实在在地影响着暂时性人身限制权制度。

第二，暂时性人身限制权基本为警察所独占。当事人主义模式下的英美两国奉行检警分立制度，检察官一般不干涉警察的“街头行动”，也没有暂时性人身限制权。历史上英国的治安法官曾经享有彻底的侦查权，但随着刑事改革的推进，现在治安法官对于侦查阶段的权责主要只限于发布令状了，因此不再有暂时性人身限制权。可以说，如今暂时性人身限制权已几乎成为警察的禁脔。需要注意的是，美国的“警察”五花八门，有近两万个机构被称为警察机关，而英国的警察的各个警察部队实际上也互相独立，因此在英美两国暂时性人身限制权实际仍是由为数众多的机构所享有的，只不过这些机构均被称为“警察”。

第三，极为强调程序启动需有“合理怀疑”或“合理根据”。在美国，实施截停和拍身搜查必须要有“合理怀疑”，实施逮捕要有“合理根据”。无论是“合理怀疑”还是“合理根据”，都是一个主观判断的标准，即要求警察在行使暂时性人身限制权时，按照一般理性人的标准，以足够的可靠信息为合理理由，能够形成受到暂时性人身限制的相对人极有可能携带危险武器或实施了犯罪行为的信念。正如前文所述，“合理根据”和“合理怀疑”的暂时性人身限制程序启动要件像一个安全阀，不但要求警察审慎地作出是否有必要采取行动的决定，也为行动实施后的审查提供了判断标准，从而有效地制约了暂时性人身限制权的行使，防止警察滥用暂时性人身限制权对公民自由造成不必要和无理的侵害。

第四，重视法官对警察暂时性人身限制行为的司法审查。当事人主义模式下法官拥有巨大的权力，甚至可以创制法律，其对警察行为的司法审查对于警察行为方式的调整有着重大影响。在美国，联邦法院的判例对于各个司法管辖区的警察行为方式都有调适作用，尤其是联邦最高法院的判例，在遵守先例的法律传统下具有极高的法律效力。英国法官可以审查警察行使暂时性人身限制权的方式是否合法，可以排除暂时性人身限制中非法取得的证据，还可以用人身保护令等手段审查人身强制的理由。关于这方面的特征，前文已有叙述，此处不复赘言，总而言之法官对于警察暂时性人身限制行为的制约是积极而有效的。

当然，英美两国的警察暂时性人身限制权制度也存在一些差别，例如两国对暂时性人身限制中非法取得的证据的排除方式有所不同，英国警察行使暂时性人身限制权时使用强制力的力度总体而言远远小于美国警察[①]等，但这些并不妨碍我们认为美英两国作为当事人主义模式国家，其警察暂时性人身限制权制度的相同和相似之处多于不同和区别。

第二节　大陆法系的暂时性人身限制权

一、法国

法国的法律制度曾经几经曲折，“大抵可视为弹劾式诉讼与纠问式诉讼之间的嬗变史。”[②] 在大革命直至第二次世界大战结束后的这一段漫长的时期内，法国在继承大陆法系传统的基础上，不断吸收英美有利于保障当事人权利的制度内容，形成了现代化的文明的职权主义刑事诉讼模式，并使这种模式的基本精神体现于暂时性人身限制权制度上。

（一）暂时性人身限制权的行使主体

法国有权行使暂时性人身限制权的主体主要有警察和共和国检察官。

法国的警察从组织形态上分类，可以分为军事警察（宪兵）和普通警察；按照职能分类，又分为行政警察与司法警察。行政警察主要负责维护社会秩序的任务，刑事案件的处理则主要由司法警察负责。司法警察包括司法警察警官、司法警察警员及助理司法警察警员、法律赋予司法警察特

---

① 这一现象的出现，除了英国警察“温和”的传统原因外，最主要的原因在于美国宪法第二修正案规定人民持有和携带武器的权利不得侵犯，枪支的泛滥在美国成为严重的社会问题，为了保护自己和公众，美国警察对此的警觉性较高，作出的反应也常常更为激烈。

② 法国著名法史学家安德烈·朗吉教授和阿莱特·勒比格尔教授语，转引自卞建林、刘玫主编：《外国刑事诉讼法》，中国政法大学出版社2008年版，第128页。

定职责的官员与工作人员。[1] 由于行政警察与司法警察在分工上有着极为紧密的联系，因此行政警察的工作与司法警察的工作很难做绝对化的区分。行政警察与司法警察在执行任务时的技术手段也极为相近，一个行动很可能有两方面的功能，例如警察的巡逻既可以有效维护社会秩序，行使行政警察的职能，又能够及时发现和处理已经发生的刑事犯罪，从而履行司法警察的职能。正因为如此，行政警察中有相当一部分人员同时也是司法警察人员，这样安排对于提高警察部门的工作效率是必不可少的；警察人员与在交通要道疏导交通的“宪兵”人员（此处指交通警察）有可能为过往行人提供情况，他们在现场执勤或者采取行动，可以防止发生违警罪或疏忽大意性质的伤害罪，在必要情况下，可以对在周边发生的犯罪行为进行勘验、查证与确认。[2]

根据《法国刑事诉讼法典》第 41 条规定：“共和国检察官对违反刑法的犯罪行为进行或派人进行一切必要的追查与追诉行为。为此目的，共和国检察官领导其所在法院管辖区内的司法警察警官与司法警察警员的活动。共和国检察官享有本卷第一编第一章第二节以及特别法规定的、与司法警察警官身份相关的一切权力和特权。”[3] 在发生现行犯罪的情况下，一旦共和国检察官来到现场，司法警察警官即失去指挥权，由共和国检察官行使案件处理的指挥权。由此可见，共和国检察官也是暂时性人身限制权的行使主体。

（二）暂时性人身限制权的运作

法国的警察暂时性人身限制权，主要是通过以下职权行使的。

1. 身份检查

在法国，警察对公民的身份检查有明确的法律规定，《法国刑事诉讼法典》第一卷第二编第三章的标题就是“身份检查、审核与披露”。根据《法国刑事诉讼法典》第 78－2 条的规定，对于有下列事由之一项或多项的人，警察可以要求其证明身份：①实施了犯罪或犯罪未遂；②正在准备

① 参见《法国刑事诉讼法典》第 15 条的规定。参见《法国刑事诉讼法典》，罗结珍译，中国法制出版社 2006 年版，第 17 页。

② ［法］贝尔纳·布洛克：《法国刑事诉讼法》，罗结珍译，中国政法大学出版社 2009 年版，第 203 页。

③ 《法国刑事诉讼法典》，罗结珍译，中国法制出版社 2006 年版，第 37 页。

实施重罪或轻罪；③对重罪或轻罪案件的调查可能提供有用情况；④是司法机关命令追查（通缉）的对象。[①] 此外，为了防止危害社会公共秩序，尤其是为了防止发生危害人身与财产的案件，准许按照上述相同的条件与方式，进行身份检查。[②] 也就是说，除了机场、港口、火车站检查等例行的身份检查措施之外，法国的身份检查最主要有两种情形：第一是可以推定有关的当事人与某一刑事犯罪有联系时进行的，第二是在为公共安全利益和防止发生犯罪而进行的。要进行检查必须要证明有某种应当进行检查的“迹象”方可施行身份检查。[③]

当事人可以以各种方式证明其身份，例如出示身份证或其他带有照片的身份证明等。如果当事人的身份不能经证明确定，当事人便有可能要接受身份核查；如果当事人接受检查但拒绝向警察提供任何有益的说明时，即可以对其身份进行审核。[④] 如当事人拒绝证明或者无法证明自己的身份，必要时，可对其就地拘留，或者将其送至警察机构所在地扣留，以核实其身份。[⑤] 进行身份核实时，司法警察警官应当在笔录上写明检查与核查当事人身份的理由，并应记明：当事人是在什么情况下送到的，并已向其说明其享有之权利，以及进行身份检查和扣留的起止时间等内容。[⑥] 由于身份检查引起的身份核查涉及留置和拘留等相关内容的制度，在此情形下应当将被核查人带至司法警官面前，由其让该人通过任何方法提供可以证明其身份的文件或材料，但限制该人自由的时间，严格以查明其身份所需的时间为限，自检查开始计算，扣留时间不得超过 4 小时，且共和国检察官

① 《法国刑事诉讼法典》，罗结珍译，中国法制出版社 2006 年版，第 74 页。

② 参见［法］贝尔纳·布洛克：《法国刑事诉讼法》，罗结珍译，中国政法大学出版社 2009 年版，第 222 页。

③ 参见［法］卡斯东·斯特法尼、乔治·勒瓦索、贝尔纳·布洛克：《法国刑事诉讼法精义》（上），罗结珍译，中国政法大学出版社 1999 年版，第 335 页。

④ 参见［法］贝尔纳·布洛克：《法国刑事诉讼法》，罗结珍译，中国政法大学出版社 2009 年版，第 223 页。

⑤ 《法国刑事诉讼法典》第 78－3 条。参见《法国刑事诉讼法典》，罗结珍译，中国法制出版社 2006 年版，第 78 页。

⑥ 参见［法］卡斯东·斯特法尼、乔治·勒瓦索、贝尔纳·布洛克：《法国刑事诉讼法精义》（上），罗结珍译，中国政法大学出版社 1999 年版，第 337 页。

得随时终止扣留。[1] 若被核查人坚持不肯说明其身份或其提供的材料无法证明其身份，则可以在得到检察官或预审法官批准后取手印或拍照，以核实身份。

2. 在现行犯罪案件中的调查

《法国刑事诉讼法典》第54条至第66条规定了发生现行重罪时司法警察可以行使的职权；第67条规定若发生轻罪，只要是其犯罪当处监禁刑的，亦适用发生现行重罪的相关规定。在发生现行重罪或当处监禁刑的轻罪案件后，警察机关必须立即报告共和国检察官，并派司法警察警官前往现场进行调查，此时，警察享有扩大化的权力，可以采取各种必要的措施，其中包括许多对人的自由的暂时性限制的强制措施，例如现场取证、禁止现场人员离去和拘留。但是一旦共和国检察官到达现场，现场指挥权即移交至共和国检察官之手。

根据法律规定，司法警察警官可以命令对可能能够提供案件相关情况或合理怀疑其可能实施了犯罪或犯罪未遂的任何人进行必要的取证，若相对人拒绝服从司法警察警官的命令，将受到刑事处罚。《法国刑事诉讼法典》第61条规定，司法警察警官可以禁止任何人离开犯罪现场，直至其在现场进行的勘验、检查行动结束。[2] 这一规定表明，在现行犯罪案件中，警察的暂时性人身限制权不但可以施于犯罪嫌疑人，亦可以对证人以及其他人员适用。对于没有任何"合乎情理的理由"可以怀疑其实行了犯罪或犯罪未遂的人，让其留在现场的时间严格以听取其说明情况的时间为限。[3]

当警察有"合乎情理的理由"怀疑某人实施了犯罪或犯罪未遂时，有权对该人进行拘留，这就是对现行犯的拘留。此种拘留只能由司法警察警官作出决定，司法警察警员无权决定，一经实施，必须立即报告共和国检察官。拘留的时间不得超过24小时，经共和国检察官批准，可以再延长24小时。不过，对于13岁至16岁的未成年人，不得延长拘留时间；对于16岁以上的未成年人，必须将其带至共和国检察官面前，或者将其带至预审法官面前，然后才能决定对其延长拘留时间；对于有组织的犯罪，拘留

① 《法国刑事诉讼法典》第78－3条第3款。参见《法国刑事诉讼法典》，罗结珍译，中国法制出版社2006年版，第79页。

② 《法国刑事诉讼法典》，罗结珍译，中国法制出版社2006年版，第58页。

③ 《法国刑事诉讼法典》第62条第5款。参见《法国刑事诉讼法典》，罗结珍译，中国法制出版社2006年版，第59页。

的时间可以延长2次，每次延长的时间分别为24小时，特殊情况下还可以延长48小时，最长合计为120小时。[①] 一旦时限届满，若证据证明对该人足以提起追诉，则需依照共和国检察官的指令，或将其送至法官处，或将其释放。受拘留的人有权得知对其进行的调查的性质、拘留的相关程序性规定，他还有权利选择作出声明、回答提问或保持沉默，并且可以得到律师帮助，除特殊情况下，其受拘留的情况应被告知其家人。

3. 初步调查

法国有由预审法官进行的预审程序，但在此之前，可以由司法警察警官或其监督下的司法警察警员进行初步调查。尽管在此程序中通常紧急情况出现的概率较低，但警察并非没有行使暂时性人身限制权的空间，其中主要是拍身搜查和拘留。

警察在初步调查程序中，也可以核查某些个人的身份，甚至可以从公民的衣服外面对其进行拍身搜查。[②] 虽然这种拍身搜查不构成搜身，但也可能查出犯罪的蛛丝马迹，一旦发现某种异常情况，即可以进行完整的搜身检查。

《法国刑事诉讼法典》第77条规定，因调查之必要，司法警察警官得对存在一项或数项合乎情理的理由可以怀疑其实施了犯罪或犯罪未遂的任何人实行看管，以听处置；依据受理案件的共和国检察官的指令，按照已经收集到的各种材料，有理由对其提起追诉的人经拘留之后，或者予以释放，或者解送该检察官。[③] 拘留的时间不得超过24小时，经共和国检察官书面批准，可以再延长24小时，但之前因身份核查而扣押当事人的时间计算在内，有组织犯罪案件当事人的拘留时间也可以再延长2次，每次24小时。初步调查阶段被拘留人与对现行犯罪案件进行调查时的被拘留人，在得知调查的性质、选择是否保持沉默、取得到律师帮助、告知其家人等方面的权利基本相同。

此外，对于受到司法警察警官传唤要求其到案的相关人员，不回复传唤或有理由怀疑其将不回复传唤的，经由共和国检察官批准后，可以强制

---

① 参见［法］贝尔纳·布洛克：《法国刑事诉讼法》，罗结珍译，中国政法大学出版社2009年版，第233页。

② 参见［法］贝尔纳·布洛克：《法国刑事诉讼法》，罗结珍译，中国政法大学出版社2009年版，第241页。

③ 《法国刑事诉讼法典》，罗结珍译，中国法制出版社2006年版，第70页。

其到案。对于那些并不存在可以说得通的理由怀疑其实行了犯罪或者企图实行犯罪的人，只能在为听取其陈述所严格必要的时间里，才能不让其离开。[①]

（三）暂时性人身限制权的监督与制约

由于警察拥有极大的权力，出于控制警察权力保障公民自由的要求，对警察暂时性人身限制权进行限制的措施也受到了重视。法国对警察暂时性人身限制权的监督与制约主要是通过两方面进行的：一是检察长或共和国检察官对警察暂时性人身限制权的监督与制约，二是预审法官和“自由与羁押法官”对警察暂时性人身限制权的监督与制约。

法国实行审检合署制，共和国检察官被称为“站席的司法官”，[②] 具有极高的法律素养。检察长或共和国检察官对警察暂时性人身限制权的监督与制约主要体现在三个方面。第一，行使暂时性人身限制权的司法警察需受共和国检察官的指挥，甚至可能系受共和国检察官的指派。前文已述《法国刑事诉讼法典》第41条规定共和国警察官对司法警察有领导职权，第68条又规定在发生现行犯罪的情况下，一旦共和国检察官来到现场即由其代替司法警察官指挥。第二，共和国检察官有权监督司法警察对嫌疑人的拘留，且拘留时间的延长需经其批准，共和国检察官可以要求向其解送被拘留人，这些权力无论在对现行犯罪案件嫌疑人的拘留中还是在初步调查的拘留中均无不同。第三，检察长对其辖区内的司法警察警官进行考核，在每一上诉法院管辖区内，司法警察警官受上诉法院检察长监管，检察长可以自行对司法警察警官收回授权资格，其他司法警察成员也同样受到检察长的监视与监督。[③]

法国的法院分为审判法院和预审法院，预审法官负责预审程序，具有侦查和裁判的双重职能，过去预审法官到达现行犯罪现场后即有资格实施司法警察行为，但现行法律废止了此项规定，仅规定预审法官可以前往现

① ［法］贝尔纳·布洛克：《法国刑事诉讼法》，罗结珍译，中国政法大学出版社2009年版，第241页。

② 卞建林、刘玫主编：《外国刑事诉讼法》，中国政法大学出版社2008年版，第140页。

③ ［法］贝尔纳·布洛克：《法国刑事诉讼法》，罗结珍译，中国政法大学出版社2009年版，第245页。

场和使用司法警察执行其委托授权和按其要求办案。因此按照现行《法国刑事诉讼法典》的规定，预审法官对警察暂时性人身限制权的监督与制约主要是通过行使纪律惩戒权力而实现的。在每一个司法管辖区内，司法警察除了受检察长监管之外，还要受到预审法官的监督。此外，根据《法国刑事诉讼法典》第227条的规定，在不妨碍上级有可能对司法警察警官或警员给予纪律制裁的情况下，预审法庭可以向警官或警员提出意见，或者决定该警官或警员暂时或最终不得在本上诉法院管辖区内或全国范围内担任司法警察警官职务及预审法官的委派代表职务，或者不得担任司法警察警员之职务，这项决定立即生效。[①] 此项权力直接关系到司法警察的职业资格，对于违法行使暂时性人身限制权的警察而言震慑力不可谓不大。2000年法国又设立了“自由与羁押法官”，主要负责审查涉及人身自由的事项，因此对于警察暂时性人身限制权的行使也需承担审查的职责。此外，2000年6月，法国设立了一个全国性的委员会，其职责就在于负责保证警察各类行为的合理性，[②] 其中自然也包括对暂时性人身限制措施的监督和规制。

违法进行暂时性人身限制的警察除了可能受到来自检察长和预审法官的纪律惩戒之外，还可能需承担民事责任或刑事责任。除此以外，法国通常否认“因攻击人的身体或精神上的自由而取得的证据的合法性”和“因使用诡计而取得的证据的合法性”[③]，因此违法进行暂时性人身限制所取得的属于上述两项情形的证据可能因为其合法性上的瑕疵而在刑事诉讼中不予采纳。

二、德国

德国虽是联邦制国家，但与美国不同，其法律制度具有传统的大陆法系职权主义特征。正如魏根特教授所言，职权主义的一般原理是探寻与决

① 《法国刑事诉讼法典》，罗结珍译，中国法制出版社2006年版，第208页。

② Mireille Delmas - Marty, J. R. Spencer, *European Criminal Procedures*, Cambridge University Press, New York, 2002, p.225.

③ 参见卞建林、刘玫主编：《外国刑事诉讼法》，中国政法大学出版社2008年版，第187页。

策者作出决定相关的事实的准确、完整的信息，[①] 这种寻找事实和“实体的真实”的理念也在暂时性人身限制权的行使中有所体现。

（一）暂时性人身限制权的行使主体

德国暂时性人身限制权的行使主体与法国极为相似，也包括检察官和警察。由于德国检警一体的体制，检察院是法定的侦查机关，而根据法院组织法和各州法令的规定，警察通常只是检察院的辅助机关。检察官是侦查活动的主导者，可以亲自侦查也可以领导侦查，有权指挥和利用警察的力量，警察机关进行侦查时负有向检察机关报告相关侦查情况的义务，因此作为侦查活动主导者的检察官也享有暂时性人身限制权。但是现实中的检警关系远比法律条文所显示的复杂得多，由于警察机构和检察机构分属不同的部门，以及二者在专业领域上的专长不同，两者之间的关系并不是完全的领导与被领导的关系。再加上由于检察机关本身并无执行进行刑事侦查的执行机构，可以说其“有头无手”，因此在进行调查程序时，检察机关由警察人员协助。[②] 在德国的刑事司法实践中，虽然检察官在侦查程序中是处于领导地位的，但是很少直接实施具体的侦查行为，一般警察是整个侦查活动的实际承担者，除了少数谋杀之类的案件，大部分案件的刑事侦查都是由警察进行的，检察官通常不会自始就主动地参与刑事侦查，只有在警察侦查终结后，检察官才获知该刑事案件的存在。在一般案件中，检察官缺乏进行侦查的实际知识和手段，他们的真正作用在于对警察侦查的结果进行复审、提出建议或在需要更多信息来支持是否提起公诉时要求补充侦查。[③] 因此，从实际的角度看，检察官实施暂时性人身限制措施的情形并不多见，暂时性人身限制权主要还是由警察行使的。

德国警察系统主要呈现为二元化的特征，即德国的警察系统主要由两部分组成：一部分是联邦警察机构，受联邦内务部领导；一部分是州警察机构，受州内务部领导。联邦警察机构与州警察机构是组织上相互独立的

① 参见［德］托马斯·魏根特：《德国刑事诉讼程序》，岳礼玲、温小洁译，中国政法大学出版社2004年版，第2－3页。

② ［德］Claus Roxin：《德国刑事诉讼法》，吴丽琪译，三民书局1998年版，第80页。

③ ［德］托马斯·魏根特：《德国刑事诉讼程序》，岳礼玲、温小洁译，中国政法大学出版社2004年版，第51－52页。

两级警察机构，他们各有自己的管辖权限和分工，他们之间没有领导与被领导的关系。德国的刑事案件，大部分由州警察机构负责处理，只有少数跨州界或跨国界的案件，才由联邦警察机构负责处理。在德国，警察具有双重职能，其主要任务在于保障公共安全不受危害和威胁，除了此项职能外，法律还赋予警察在刑事犯罪侦查中有限的权力（所谓警察的抑制功能），在犯罪被告发之后，所有的警察都有权力立即采取必要措施。[①] 这些措施包括可以在犯罪现场保护证据、询问证人，甚至还有部分搜查、扣押及身体检查的权力，因此无论是州警察还是联邦警察，均有行使暂时性人身限制权的职权。

（二）暂时性人身限制权的运作

德国法律中与暂时性人身限制权有关的措施主要有为查明身份而责令停止、拘提、暂时逮捕。除了《德国刑事诉讼法》之外，德国的暂时性人身限制措施还分散地规定在各州的警察法中。基本上，各州的警察法对警察之强制，区分为“警察一般强制措施”、“即时强制或直接执行”以及“警察类型化措施”[②] 三种。[③] 其中“即时强制或直接执行”一项中有大量涉及警察暂时性人身限制权行使的内容，“警察类型化措施”中亦有相关的规定，例如人之管束、盘查、驱离和鉴识措施等。[④] 但是此种类型化措施大都属于行政性质之行为。

1. 为查明身份而责令停止和拘提

为查明身份而责令停止类似于法国的身份检查制度，包括对有犯罪嫌疑人的责令停止和对无嫌疑人的责令停止。德国的拘提有广义和狭义之分，广义拘提指将一人解送某主管官署的行为，狭义的拘提是指为讯问或

---

① 参见［德］托马斯·魏根特：《德国刑事诉讼程序》，岳礼玲、温小洁译，中国政法大学出版社2004年版，第45－50页。

② “警察类型化措施”是指将警察干预人民自由与财产的措施予以类型化。参见蔡震荣：《警察之即时强制》，载台湾地区《“中央警察大学”警学丛刊》2001年第31卷第4期，第64页。

③ 蔡震荣：《警察之即时强制》，载台湾地区《“中央警察大学”警学丛刊》2001年第31卷第4期，第64页。

④ 蔡震荣：《警察之即时强制》，载台湾地区《“中央警察大学”警学丛刊》2001年第31卷第4期，第64页。

询问而采取的暂时性人身限制。[1]罗科信（Claus Roxin）教授认为为查明身份而进行的拘留也当属于拘提的范围。拘提既可以对嫌疑人实施，也可以对证人实施。

对于无犯罪嫌疑的人员，也可以进行查明身份，但一般不能拘留，也不能违背当事人意愿进行搜查。为了对一犯罪案件之侦破，亦得在必要时对一非犯罪嫌疑人进行人别身份之确认；但应对其说明调查的客体及可能的被告，而如果有事实上之必要性时，则亦得对此种非犯罪嫌疑之人加以拘留；但是至于对其进行人身和所携带之物品之搜索及其他为了辨识的目的所采之措施则只有在获其同意时，始得为之。[2] 因此，对于无犯罪嫌疑人员的拘留，仅限于相当严格之范围。

但是检察官或警察对于怀疑其已实施了犯罪行为的人不但可以责令停止以查明身份，还可以进行拘留和搜查。《德国刑事诉讼法》第 163 条 b 规定，某人具有犯罪行为嫌疑的时候，检察院、警察机构的官员可以采取必要措施，查明他的身份；在非此不能查明或很难查明身份的情况下，允许拘留嫌疑人，也准许搜查嫌疑人的人身、携带的物品以及进行鉴别辨认措施。[3] 但是对于因查明身份而进行的拘留的时间不得超过为查明身份所需的时间。除非对该人的身份能够迅速查明，否则警察必须毫不迟延地将被逮捕人送交到法官处，由法官决定是否继续羁押。但是为查明身份而为的拘留总计不得超过 12 个小时，且被拘留人有权令其家属得到其被拘留的通知，在查明身份后，其因查明身份而形成的各类文件必须予以销毁。

2. 暂时逮捕

暂时逮捕是指在紧急情况下，纵无法官之书面之逮捕命令，检察官、警察人员或一般人在必要时，均得径行逮捕。[4]

《德国刑事诉讼法》规定了三种类型的暂时逮捕：为确保行为人之在

---

① 参见［德］Claus Roxin：《德国刑事诉讼法》，吴丽琪译，三民书局 1998 年版，第 352 页。

② ［德］Claus Roxin：《德国刑事诉讼法》，吴丽琪译，三民书局 1998 年版，第 351 页。

③ 参见《德国刑事诉讼法典》，李昌珂译，中国政法大学出版社 1995 年版，第 80 页。

④ ［德］Claus Roxin：《德国刑事诉讼法》，吴丽琪译，三民书局 1998 年版，第 344 页。

场及辨别身份所为之现行犯之逮捕；由检察官或警察人员为确定身份所为之逮捕；为确保逮捕之进行而由检警机关所为之逮捕。[①] 第一种类型的暂时逮捕是根据《德国刑事诉讼法》第127条规定："某人现行时被发觉或者被追捕，如果他有逃跑嫌疑或者身份不能立即确定时，任何人都有权即使无法官的命令也能将其暂时逮捕。"[②] 根据该条的规定，此种暂时逮捕即为现行犯之逮捕，其又包括行为人在犯罪实施中被发觉或实施后立即被发觉、身份无法确定、有逃跑嫌疑这三种情形。在此类暂时逮捕中检察官或警察紧急逮捕的权力较公民的为大，他们还可以根据《德国刑事诉讼法》第163条d第1款关于拉网缉捕的规定确定被捕人的身份。第二种类型的暂时逮捕是指根据《德国刑事诉讼法》第127条、第163条b和第163条c的规定进行的逮捕，根据这些条文的规定，检察院、警察机构的官员依照第163条d第1款的规定确定被捕人的身份；对嫌疑人或无嫌疑之人可以进行为检查身份而为之暂时逮捕，对此前文已述。第三种类型的暂时逮捕是指根据《德国刑事诉讼法》第127条第2项的规定，"如果存在签发逮捕令或者安置令的前提条件，在延误就有危险时，检察院和警察机构官员也有权暂时逮捕。"[③] 此种暂时逮捕是指在有特定的情形下，由于符合令状签发的实质要求，警察或检察官可以实施无令状之逮捕。

执行暂时逮捕需遵循一些基本原则。首先，允许使用适度的身体强制手段，例如捆缚、铐手铐等，但是需遵循比例原则，不允许超过合理的范围，应尽量避免对相对人造成身体伤害；其次，若相对人驾驶汽车，只有在不危及其他汽车驾驶人及行为人的情形下，才可以使用强制措施令其停车；再次，除非有法律的特殊规定或令状，不得为逮捕闯入私人住宅。[④] 被逮捕的人必须被毫不迟延地带到法官面前，最迟延长至逮捕后的次日，随后法官听取嫌疑人的陈述，并决定对其施行审前羁押还是将其释放。[⑤]

---

① ［德］Claus Roxin：《德国刑事诉讼法》，吴丽琪译，三民书局1998年版，第344页。

② 《德国刑事诉讼法典》，李昌珂译，中国政法大学出版社1995年版，第59页。

③ 《德国刑事诉讼法典》，李昌珂译，中国政法大学出版社1995年版，第59页。

④ 参见［德］Claus Roxin：《德国刑事诉讼法》，吴丽琪译，三民书局1998年版，第348页。

⑤ ［德］托马斯·魏根特：《德国刑事诉讼程序》，岳礼玲、温小洁译，中国政法大学出版社2004年版，第92页。

但是在此期间，允许警察对嫌疑人进行讯问或搜集不利于其之证据，且该证据可于后续程序中使用。

3. 相关的强制“人身检查”

《德国刑事诉讼法》对于限制自由时的强制“人身检查”有明确的规定，这些规定在暂时性人身限制权的行使过程中同样适用。

根据法律规定，这些强制“人身检查”主要有几种情形：第一，简单地从上到下拍打衣着，以检查是否有形状可疑的物品（如武器）；第二，检查衣物，包括查看衣袋，以检查是否有通过拍打通常不能发现的物品；第三，检查体表以发现可以看到的痕迹或标记（如文身、刺痕）；第四，检查体腔以发现隐藏物（如毒品）；第五，检查体内物质、身体功能以及个性特征（如血液酒精浓度、指纹、脸部图谱）；第六，将体内物排除体外，以获取被吞咽的物品。[①]

类似于美国的特里规则的停止后的拍身检查在实践中较为多见，且不像其他强制“人身检查”那样受到诸多限制，但是对于其他类型的强制“人身检查”，法律有着较为严格的规定。一般的人体外部检查可以由检察官或警察执行，但是根据《德国刑事诉讼法》第 81 条 a 的规定，抽取血样验血和其他身体检查必须有医师根据医术规则进行。[②] 此外德国宪法法院认为剃除胡须属于对身体施用医学方法，因此也必须按照《德国刑事诉讼法》第 81 条 a 的规定由医师进行。[③] 但是对于强制排出体内物品问题，法律没有规定，实践中的争议也很大，争论的主要焦点在于是否可以强迫使用催吐物质、强行通过口腔或鼻腔注入。在司法实践中强制使用催吐物质的情况屡见不鲜，但 2001 年 12 月，一名来自尼日利亚的 19 岁男性在汉堡被强行施用排除体内物质的方法，结果在该过程中死丁心肌梗塞，于是德国的医生们通过决议，宣布强制使用催吐物质是违反道德的。迄今为

① ［德］苏珊娜·瓦尔特：《德国有关搜查、扣押、逮捕以及短期羁押的法律：批评性的评价》，载陈光中、［德］汉斯－约格·阿尔布莱希特主编：《中德强制措施国际研讨会论文集》，中国人民公安大学出版社 2003 年版，第 173－174 页。

② 参见《德国刑事诉讼法典》，李昌珂译，中国政法大学出版社 1995 年版，第 23 页。

③ ［德］苏珊娜·瓦尔特：《德国有关搜查、扣押、逮捕以及短期羁押的法律：批评性的评价》，载陈光中、［德］汉斯－约格·阿尔布莱希特主编：《中德强制措施国际研讨会论文集》，中国人民公安大学出版社 2003 年版，第 178 页。

止，各上诉法院基本上认可此种做法，但主流观点仍然认为，《德国刑事诉讼法》第 81 条 a 的规定为排出体内物质的措施提供了足够的法律依据。①

（三）暂时性人身限制权的监督与制约

在德国，根据《联邦德国基本法》《欧洲人权公约》《德国刑事诉讼法》以及其他法律的规定，检察官或警察的暂时性人身限制权主要受到来自两方面力量的制约：司法机关的制约、检察机关和警察的内部控制。

《联邦德国基本法》对于剥夺人自由时的权利保障问题做了详尽的规定，这一规定也有大量涉及暂时性人身限制权的内容。根据该规定，只有依据正式法律，并按照法律中规定的方式，方可限制人身自由；不得在精神上或身体上虐待被拘禁的人员；警察依据自己的绝对权力予以拘留的，拘留时间不得超过逮捕后次日的结束；凡因涉嫌犯罪、暂时被拘留的，最迟在逮捕后次日提交法官，法官须告知逮捕理由，作出审讯并给予受拘留人辩驳的机会，法官须立即填发逮捕证，说明逮捕理由，否则命令释放。②《欧洲人权公约》对于暂时性人身限制也规定，人人享有自由和人身安全的权利，除非在依照法律规定在如果有理由足以怀疑某人实施了犯罪行为或者如果合理地认为有必要防止某人犯罪或者是在某人犯罪后防止其脱逃，为了将其送交有关的法律当局而对其实施的合法的逮捕或者拘留等情况下才能剥夺任何人的自由；依照此规定而被逮捕或者拘留的任何人，应当立即送交法官或者是其他经法律授权行使司法权的官员，并应当在合理的时间内进行审理或者在审理前予以释放。③《德国刑事诉讼法》对于法官对于暂时性人身限制措施行使的监督也有相关规定，前文已有详细论述。根据这些法律的规定，德国检察官或警察行使暂时性人身限制权，受到来自司法机关的制约，被限制自由者有权被带到法官面前，由法官对暂时性

---

① 参见［德］苏珊娜·瓦尔特：《德国有关搜查、扣押、逮捕以及短期羁押的法律：批评性的评价》，载陈光中、［德］汉斯－约格·阿尔布莱希特主编：《中德强制措施国际研讨会论文集》，中国人民公安大学出版社 2003 年版，第 178－179 页。

② 《联邦德国基本法》第 104 条。参见联邦德国议会网站：https：//www.btg－bestellservice.de/pdf/80201000.pdf（2013－4－11）。

③ 《欧洲人权公约》第 5 条。参见欧洲联盟（EU）网站：http：//conventions.coe.int/treaty/en/Treaties/Word/005.doc（2013－4－11）。

人身限制措施的采取是否合理进行审查判断，从而避免暂时性人身限制权的滥用导致对公民合法权利的不当侵害。

除了来自外部的制约，德国的检察机关和警察部门向来重视对暂时性人身限制措施的内部控制。首先由于德国检察机关的体系是上下级关系，上级检察官对于下级检察官具有命令权和控制权，上级检察官有权审查下级检察官暂时性人身限制措施的采取合理与否。其次，德国由于不存在独立的警方调查程序，警察所进行的一切侦查行为都要纳入检察机关的侦查程序，警方所做的一切都要呈报检察机关，由检察机关最终作出决定，[①] 因此检察机关对于警察有控制的权力，警察在执行刑事追诉任务时即为检察官的助手，必须服从检察官的命令，警察暂时性人身限制权的行使也要受到来自检察机关的审查。最后，由于各州警察部门是内政机关的组成部门，内政部对警察有惩戒权，[②] 因此内政部门对警察暂时性人身限制权的行使也有控制权。

三、小结

法国和德国是奉行大陆法系的典型国家，通过对这两个国家暂时性人身限制权相关制度的分析，基本可以勾勒出大陆法系暂时性人身限制权的一般特征，具体而言主要有以下几点。

第一，通过成文法明确规定暂时性人身限制权的相关制度。大陆法系的法德两国奉行成文法传统，主要通过成文法典对暂时性人身限制权的行使主体、启动、运作、审查等一系列制度进行明确的规定，竭力避免权力主体行使权力的任意性和法律的不明确性给公民权利造成不可预知之侵害的可能。以法典的模式对暂时性人身限制权制度进行明确规定，可以有效防止法律的模糊性，也便于权力主体在实践中的操作与把握。此外，由于法德两国同属《欧洲人权公约》签约国，因此《欧洲人权公约》的相关条文对于两国也有强制效力，两国公民若认为自己的权利受到政府的侵害，

① 参见［德］沃尔纳·罗特：《公诉机关和警察对于强制措施的内部控制》，载陈光中、［德］汉斯－约格·阿尔布莱希特主编：《中德强制措施国际研讨会论文集》，中国人民公安大学出版社2003年版，第195页。

② ［德］托马斯·魏根特：《德国刑事诉讼程序》，岳礼玲、温小洁译，中国政法大学出版社2004年版，第50页。

在用尽国内救济方式的情况下，还有权向设在法国斯特拉斯堡的欧洲人权法院寻求救济。

第二，暂时性人身限制权的行使主体不限于警察，还包括检察官，且检察官在其中发挥重要作用。在法国，共和国检察官不但是暂时性人身限制权的行使主体，而且在其到达案件现场后，有指挥司法警察的权力；在德国，由于刑事案件处理中的检警一体制度，警察是检察官的助手，警察必须服从检察官的命令。因此，在这两个国家检察官不但是暂时性人身限制权的主体，而且扮演着指挥警察的重要角色。但是这样的制度也存在问题，最重要的问题在于此种制度与检察官客观义务存在冲突。萨维尼曾指出："（在对被告的刑事程序中）检察官作为法律的守护人，负有彻头彻尾实现法律要求的职权。"[①] 但是检察官从事并指挥侦查，其追诉倾向得到充分的发挥，对于保证其客观地位的打击是致命的，与"检察官乃世界上最客观之官署"[②] 的定位也不相符。

第三，身份检查是暂时性人身限制权的重要内容。对于身份检查，无论法德两国皆独立加以规定，对此前文已详述。笔者窃以为，将身份检查确立为暂时性人身限制权的专门内容之一，与大陆法系职权主义模式下追求诉讼真实的理念有关。在诉讼真实主义的诉求下，查明嫌疑人身份对于后续案件的处理有着至关重要的意义，例如嫌疑人的年龄、前科等，对于定罪和量刑均可能有决定性的关键作用。与身份检查相联系的一系列配套制度的设置，例如为查明身份而进行的拘留等，也体现出职权主义司法制度对于查明真实的极端重视。

第四，法官对暂时性人身限制权的行使有审查的权力。大陆法系职权主义模式也不排斥司法机关对暂时性人身限制权行使合理与否的审查，这既可以被认为是英美法系当事人主义模式对大陆法系职权主义模式的影响，也可以被认为是联合国刑事司法准则在世界各国普遍得到贯彻和认可的结果。在法德等司法文明程度极高的大陆法系国家，法官对暂时性人身限制行为的合法性进行审查已是法律的明文规定，也已成为司法实践的常规做法。法官对暂时性人身限制权行使的审查是一种来自外部的审查，对于制约检察官或警察行使权力，震慑和预防其违法采取暂时性人身限制措

① 转引自林钰雄：《检察官论》，法律出版社2008年版，第23页。

② 德国学者多灵（Döhring）语，转引自林钰雄：《检察官论》，法律出版社2008年版，第25页。

施，防止侵害公民合法权利具有更有效的作用。

第五，强调检察机关和警察部门的内部制约。在职权主义模式下的法德两国，检察官被赋予了“法律守护人”的地位，人们对检察机关极其信任，这与当事人主义模式下的英美国家的检察官定位有极大的区别。检察机关对于警察和警察部门内部的制约，被认为是与来自外部的法官的审查几乎具有同等地位的有效权力规制手段。笔者认为，这种内部的规制手段的优点在于对于错误的纠正直接快速，体现出追求真实的价值取向，但缺点在于由于检察机关和警察部门的追诉倾向，对权力的制约不如外部监督有力。

当然，尽管法德两国同属职权主义国家，在暂时性人身限制权制度方面存在许多相同之处，但是由于两国法治发展轨迹的差异，二者之间仍然存在一些不同之处：例如法国的预审法官对于侦查阶段的暂时性人身限制权的行使发挥着极为重要的作用，这一点在德国的法律制度上已不存在；德国有明确的“证据禁止”制度，对于侦查阶段行使暂时性人身限制权后违法取得的证据禁止其作为证据提出或禁止其作为证据采用。但是应该说，在暂时性人身限制权制度方面，法德两国作为大陆法系的典型国家，共性多于差异，相似大于区别。

第三节　混合式下的暂时性人身限制权

一、日本

在第一批到达日本的葡萄牙冒险者中，有一个叫品脱的人带着一支火枪，所有见到这支枪的人都羡慕不已，他让人把枪拿给他们看，后来又把枪借了出去，当他离开日本时，日本人已造出500支一模一样的火枪，两年以后，又造出了30万支。①

日本民族几乎是世界上最善于模仿的民族，但他们进行的并非机械模

① ［法］阿兰·佩雷菲特：《论经济“奇迹”——法兰西学院教程》，朱秋卓、杨祖功译，中国发展出版社2001年版，第229页。亦见张建伟：《司法竞技主义——英美诉讼传统与中国庭审方式》，北京大学出版社2005年版，自序第5页。

仿而是有创造性的模仿，“日本对于西方供给他们的各种模式的比较优势特别敏锐。因此，他们没有选择一个国家作为模式，而是根据他们从不同社会中借鉴的新颖观点，构建本国现代社会的图景。”[①] 这种特性也体现在他们的法律制度中。

（一）日本混合式模式的演进

明治维新之前，日本并无现代意义上的法律制度，其法律基本是以唐律为蓝本制定的。但 1853 年“黑船事件”美国海军准将马修·佩里将军的舰队敲开了日本闭关锁国的大门后，整个日本社会包括法学界开始向西方探求现代化之路。例如在刑事司法领域，日本先以法国为师，1880 年公布了由法国学者波索纳德协助起草的《治罪法》，1890 年又废止了《治罪法》，以明治《刑事诉讼法》取而代之。然而普法战争法国惨败和德国的兴起大大刺激了日本人，他们把目光转向了这个新兴的强国，他们参照 1877 年德国刑事诉讼法典，修改了《刑事诉讼法》，并于 1922 年公布了第三部刑事诉讼法——大正《刑事诉讼法》。[②] 在此期间，日本通过学习欧洲大陆国家，基本确立起大陆法系职权主义模式。此后尽管日本也曾做了一些向英美法系靠拢的尝试，例如曾经引入英美的陪审团制度，但这些尝试大多无疾而终，日本的大陆法系特征基本处于稳定状态。

1945 年第二次世界大战的失败和美军的占领对日本法律的转型起到了重大作用。在麦克阿瑟将军的直接指导下，日本对宪法进行了彻底的修改，1946 年公布了全新的“和平宪法”，大大增加了公民权利的相关内容。刑事诉讼制度也由是实行了根本性的改革。1947 年，日本公布《裁判所法》、《检察厅法》、《辩护士法》和《刑诉紧急措施法》，1948 年又制定了《刑事诉讼法》以及《刑事诉讼规则》，新的刑事诉讼法具有了宪法化、英美法倾向、当事人主义和司法权的独立倾向等几个特征。[③] 之后日本又通过诸多判例充实了许多具有英美法系当事人主义模式特征的具体制度内

① ［法］阿兰·佩雷菲特：《论经济“奇迹”——法兰西学院教程》，朱秋卓、杨祖功译，中国发展出版社 2001 年版，第 232 页。

② 参见［日］松尾浩也：《日本刑事程序的过去、现在与未来》，肖振国译，载《中国刑事法杂志》2010 年第 11 期，第 122 页。

③ 参见［日］田口守一：《刑事诉讼法（第五版）》，张凌、于秀峰译，中国政法大学出版社 2010 年版，第 5 页。

容，例如自白规则、证据公开、搜查盘问、非法证据排除等。通过成文法的修改和判例法的补充，日本初步形成了英美法系当事人主义模式与大陆法系职权主义模式相糅合的混合式模式。

进入21世纪以后，日本对于实施近五十年未作变动的《刑事诉讼法》进行了大幅修改，具体的修改内容主要涉及几个方面：第一，在涉及有组织犯罪时允许进行电子监听；第二，加强对被害人和证人的保护；第三，创设了具有日本特色的陪审制度——裁判员制度，提高了民众对刑事诉讼程序的参与程度。目前日本刑事诉讼的当事人主义特征主要体现在起诉状一本主义、起诉裁量主义、诉因制度、当事人处分权等方面，而现存的大陆法系职权主义特征主要体现在国家公诉主义、法院诉讼主导权、职权调查之例外和诉因变更之例外等方面。

（二）暂时性人身限制权的行使主体

日本混合式模式深刻地影响着暂时性人身限制权制度。与大陆法系的法德两国相似的是，日本的暂时性人身限制权行使主体不但有警察，还有检察官和检察事务官。日本行使侦查权的警察主要由两个机构组成：由首相管辖和国家公安委员会管理的警察厅以及由地方知事管辖和地方公安委员会管理的地方警察。警察具体分为巡查、巡查部长、警部补、警部、警视、警视正、警视长、警视监和警视总监这些不同级别，但其共同的职责在于维护社会秩序的安定。日本的警察必须遵守警察公共原则（包括不可侵犯私人生活原则、不可侵犯私人住所原则和不干涉民事原则三个分原则）、警察责任原则和警察比例原则采取行动行使警察权力，[①] 包括行使暂时性人身限制权。日本的检察官从属于行政分支，而不像法德两国的检察官被认为是“站席司法官”。检察机关分为最高检察厅、高等检察厅、地方检察厅和区检察厅四级，检察官分为检察总长、检察次长、检事长、检事、副检事等级别，另外还有检察事务官和检察技官等职员。检察机关保持着一种上命下从的组织关系，奉行“检察官一体”原则，承担着刑事案件处理的执行者、管理者和决策者的三重角色。[②]

---

① 参见［日］田口守一：《刑事诉讼法（第五版）》，张凌、于秀峰译，中国政法大学出版社2010年版，第41页。

② David T. Johnson, *Organization of Prosecution and the Possibility of Order*, 32 Law & Society Review, 1998.

《日本刑事诉讼法》第189条规定了一般司法警察的侦查权，要求其在知悉有犯罪发生时，应即侦查犯人及证据；第191条规定了检察官和检察事务官的侦查权，赋予了检察官自行侦查犯罪和检察事务官在检察官的指挥下进行侦查的权力。[①] 第198条规定了检察官、检察事务官和司法警察职员有要求被疑人到场接受调查的权力，第210条规定了他们进行紧急逮捕的权力。这些规定都成为了检察官、检察事务官和警察行使暂时性人身限制权的法律依据。尽管在侦查中，检察官只是次要的参与者，但检察官对于警察有指挥和命令的权力，根据《日本刑事诉讼法》第193条的规定，检察官可以对警察作出一般指示、一般指挥，还可在自行侦查的场合指挥警察辅助其进行侦查，警察必须服从检察官的指示或指挥。据此，检察官在暂时性人身限制权问题上对警察也有指示或指挥的权力。

（三）暂时性人身限制权的运作

日本的暂时性人身限制权主要有两种表现形式：职务盘问和逮捕，[②] 其中职务盘问主要规定在《警察官职务执行法》中。根据松尾浩也教授的定义，职务盘问就是警察发现举动可疑人员时，可以制止其行动并进行询问的情况。[③] 仅从此定义来看，职务盘问极像美国的“截停和拍身搜查”制度。但是，在日本警察的职务盘问中，非常强调盘问对象的合作。当警察让盘问对象站住，而对方不予回应，并要逃离的时候，警察不能束手无策地任其离去，而应说服对方合作，原则上不得使用武力强迫其站住；警察亦可以要求被盘问人与其一起去附近的警察署、派出所，但这必须是其自愿前去的。[④] 对于职务盘问伴随的检查携带物品，原则上应获携带人许可并在此限度内实施；未达搜查程度的行为，以无强制为界限；需考虑携带物品检查的必要性、紧迫性以及衡量因此受到侵犯的个人权利与应该保

① 参见《日本刑事诉讼法》，宋英辉译，中国政法大学出版社2000年版，第45页。

② 亦有学者，例如松尾浩也，称其为“拘留”。参见［日］松尾浩也：《日本刑事诉讼法》（上卷新版），丁相顺译，中国人民大学出版社2005年版，第57页。

③ ［日］松尾浩也：《日本刑事诉讼法》（上卷新版），丁相顺译，中国人民大学出版社2005年版，第46页。

④ ［日］松尾浩也：《日本刑事诉讼法》（上卷新版），丁相顺译，中国人民大学出版社2005年版，第47页。

护的公共利益。[①] 日本学界在警察执行职务盘问能否行使有形力以及携带物品的检查等问题上存在许多学说争议，但主流的观点仍是认为应适用任意侦查之观点。[②] 无论如何，警察在行使职务盘问权之时，对于被盘问人的强制力度是非常弱的，其限制人身的程度也是极其轻微的。

具有暂时性人身限制性质的逮捕包括两种：对现行犯的逮捕和紧急逮捕。对于现行犯的逮捕，根据日本宪法的规定，可以进行无令状的逮捕。《日本刑事诉讼法》第212条规定了对“现行犯”和“准现行犯”的逮捕条件，第213条进一步规定，任何人都可以没有逮捕证而逮捕现行犯。[③] 拘留（逮捕）现行犯人不需要令状，这是由于拘留（逮捕）者已经明确确定了犯罪嫌疑人，没有误认的可能，以及立即执行拘留（逮捕）的必要性极大。[④] 既然法律规定任何人均有权无证逮捕现行犯或准现行犯，则警察自然亦有此权力，但与其他国家不同的是，仅从法律条文上看，警察对现行犯的逮捕与公民对现行犯的逮捕并无太大的区别，唯一区别在于公民对现行犯实行逮捕后需立即将被逮捕人送交检察厅或司法警员。

紧急逮捕是在情况紧急之时，难以取得令状，首先逮捕犯罪嫌疑人，然后立即申请令状，从而将此种行为交付司法审查，以协调保护人身自由和逮捕需要的一种制度。[⑤] 紧急逮捕要求三方面条件：①嫌疑的充分性（意即比普通拘留的嫌疑性更大）；②逮捕的急迫性；③犯罪的严重性。[⑥] 紧急逮捕只能由检察官、检察事务官或者司法警察职员实行，一般公民无权进行紧急逮捕，且逮捕后需立即将其送至司法审查。由于宪法将无令状

---

① 参见［日］田口守一：《刑事诉讼法（第五版）》，张凌、于秀峰译，中国政法大学出版社2010年版，第48页。

② 参见［日］田口守一：《刑事诉讼法（第五版）》，张凌，于秀峰译，中国政法大学出版社2010年版，第47－49页。［日］松尾浩也：《日本刑事诉讼法》（上卷新版），丁相顺译，中国人民大学出版社2005年版，第46－50页。

③ 参见《日本刑事诉讼法》，宋英辉译，中国政法大学出版社2000年版，第50－51页。

④ ［日］松尾浩也：《日本刑事诉讼法》（上卷新版），丁相顺译，中国人民大学出版社2005年版，第61－62页。

⑤ 参见［日］松尾浩也：《日本刑事诉讼法》（上卷新版），丁相顺译，中国人民大学出版社2005年版，第63－64页。

⑥ ［日］田口守一：《刑事诉讼法》，刘迪、张凌、穆津译，法律出版社2000年版，第51页。

的逮捕限于逮捕现行犯，故关于紧急逮捕是否合宪存在争议，但判例认为该制度合宪，[①] 故而在实践中得到了广泛的应用。

（四）暂时性人身限制权的监督与制约

日本融合了英美法系当事人主义和大陆法系职权主义两大模式关于控制暂时性人身限制权行使的手段，其监督与制约方式主要体现在三个方面。

第一，任意侦查主义和强制处分法定主义对暂时性人身限制权的作用。任意侦查是指以受侦查人同意或承诺为前提而进行的侦查，强制处分是指使用强制力干涉个人重要权利的行为。《日本刑事诉讼法》第 197 条第 1 款规定："为实现侦查的目的，可以进行必要的调查。但除本法有特别规定的以外，不得进行强制处分。"[②] 由此确立了日本任意侦查主义和强制处分法定主义原则。因此任意侦查为一般原则，强制处分则为例外，需有法律的规定。对于任意侦查，法律没有特别限制，但即使法律没有明文规定，原则上也应该采取适当的方式进行。暂时性人身限制权必然有强制力的行使，固然属于强制处分的范围，因此必须有法律的明文规定方可施行，无论警察或检察官均不可任意为之。

第二，检察机关和公安委员会对于警察权力行使的制约。《日本刑事诉讼法》第 194 条明确规定检察总长、高等检察厅长或者地方检察厅长在必要时可以向公安委员会或其他有权惩戒或罢免警察的人提出惩戒或罢免的追诉，国家公安委员会、地方公安委员会及其他有惩戒或罢免权限的人，认为检察机关的追诉有理，则应当对受到追诉的人进行惩戒或罢免。[③] 这一点与传统的职权主义国家法国和德国的相关规定非常相似，检察机关以及警察内部的监督机制可能对于违法采取暂时性人身限制措施的警察采取严厉的惩戒甚至罢免的惩罚，以此制约警察，防止其滥用暂时性人身限制权。

第三，法院对暂时性人身限制权的影响。除了非法证据排除等各国通

① 参见［日］田口守一：《刑事诉讼法》，刘迪、张凌、穆津译，法律出版社 2000 年版，第 52 页。

② 《日本刑事诉讼法》，宋英辉译，中国政法大学出版社 2000 年版，第 46 页。

③ 参见《日本刑事诉讼法》，宋英辉译，中国政法大学出版社 2000 年版，第 46 页。

常采用的制约手段之外，日本法院对于暂时性人身限制权的行使有两项独特的控制措施，一为准抗告制度，一为判决公诉不受理制度。准抗告分为两种：一种是对法官裁判不服的准抗告，一种是对检察官或检察事务官以及警察作出的处分不服的准抗告；第二种准抗告与暂时性人身限制权略有相关。尽管准抗告的范围极小，法院目前只肯认过对于扣押处分的准抗告而未涉及逮捕，[①] 但此制度仍是当事人在刑事程序内的一条救济途径。而《日本刑事诉讼法》第 338 条规定了公诉不受理的判决制度，其第四项要求对提起公诉的程序违反规定作出判决宣告公诉不受理。据此，在侦查的过程中，如果出现了特别重大的违法情况，则提起公诉本身都是不允许的；即使检察官提起了公诉，法院也可以驳回起诉。[②] 尽管这种情况在实践中尚未有成功的案例，但下级法院曾经多次作出过这种判决，这也是法院对暂时性人身限制权行使的控制手段之一。

二、意大利

意大利是现代西方文明的发源地之一，其法律制度和法学思想曾经长期引领世界，以贝卡里亚为代表的意大利法学家更是影响了整个世界的司法制度。尽管后来意大利法学的光芒逐渐被英法等国所掩盖，但 1988 年意大利又一次吸引了全球目光，它的刑事诉讼法修改开创了其法律制度由大陆法系职权主义主动向英美法系靠拢的当代先例。

（一）意大利混合式模式的演进

1865 年，意大利以法国拿破仑《刑事诉讼法典》为蓝本，颁布了《刑事诉讼法典》，1913 年，意大利又对《刑事诉讼法典》进行了全面的修改。此时的意大利《刑事诉讼法典》吸收了资产阶级革命后的许多有益成果，例如无罪推定、自由心证等。当时的意大利是一个典型职权主义模式国家，其刑事诉讼制度也体现着职权主义模式的基本特征，例如预审法官主导侦查程序。然而 1930 年墨索里尼法西斯政权颁布的《刑事诉讼法》

---

① 参见［日］松尾浩也：《日本刑事诉讼法》（上卷新版），丁相顺译，中国人民大学出版社 2005 年版，第 141 页。

② ［日］松尾浩也：《日本刑事诉讼法》（上卷新版），丁相顺译，中国人民大学出版社 2005 年版，第 141 页。

（史称 ROCCO 法典）改变了刑事诉讼文明化的行车路线，这部法典弥漫着法西斯主义气息，将控制犯罪和维护法西斯统治作为刑事诉讼法最根本的目标，具有强烈的纠问制色彩。第二次世界大战结束后，意大利颁布了新的《宪法》，为了使《刑事诉讼法典》与宪法规定相协调，宪法法院通过判例对刑事诉讼制度进行了实质性的改革，但由于种种原因，直至进入 20 世纪 80 年代后，对《刑事诉讼法典》本身的修改才真正取得成果。第二次世界大战结束后到修法前，尽管意大利刑事制度中吸收了一些保障人权和改善被告人诉讼地位的因素，但仍然基本属于职权主义模式。

但 1988 年意大利刑事司法改革修改通过的新《刑事诉讼法》彻底改变了这一状况，意大利走上了移植英美法系当事人主义刑事诉讼模式的道路。如果说日本对当事人主义制度的移植主要是战争的结果的话，那么 1988 年颁布的意大利新刑事诉讼法典则标志着大陆法系国家在和平环境中移植当事人主义诉讼制度的最新尝试。[①] 此次修法，大量引进了当事人主义模式刑事诉讼的相关制度，大大加强了法庭审判阶段的诉讼中心地位。新法严格地分离了审判程序和审前程序，审前程序收集的证据原则上不允许在庭审中使用。[②] 而在审判程序中，加大控辩双方平等对抗的力度，引入英美法的交叉询问制度。此外，还创造性地建立了具有意大利特色的控辩协商和程序分流制度。当然，意大利的《刑事诉讼法》仍保留着部分职权主义模式的痕迹，例如允许法官在必要之时依职权进行调查等。1988 年新法颁布后，意大利又对该法进行了零星的修改，从而基本形成了意大利式的混合式刑事诉讼模式。

（二）暂时性人身限制权的行使主体

在 1988 年新《刑事诉讼法》颁布之前，预审法官享有侦查主导权，可以进行一切侦查行为，但随着新法的实施，预审法官丧失了其侦查权，目前侦查权的行使主体是检察官和警察，暂时性人身限制权亦然。

新法将侦查阶段划分为由警察负责的初步侦查阶段和由检察官负责的正式侦查阶段。初步侦查阶段是警察收到关于犯罪的报案或了解到案件发

① 陈瑞华：《比较刑事诉讼法》，中国人民大学出版社 2010 年版，第 401 页。

② 陈卫东、刘计划、程雷：《变革中创新的意大利刑事司法制度——中国人民大学诉讼制度与司法改革研究中心赴欧洲考察报告之三》，载《人民检察》2004 年第 12 期，第 67 页。

生的情况后在48小时内进行的侦查。在初步侦查中，警察有权直接采取勘查犯罪现场、讯问犯罪嫌疑人、询问证人、搜查、扣押等措施，还有权对犯罪嫌疑人采取暂时性羁押等措施，但警察在发现犯罪行为发生后的48小时之内，必须向检察官提出报告，并将其在初步侦查中所收集的全部卷宗材料移送给检察官，从而开启正式侦查程序。[1] 在正式的侦查程序中，检察官需在书面材料中详细记载犯罪行为及侦查活动的相关内容，检察官有权对警察进行指挥，警察必须按照检察官的要求进行侦查。但由于一旦程序进入到正式侦查阶段，往往丧失了紧急性，暂时性人身限制权的适用空间较小，检察官行使暂时性人身限制权的余地有限，因此尽管从法律条文上看，检察官也享有暂时性人身限制权，但实际上暂时性人身限制权的行使主体主要是警察。

（三）暂时性人身限制权的运作

意大利将强制措施称为保障措施，分为预防性保障措施和一般性保障措施。其中预防性保障措施的设置目的在于暂时地限制人身的自由，并且通常发生在初步侦查阶段，主要包括当场逮捕和拘留两种类型，[2] 其中当场逮捕又分为必须当场逮捕和可以当场逮捕，为意大利暂时性人身限制措施。

根据意大利新《刑事诉讼法》第380条的规定，当某人被当场发现实施依法应判处无期徒刑、5年以上有期徒刑的既遂或未遂的非过失犯罪及数项法律明确罗列的特定非过失犯罪时，司法警官和警员应当对该人实行逮捕，而对于告诉才追诉的案件，只有当提出告诉，包括向现场的司法警官或警员口头告诉时，才执行当场逮捕，若享有告诉权的人宣布撤回告诉，则将被逮捕人立即释放。而根据意大利新《刑事诉讼法》第381条的规定，如果某人被当场发现实施依法应判处3年以上有期徒刑的既遂或未遂的非过失犯罪或者实施依法应判处5年以上有期徒刑的过失犯罪，以及存在制止犯罪活动的必要性时，对于数项法律明确罗列的特定犯罪，司法警官和警员有权对该人实行逮捕，同样对于告诉才追诉的案件，只有当提出告诉，包括向现场的司法警官或警员口头告诉时，才执行当场逮捕，若

---

① 参见陈瑞华：《比较刑事诉讼法》，中国人民大学出版社2010年版，第403页。

② 参见宋英辉、孙长永、刘新魁等：《外国刑事诉讼法》，法律出版社2006年版，第492－493页。

享有告诉权的人宣布撤回告诉，则将被逮捕人立即释放，且本条规定的各种情况中，只有当有关措施以行为的严重性、行为人的危险性或者相关行为的情节为合法依据时，才能实行当场逮捕。[①] 尽管法律有明确的刑期要求规定，但实践中具体的把握是困难的，对于警察而言，凭借其经验和对法律的理解对认为应当采取当场逮捕措施的相对人采取当场逮捕措施才是常态。

拘留的行使主体主要是检察官，但在情况紧急来不及由检察官实施时也可以由警察实施。拘留的对象主要是非现行犯罪嫌疑人，不要求犯罪正在发生的要件，其目的在于防止嫌疑人逃跑。新《刑事诉讼法》第384条规定了实施拘留的条件，根据该条的规定，当存在重大嫌疑认为某犯罪嫌疑人实施了犯罪，其罪行可能被判处无期徒刑或2年以上有期徒刑，涉及武器和爆炸物品犯罪，并且确有理由认为其具有逃跑可能性的，则可以由检察官实施拘留，或由司法警察在检察官介入案件之前实施拘留。

事实上，除了新《刑事诉讼法》规定的当场逮捕和拘留之外，警察盘问、截停、留置等权力的行使也在意大利刑事司法中屡见不鲜，行使这些权力的方式与其他国家大同小异，在此不一一赘述。这些权力与警察的当场逮捕权和检察官或警察的拘留权共同构成了意大利暂时性人身限制权制度的体系。

（四）暂时性人身限制权的监督与制约

意大利对于暂时性人身限制权最主要的制约手段是预审法官对侦查活动的监督。根据新《刑事诉讼法》的规定，预审法官被剥夺了行使侦查权的资格，但另一方面法律加强了预审法官对侦查程序中检察官和警察行为的监督权。预审法官通过颁发令状和对侦查行为进行司法审查，实现此种侦查监督权。具体针对暂时性人身限制权而言，预审法官可以对警察实施的当场逮捕或拘留、预防性羁押、检察官采取的拘留、紧急搜查等行为进行审查，判断其是否合法。对于检察官和警察的非法侦查行为或侦查决定，预审法官可以宣布其无效并予以纠正，从而确保侦查活动的合法性。除此之外，根据意大利宪法确立的“法定起诉”原则，检察官撤销案件或

---

① 参见《意大利刑事诉讼法典》，黄风译，中国政法大学出版社1994年版，第134－136页。

终止诉讼，均须获得预审法官的预先批准，[①] 因此，检察官以及受其指挥的警察在行使暂时性人身限制权时，不能不对此有所顾虑。

除了预审法官对侦查权的监督与控制之外，基于职权主义刑事诉讼模式的传统，意大利新《刑事诉讼法》也规定检察机关的客观公正义务，要求其对警察的侦查行为进行指挥和监督，因此检察官对于警察暂时性人身限制权也有监督的职能。此外，由于警察机关的上下服从关系，上级警官对下级警员暂时性人身限制权的内部控制以及相关的惩戒措施也不失为监督和制约暂时性人身限制权的有效手段。

三、我国台湾地区

我国台湾地区法律与大陆法律“同源”而“分流”，经过十余年的大幅度改革，台湾地区已经基本形成符合人权保障要求的司法制度。由于相似的文化背景和思维方式，台湾地区的司法改革也许对大陆而言是最有借鉴意义的。

（一）台湾地区混合式模式的演进

台湾地区的法律制度经历了一个复杂变化的过程。中日甲午战争之后，台湾地区为日军所占领，此时在台湾地区实施日本法律，例如当时有效的刑事诉讼法是日本1890年的明治《刑事诉讼法》，这是一部典型的大陆法系职权主义刑事诉讼法。第二次世界大战结束，台湾地区光复，中华民国“六法”开始在台湾地区施行，当时的法律也带有浓重的大陆法系职权主义色彩。1967年，台湾地区政府将1935年《中华民国刑事诉讼法》进行了修改，并更名为“刑事诉讼法”，成为第一部在台湾地区制定并且实施的“刑事诉讼法”。应该说，台湾地区至此仍然基本是采大陆法系职权主义模式的。

1967年的“刑事诉讼法”制定之后，就法律之修改变动而言，台湾地区早期之“刑事诉讼法”为十余年不动之“沉寂”期，近年则为每年修订之“活跃”期，最近一两年甚至是发生基本架构改变之“革命”期，从1967至1982年为止，“刑事诉讼法”15年未作任何修正，非常沉寂，而

① 参见陈瑞华：《比较刑事诉讼法》，中国人民大学出版社2010年版，第404页。

自1997年后，“刑事诉讼法”每年皆修，于1999年及2000年甚至一年修法2次，修法频仍居各法之冠。频繁修法，外部的原因是由于两大法系的融合对台湾地区的刑事司法制度造成了难以回避的影响，内部的原因在于原有的职权主义模式对于人权的保障不力，引起了从普通民众到社会精英阶层的责难，尤其是法律职业群体由于深受人权保障思想熏陶，对原有的以追诉犯罪为主要目的的法律和判例进行激烈批评。

台湾地区的“刑事诉讼法”改革，采取的是“改良式的当事人进行主义模式”，对原有的职权主义模式刑事诉讼进行了大刀阔斧的改革，尤其加大了对人权的保障力度。台湾地区“大法官”根据“宪法”保障人权相关条款的规定，多次宣布违反人权保障要求的法律或判例违宪。“最高法院”率先于1998年承认了非法证据排除规则在台湾地区的适用，随后非法证据排除规则于2001年被列入“刑事诉讼法”中。“刑事诉讼法”在侦查阶段增加了许多体现当事人主义模式特征的内容，例如规定需向被告人告知其享有沉默权、禁止疲劳讯问、禁止夜间讯问、规定全程录音录像制度等，还规定侦查阶段可以选任辩护人，辩护人享有会见权、通信权和讯问在场权。修订后的“刑事诉讼法”将检察官定位为当事人之属性，加重其举证责任，扩大了检察官的起诉裁量权，并设立了缓起诉制度。[①] 而对审判程序，修订后的“刑事诉讼法”一方面加强了控辩平等，增加了交互诘问规则，赋予当事人主导权，加强控辩双方的对抗，另一方面引入了认罪协商制度，赋予当事人程序处分权。经过大规模的“刑事诉讼法”当事人进行主义修改，应当说，台湾地区已经初步形成职权主义模式与当事人主义模式相融合的混合式模式。

（二）暂时性人身限制权的行使主体

台湾地区深受德国法的影响，将检察官作为侦查的基本主体，而将警察作为检察官的辅助机关。“刑事诉讼法”第228条即言：“检察官因告诉、告发、自首或其他情事知有犯罪嫌疑者，应即开始侦查。”检察官可以命令检察事务官、司法警察官、司法警察限期侦查，较高级别的司法警察官有协助检察官进行侦查的义务，而较低级别的司法警察官和司法警察

① 参见胡铭：《我国台湾地区“刑事诉讼法”的新发展》，载《人民检察》2006年第17期，第57页。

则需服从检察官的指挥和命令。套用德国学者的说法，台湾地区侦查阶段检察官与警察的关系也是“头”与“手”的关系。[①] 据此规定，台湾地区暂时性人身限制权的行使主体不但包括警察，也包括检察官，带有明显的大陆法系职权主义模式的色彩。

然而在实践中，暂时性人身限制权最主要的行使主体仍是警察而非检察官。其主要原因在于暂时性人身限制权的行使往往与紧急情况相联系，警察常有街头巡逻、接受报案等职责，与犯罪现场的距离较近，而检察官往往将其工作重心侧重于起诉方面，难以真正走上街头实施暂时性人身限制。因此在侦查阶段，包括在暂时性人身限制权的实施过程中，检察官必须求助于警察，甚至依赖于警察。尽管法律条文规定检察官是“将”，警察是“兵”，但法律实情却是“兵在外，将命有所不受”，甚至于“兵将易位”，导致“兵不兵，将不将”的尴尬局面。[②]

（三）暂时性人身限制权的运作

根据我国台湾地区的现行法律，与暂时性人身限制措施相关的内容主要有三项：盘查、逮捕和紧急拘捕。

我国台湾地区关于盘查的规定，主要可见于“警察职权行使法”中。该法第 6 条规定：“警察于公共场所或合法进入之场所，得对于下列各款之人查证其身分：1. 合理怀疑其有犯罪之嫌疑或有犯罪之虞者；2. 有事实足认其对已发生之犯罪或即将发生之犯罪知情者；3. 有事实足认为防止其本人或他人生命、身体之具体危害，有查证其身分之必要者；4. 滞留于有事实足认有阴谋、预备、着手实施重大犯罪或有人犯藏匿之处所者；5. 滞留于应有停（居）留许可之处所，而无停（居）留许可者；6. 行经指定公共场所、路段及管制站者。”[③] 其中第 6 款的规定，限定于为防止犯罪或处理重大公共安全或社会秩序事件的必要。而临检之规定，应符“宪法”保障人民自由权利之意旨，并无授权警察人员得不顾时间、地点及对象任意临检、取缔或随机检查、盘查之立法本意；临检实施之手段，即检

---

① 参见［德］Claus Roxin：《德国刑事诉讼法》，吴丽琪译，三民书局 1998 年版，第 80 页。

② 林钰雄：《检察官论》，法律出版社 2008 年版，第 44 页。

③ 台湾地区“警察职权行使法”，见月旦法学知识库：http：//www.lawdata.com.tw (2013 -4 -11)。

查、路检、取缔或盘查等，不问其名称为何，均属对人或物之查验、干预，影响人民行动自由、财产权及隐私权等甚巨，应恪遵法治国家警察执勤之原则；实施临检之要件、程序及对违法临检行为之救济，均应有法律之明确规范，方符宪法保障人民自由权利之意旨；故而无论临检抑或盘查，均需以“合理判断”为限，且需“对人民自由与警察自身安全之维护兼筹并顾”。①

台湾地区区分拘提和逮捕，拘提是指依照令状进行的人身强制，逮捕是指无令状直接限制被追诉人自由的行为，逮捕分为通缉犯之逮捕和现行犯之逮捕。通缉犯之逮捕，是指根据通缉书的描绘，警察或检察官可以直接以此作为逮捕依据，对被通缉人径行逮捕的行为。而现行犯之逮捕，意义系指以逮捕之直接强制力而限制现行犯之人身自由，性质上属无令状之拘捕。② 现行犯包括三种类型：犯罪在实施中或实施后即时被发觉者；被追呼为犯罪人者；因持有凶器、赃物或其他物件或于身体、衣服等处露有犯罪痕迹，显可疑为犯罪人者。③ 对于现行犯无论何人均可立即逮捕，但一般民众在逮捕现行犯后，应立即将其解送至检察官或警察处。

紧急拘捕，其意义系指因侦查犯罪，具备法定之急迫原因而不及事先（报请）签发拘票时，暂时先予拘捕被告之强制处分。紧急拘捕之机关为检察官及司法警察（官），且无论何者执行时必须具备“急迫情况”以及“法定列举原因”两项要件，其中“法定列举原因”共有四款：①因现行犯之供述，且有事实足认为共犯嫌疑重大者；②在执行或在押中之脱逃者；③有事实足认为犯罪嫌疑重大，经被盘查而逃逸者，但所犯显系最重本刑为一年以下有期徒刑、拘役或专科罚金之罪者，不在此限；④所犯为死刑、无期徒刑或最轻本刑为五年以上有期徒刑之罪，嫌疑重大，有事实足认为有逃亡之虞者。④ 拘捕之后，检察官或警察可以进行附带搜查，搜

① 台湾地区“大法官”解释释字第535号，见月旦法学知识库：http://www.lawdata.com.tw（2013-4-11）。

② 林钰雄：《刑事诉讼法》（上册 总论编），中国人民大学出版社2005年版，第255页。

③ 台湾地区“刑事诉讼法”第88条，见月旦法学知识库：http://www.lawdata.com.tw（2013-4-11）。

④ 林钰雄：《刑事诉讼法》（上册 总论编），中国人民大学出版社2005年版，第257-258页。

查其住宅、身体、随身物品以及汽车。

无论是逮捕还是紧急拘捕，都是暂时性的人身限制措施，在限制其人身自由后，警察或检察官一般需要对相对人进行告知，如果要继续限制被限制人身自由权的相对人的自由，则要在24小时内申请对其进行羁押，否则就应当将其释放或采取其他限制措施。

除了上述三类主要的暂时性人身限制措施之外，"行政执行法"尚规定有"人之管束"，包括对疯狂、醉酒、意图自杀、暴行或斗殴者之管束。[①] 另外，"警察职权行使法"还规定有维持现场秩序之权限（将妨碍之人、车暂时驱离或禁止进入之权限），[②] 这些也涉及对人身自由的暂时性限制措施，但由于其不属于刑事案件中的警察暂时性人身限制措施，故不赘述。

（四）暂时性人身限制权的监督与制约

台湾地区对行使暂时性人身限制权的监督与制约主要可以区分为来自行使主体内部的监督与制约和来自行使主体外部的监督与制约。

1. 内部监督与制约

"宪法"对检警的限制与检察官客观中立义务和"上命下从"关系的作用。台湾地区"宪法"第8条明确规定："人民身体之自由应予保障。除现行犯之逮捕由法律另定外，非经司法或警察机关依法定程序，不得逮捕拘禁；非由法院依法定程序，不得审问处罚；非依法定程序之逮捕、拘禁、审问、处罚，得拒绝之。"[③] "宪法"对于人身自由限制的规定成为包括刑事诉讼在内的所有人身限制手段所必须奉行之圭臬，暂时性人身限制权的行使自然也不能例外，因此无论检警，实施暂时性人身限制权都必须依照法定程序进行。另一方面，检察官的客观中立义务对于检警实施暂时性人身限制权亦有影响。根据台湾地区法律规定，检察官不但有追诉犯罪的义务，也有为无辜者开脱的职责，"刑事诉讼法"第344条和第427条分别规定了检察官为被告人利益上诉或申请再审的权责。这种客观中立义

① 蔡震荣：《警察之即时强制》，载台湾地区《"中央警察大学"警学丛刊》2001年第31卷第4期，第72页。

② 蔡震荣：《"警察职权行使法"之评析》，载台湾地区《法学讲座》第19期，第22页。

③ 见月旦法学知识库：http：//www. lawdata. com. tw（2013－4－11）。

务推演至暂时性人身限制权行使阶段即要求检察官不偏不倚地行事。尽管这种客观中立义务由于实践中检察官追诉犯罪的倾向严重而难以真正完全实现，但毕竟这种义务的存在对于检察官行为方式会有所影响，甚至可以影响到检察官对警察行为方式的监管。此外，台湾地区奉行“检察一体”制度，检察机关及其辅助机构（警察）内部上命下从，上级对下级的指挥、命令、监督、惩戒和检察机关对警察的指挥、命令、监督、惩戒也成为另一种制约手段。

2. 外部监督与制约

来自法院的干预力。法院对检警暂时性人身限制权的干预主要体现在两个方面，一是24小时申请羁押的限制，一是相对人申请法院救济制度。台湾“刑事诉讼法”第93条规定：“被告或犯罪嫌疑人因拘提或逮捕到场者，应即时讯问。侦查中经检察官讯问后，认有羁押之必要者，应自拘提或逮捕之时起二十四小时内，叙明羁押之理由，声请该管法院羁押之。前项情形，未经声请者，检察官应即将被告释放。”[①] 24小时的限制，较之德国48小时内带至法官面前的规定更为严格，在法律通过之初曾经引起理论界和实务界的巨大争议，但这一规定表明立法者对限制人身自由问题的审慎态度。此24小时的限制运用于暂时性人身限制权制度，则要求检警（尤其是检察官）迅速先行审查暂时性人身限制措施的理由，并防止检警利用暂时性人身限制权长时间限制相对人的自由，以免暂时性人身限制措施的“暂时”二字形同虚设。另外因暂时性人身限制权行使而遭受羁押的相对人，可以依照一般救济途径和特别救济途径寻求法院的救济，要求法院撤销或停止羁押。

四、小结

日本、意大利两国和我国台湾地区走向混合式的路径各不相同，或主要因外力作用而成，或主要因内部改革导致。但这两国一地区迈向混合式的道路都堪称曲折，日本在20世纪初期就曾作过向当事人主义学习的尝试，但最终不了了之，意大利1988年《刑事诉讼法》的出台经历了数十年的等待，台湾地区“当事人进行主义”的司法改革也可谓好事多磨。尽

① 见月旦法学知识库：http：//www. lawdata. com. tw（2013－4－11）。

管日本、意大利两国和我国台湾地区司法改革的发展轨迹都是由大陆法系职权主义模式向英美法系当事人主义模式靠拢，但不同的发展路径使得其刑事诉讼制度具有不同的特征，这也反映在暂时性人身限制权制度上。

日本、意大利和我国台湾地区暂时性人身限制权制度方面最大的区别体现在两个方面。其一，暂时性人身限制实施的强制力的强度方面存在差别：日本奉行的任意侦查主义和强制处分法定主义原则同样适用于暂时性人身限制权行使阶段，警察在行使盘问权时强调相对人的合作、原则上不得使用武力、遇有不合作情形以说服为主、令相对人前往警局一般需得到相对人同意，这些制度都表明日本暂时性人身限制权行使的方式较为温和；意大利和我国台湾地区在暂时性人身限制权问题上较为注重对警察或检察官的授权，法律一般采用类似“应当立即采取行动”的表述方式，对相对人意愿的关注较少。其二，审查暂时性人身限制行为的主体不同：意大利刑事诉讼制度受法国刑事诉讼的影响深远，一直存在预审法官制度，尽管1988年刑事司法改革取消了预审法官的侦查权，但加强了预审法官的侦查监督权，预审法官可以对警察实施的当场逮捕或拘留、预防性羁押、检察官采取的拘留、紧急搜查等行为进行审查，从而行使了对暂时性人身限制行为的监督权；日本和台湾地区则不存在由预审法官对侦查权进行监督的制度。

尽管存在上述两点区别，但从总体上看，日本、意大利和我国台湾地区在暂时性人身限制权制度方面的相似点还是多于区别之处的，具体而言有以下几点。

第一，暂时性人身限制权的行使主体包括检察官和警察。长期奉行的大陆法系职权主义模式给日本、意大利和我国台湾地区的刑事诉讼制度刻下了深刻的痕迹，这也体现在暂时性人身限制权制度上。其中最为明显的一点就在于这两国一地区均将检察官作为名义上行使暂时性人身限制权的主要主体，尽管实践中暂时性人身限制措施主要是由警察采取的，但检察官至少在法律上享有暂时性人身限制的权力，在实践中也享有指挥或命令警察如何行事的特权，而警察也必须服从检察官的指挥或命令，否则可能导致不利的后果。在这一点上，这两国一地区与传统大陆法系的法国和德国具有相似之处。

第二，法律以列举的方式限定暂时性人身限制权的行使范围，以免权力被滥用。日本暂时性人身限制权主要有职务盘问和逮捕两种表现形式，其中具有暂时性人身限制性质的逮捕又分为现行犯逮捕和紧急逮捕；意大利最主要的暂时性人身限制措施包括当场逮捕和拘留两种类型；我国台湾地区与暂时性人身限制措施相关的内容主要有盘查、逮捕和紧急拘捕三种。对于这些主要的暂时性人身限制措施，法律不但明文列举其种类，而且对每一种类下的权力的启动要件、行使方式、法定情形、罪责要求等均做了详细的说明。这样做的意义在于，警察（包括少数情况下的检察官）在行使暂时性人身限制权时有行为的标杆，对于应当不应当采取暂时性人身限制措施以及如何采取措施均有了然于胸的预判，从而避免权力行使的混乱和滥用。

第三，允许法官对暂时性人身限制行为有审查的权力。日本、意大利和我国台湾地区不但均允许法官对暂时性人身限制行为的司法审查，甚至极其重视此种审查。日本主要通过非法证据排除规则、准抗告制度和判决公诉不受理制度实现法官对暂时性人身限制行为的司法审查；意大利的预审法官对整个侦查程序均有监督之权责，对于暂时性人身限制权制度，则主要通过审查警察实施的当场逮捕或拘留、预防性羁押、检察官采取的拘留、紧急搜查等行为的方式实现监督与制度；台湾地区法院对检警暂时性人身限制权的干预主要体现在24小时申请羁押的限制和相对人申请法院救济制度两个方面。在这两国一地区，法官的司法审查已经成为制约暂时性人身限制权最有效的手段了。

第四，强调检察官客观中立义务对暂时性人身限制权合理行使的意义。秉承大陆法系检察官为“站席法官”而具有客观中立义务的传统，日本、意大利和我国台湾地区即使在完成从大陆法系职权主义向英美法系当事人主义演进的混合式模式改造之后，也没有放弃检察官的这一义务而将其作为纯粹的追诉主体对待，不但如前文所述赋予检察官在侦查阶段对警察的指挥命令权，更允许上命下从体制的检察官对于违法行事的警察作出不利的处置决定，以期实现检察官对警察行为的监督，避免警察权滥用对公民自由权利造成不当伤害。这也是传统大陆法系职权主义国家对于检察官具有较强信任感这一心理传统给这两国一地区烙下的印记。

第四节　不同法系暂时性人身限制权的横向比较和借鉴意义

德国学者曾言："对于发展中国家的法律改革，比较法研究是极有用的，通过比较法研究可以刺激本国法律秩序的不断的批判，这种批判对本国法的发展所作的贡献比局限在本国之内进行的'教条式的议论'要大得多。"[①] 没有比较与分析的域外制度列举是没有意义的，故笔者在本章各节小结的基础上对三种模式下暂时性人身限制权制度的异同之处作一番横向的分析与比较，以探讨可为中国借鉴的选择。

一、不同法系暂时性人身限制权的主要不同之处

第一，规定暂时性人身限制权的方式不同。英美法系国家大多采用判例法与成文法相结合的方式规定暂时性人身限制权制度，而大陆法系和混合式国家主要采用的是成文法方式规定该制度，相较而言，成文法的规定较为明晰，在实践中也较易为警察（包括特定情况下的检察官）所把握。尤其是美国，联邦最高法院的判例对于规范包括暂时性人身限制权在内的警察行为固然能够起到最基础的作用，然而由于联邦最高法院内部保守派和自由派法官的更迭以及其他原因，判例呈现出一种不稳定性特征，使得实践中有的时候警察难以适从。前文所述的埃德蒙德案就是一个典型的有争议的判例：对于在高速公路上设卡拦截过往车辆和人员进行检查的问题，该案既没有推翻先前判例关于以检测酒精、阻止非法越境和追缉重罪犯为目的的拦截合法的判决，同时又设立了关于检查不特定人以控制毒品为目的的拦截违法的规则；尽管联邦最高法院给出了"其首要目的在于促进犯罪控制之一般利益"这一理由，但笔者认为此理由仍然是模糊和难以把握的。相比之下，大陆法系以及混合式下以法典的方式规定的相关条文则明晰得多，也较容易为警察在实务中所把握。英美两国也逐渐意识到这

① ［德］K. 茨威格特、H. 克茨：《比较法总论》，潘汉典、米健、高鸿钧、贺卫方译，法律出版社 2005 年版，第 23 页。

一问题，尤其是英国，大量制定相关的成文法，笔者认为这也是为了使得相关规定变得更为明晰，以避免权力界限的模糊从而导致对公民权利的侵害。

第二，暂时性人身限制权的行使主体有所区别。大陆法系和混合式下的国家或地区暂时性人身限制权的主体不但包括警察，还包括检察官，而且警察或被认为是检察官的辅助机关，或被要求服从检察官的指挥和命令，即使在暂时性人身限制权的行使过程中，检察官相对于警察也有种居高临下的权威。但是在实际的权力运作过程中，法律的规定与现实的情况出现一定程度的脱节，检察官不具备具体行使暂时性人身限制权的基本条件，因此暂时性人身限制权主要仍是由警察行使的，检察官只在特殊情况下行使此权力。而英美两国暂时性人身限制权的行使主体只限于警察而不包括检察官，这是因为在英美法系，检察官被当事人化，其主要职能就在于代表政府控诉犯罪，往往被称为“政府律师”，作为一方“当事人”，检察官的职权主要体现在法庭上，自然就失去了在紧急情况下行使“街头”暂时性人身限制的空间。但是值得再次强调的是，英美两国的“警察”是一个极为宽泛的概念，英国有五十余支互不隶属的警察部队，而美国被称为“警察”的机构更是多得难以列举，有近两万个政府机构及其分支被划归为警察机构，因此尽管英美暂时性人身限制权的行使主体仅限于警察，但实际行使这一权力的部门和人员极其广泛。

第三，采取暂时性人身限制措施时的强制力度不同。以身份检查为例，三种模式下的身份检查的强制力度即有所区别。美国联邦最高法院在黑贝尔案中规定，若警察依据合理怀疑进行身份检查而被检查者拒绝合作，则警察可以逮捕该人；在法国，若警察实行身份检查，被检查人的身份经检查不能被确定或其拒绝合作，被检查人可能被带到警局进行进一步的身份核查甚至被就地拘留；而在日本，仅从法条上看，这种身份检查的强制力度远不如美法两国，警察原则上不得使用强制力，若遇到不合作之人，亦应以说服为主，要求被检查人前往警局进行进一步调查也需要被检查人的合作。美国和法国关于身份检查时相对人不予合作的对策的规定显然较之日本的相关规定更为强硬。而即使在同一种模式下，不同国家警察的行事方式和强制力度也有所不同。例如英美两国虽然同属英美法系国家，但英国的警察长期享有“温和”的名声，在武器和警械使用方面无论次数抑或强度均不比美国，美国由于犯罪率居高不下和武器泛滥的原因，警察神经长期处于紧绷状态，出于保护自身和他人的考虑，使用武器和警械的次数和强度均居世界前列，甚至因此而导致相对人死亡的事件也屡屡见诸报端。

第四，对暂时性人身限制权监督和制约的方式不同。英美重视对警察暂时性人身限制权的外部监督，其监督和制约主要是通过法官行使司法审查的权力而实现的。在英国，受警察暂时性人身限制权不利影响之人可以要求法院对警察行为进行司法审查，以判断其是否合理合法；而在美国，法官更是有造法的职权，其判决，尤其是联邦最高法院的判决，对于警察的行为不但有事后审查的功能，还有震慑和指导其日后执法方式的作用。而大陆法系的国家和混合式模式下的国家或地区固然不排斥外部监督，允许法官对警察行为进行审查，但同样重视内部的制约。一方面，警察被认为是检察官的辅助机构，因此检察官对警察的制约可以归为内部制约。由于对检察官客观中立义务的传统要求，检察机关被认为是具有公正特征的官署，不但可以在事前对警察行为进行指挥或命令，还可以在事后对警察提出惩戒，从而影响警察暂时性人身限制权的行使方式。另一方面，警察机关内部具有服从上级的规范要求，上级对下级的监管也被认为是保障警察暂时性人身限制权合法行使的重要方式，甚至认为此种内部的控制较之外部监督更为直接有效。

二、不同法系暂时性人身限制权的主要相同之处

尽管存在某些差别，上述国家或地区在警察暂时性人身限制权的问题上还是存在很多类似的规定，而这些相同之处体现了公权力和公民权利的利益平衡精神，基本已是这些法治发达的国家或地区的共同做法，这正是我们所值得重视和借鉴的。

第一，暂时性人身限制权的启动须有合理的理由，不得任意为之。无论英美法系、大陆法系还是混合式下，均对暂时性人身限制权的启动规定了相关的证明标准。美国特里案要求警察在进行截停和拍身搜查之时必须形成合理怀疑，进行无证逮捕或搜查时必须有合理根据；英国要求截停需有根据相关的情报或者信息而产生的合理怀疑；法国要求拘留时有“合乎情理的理由”怀疑某人实施了犯罪或犯罪未遂；我国台湾地区规定警察进行盘查时需有合理怀疑或“有事实足以认为”满足法律规定的情形；其他

国家亦有关于发动暂时性人身限制措施的理由的规定。尽管各国家或地区对警察采取措施的理由的标准不尽相同，该标准的称谓更不一致，但均有此种限制警察任意行使暂时性人身限制权的规定。其目的在于避免警察无理地或仅因个人好恶地随意行使权力，侵害公民的人身自由权。

第二，拘留的实施需满足特定要件。这些国家或地区均规定拘留的行使必须有“紧急性”的要求，必须是在特定的紧急情况下，来不及申请令状或申请令状不现实之时方可进行拘留。例如日本即规定紧急逮捕要求嫌疑的充分性、逮捕的急迫性和犯罪的严重性三方面条件。此外，拘留需满足特定的法定原因，不得随意为之，例如意大利对于当场逮捕制度做了详细的罪责刑期的规定。由于拘留是暂时性人身限制措施中强制性较高且对公民自由限制较强的措施，其不当行使可能给公民自由之法益造成重大损害，故而对其的限制正是对公民权利的保障。明确地规定拘留的要件既有利于警察在实务中合理行使权力，又有利于公民免受不当的拘留措施的危害。

第三，现行案件的处置中警察享有较大的权力。发生现行犯罪时，倘若不给予警察较大的即时处置的权利，可能导致犯罪危害后果的扩大，因此各国均在现行案件处理的问题上给予警察较大的权力。例如法国的警察在处理现行案件时，可以采取暂时性人身限制措施，禁止包括无嫌疑人员在内的任何人离开现场，直至现场勘验、检查结束；英国、德国、日本和我国台湾地区均规定对于现行犯警察可以无须申请令状进行紧急逮捕。由此可见，在现行案件中赋予警察较大的权力行使空间是各国家和地区的普遍做法，这也是为了保障追究犯罪目的的实现而进行价值平衡的结果。倘若对现行案件，警察在处理时仍不能根据现实需要尽快地采取措施，很可能发生嫌犯逃脱或证据湮灭等后果，既不利于后续侦查的进行，也不利于人民安全感的回复。因此，在此种情形下公民的自由权作出一定程度的让渡是合理的。

第四，暂时性人身限制权的行使不得逾越合理性标准。合理性标准要求警察对于相对人的暂时性人身限制应在最短时间内得出进一步处理的结论，或证实其嫌疑而加以逮捕或排除其嫌疑而对其释放，同时对于暂时性人身限制手段和方式的采取，应秉承不得超过为实现暂时性人身限制的目的所需要的必要程度的行为准则。合理性标准不仅为美国的判例所明确规定，也为上述其他国家或地区所承认。例如英国要求警察按照最低限度武力原则行事，避免不必要地使用武力；德国规定对于因查明身份而进行的拘留的时间不得超过为查明身份所需的时间。其他国家和地区对此亦有相关规定，以避免警察以超过客观需要的方式任意地采取暂时性人身限制措施，导致对公民权利的不当侵害。

第五，暂时性人身限制措施的结束应遵循及时解除限制或变更的原则。在采取暂时性人身限制措施后，只能进行极为短暂的拘留，按照各个国家或地区的规定一般为24小时至48小时，倘若要继续羁押，各国均要求由法官进行审查。在进行暂时性人身限制的期间内，警察（包括检察官）要么证实相对人的犯罪嫌疑，要么排除其嫌疑，必须得出某种结论，绝不允许在不能得出结论的情况下长时间地限制相对人的自由。如果在规定的期间内不能得出相对人有犯罪嫌疑的结论或得出相对人没有犯罪嫌疑的否定性结论，则应当立即无迟延地解除对相对人的暂时性人身限制措施。

第六，暂时性人身限制权的制约运用多层次的制约手段。对暂时性人身限制权的制约有来自外部的（主要是来自法官的）和来自内部的（主要是来自检察机关和警察机构内部的），各个国家和地区均设立了不同层面多种手段的监督和制约机制。英美法系国家较为重视来自法官的监控，强调司法审查对于暂时性人身限制权的制衡。大陆法系和混合式国家或地区不但重视法官的监督，也重视内部的制约。例如法国不但设立有全国性的委员会以负责保证包括警察行使暂时性人身限制权在内的警察各类行为的合理性，还专门创制了“自由与羁押法官”制度；德国由于检警一体的立法体制，检察官对于警察行为亦有制约的措施；日本、意大利和我国台湾地区也有类似的内部制约的相关规定。由此可见，警察行使暂时性人身权当有不同层次的制约，其中当以外部制约为主，以保障警察行使暂时性人身限制权的合理性。

三、中国的借鉴

不同模式下各个国家和地区暂时性人身限制权制度的共性足以为我国所借鉴，其差别也应当引起我们的思考：中国大陆的暂时性人身限制权制度应在英美法系与大陆法系中择一而用还是可以效法日本或台湾地区走“中间道路”？

关于大陆法系职权主义模式的批评向来是不绝于耳的：传统职权主义模式下法官、检察官甚至包括警察在内的政府官署的职权过于强大，容易形成过度偏向于追诉职能的诉讼倾向，可能会导致对当事人权利以及其在诉讼中对发现真实所发挥的作用的忽视，在人权保障方面投入的资源和注意力不够。而职权主义模式的优点似乎被这些缺陷掩盖了光芒：职权主义模式下集中权力，能够有效提高司法效率，有利于发现客观真实，[①] 能够充分实现对违法犯罪的控制。

相反，也许是由于英美法系国家（尤其是美国）在政治社会等各个领域取得的骄人成就，其司法制度也成为世界各国的模板。对于当事人主义模式的颂歌时常能够在我们的耳边响起：当事人主义模式重视正当程序和人权保障，强调当事人对诉讼程序的参与，尊重当事人各方的程序选择权和处分权，能够体现诉讼民主和文明的特征。然而近年来随着研究的深入，学者们尤其是当事人主义模式国家的学者们开始深刻反思当事人主义的对抗式诉讼的弊端。耶鲁大学的郎本（John H. Langbein）教授就在《对抗式刑事审判的起源》一书中批判当事人主义对抗式诉讼会导致争斗效力和财富效力，从而导致对真实和正义的忽视。[②] 事实上当事人主义模式下诉讼技巧的重要作用使得诉讼走向形式主义，成为一种游戏或竞技，这也是学者所诟病的焦点。[③]

两种模式各有利弊，而我国法律的近代化演进过程中也在这两种模式之间摇摆不定。例如，清末修律制定的《刑事诉讼律草案》基本呈现出由封建纠问式诉讼向职权主义模式转变的特征，民国时期的《刑事诉讼法》则与大陆法系的规定基本一致，实现了大陆法系职权主义模式刑事诉讼的构建。清末以后的刑事诉讼从总体上延续了修律时期所确立的诉讼结构，

---

① 对此观点有的学者不以为然，例如达马斯卡教授即认为职权主义对发现真实更为重视，但未必更能发现真实，Mirjan Damaska, *Evidential Barriers to Conviction and Two Models of Criminal Procedure: A Comparative Study*, 121 U. Pa. L. Rev. 558 – 560 (1973).

② John H. Langbein, *The Origins of Adversary Criminal Trial*, Oxford University Press (2003), p. p.102 – 105.

③ 庞德教授关于中国法律改革切莫模仿英美法的劝诫和梅汝璈对对抗制的批评可参见张建伟：《司法竞技主义——英美诉讼传统与中国庭审方式》，北京大学出版社 2005 年版，第 405 – 413 页。

即职权主义诉讼结构。[①] 中华人民共和国成立后学习苏联，一直保持着强职权主义诉讼模式的特征，这尤其体现在1979年《刑事诉讼法》中。[②] 1996年《刑事诉讼法》修改则开始吸收英美法系当事人主义模式的一些精神，并将其改造后纳入法律中。近代以来不但立法摇摆于两大模式之间，学界对此也是争论不休。

直到20世纪末，两大法系日益明显的融合趋势和混合式模式的出现才让我们惊讶地发现，原来在当事人主义和职权主义模式之间还有第三条进路。笔者认为，在大陆法系职权主义传统的基础上吸纳当事人主义的人权保障和正当程序精神，构建以职权主义为底色的混合式中国模式也许是最佳选择。耻讼无讼的法文化和缺乏对抗性"温良恭俭让"的民族性格使得当事人主义对抗式的全面移植缺乏与之相适应的环境因素，两千年的纠问式和近百年的职权主义传统并不是能够弃之如敝屣般说抛就抛的，但大陆法系国家普遍出现的向当事人主义靠拢的趋势也是足以引起我们警醒的，我们的历史土壤上并不是不能长出以职权主义为干当事人主义为枝的大树，与我们有相似文化背景同属东亚文化圈的日本和我国台湾地区的刑事司法改革足以成为我们的楷模。以职权主义为底色的混合式模式运用于我国的暂时性人身限制权制度，则要求我们对我国现有的相关制度作一番考察，分析目下存在的优点与弊端，借鉴国外经验，从而提出一番经过改造的制度安排方面的建议，也许这正是本书写作最大的意义所在。

---

① 汪海燕：《我国刑事诉讼模式的选择》，北京大学出版社2008年版，第138页。

② 参见汪海燕：《我国刑事诉讼模式的选择》，北京大学出版社2008年版，第142-147页。

第五章 我国警察暂时性人身限制权的现状

第一节 现有的警察暂时性人身限制权相关规定

一、盘查相关规定

对于盘查，我国相关的制度规定散见于各项法律中。其中《居民身份证法》规定："人民警察依法执行职务，遇有下列情形之一的，经出示执法证件，可以查验居民身份证：（一）对有违法犯罪嫌疑的人员，需要查明身份的；（二）依法实施现场管制时，需要查明有关人员身份的；（三）发生严重危害社会治安突发事件时，需要查明现场有关人员身份的；（四）在火车站、长途汽车站、港口、码头、机场或者在重大活动期间设区的市级人民政府规定的场所，需要查明有关人员身份的；（五）法律规定需要查明身份的其他情形。有前款所列情形之一，拒绝人民警察查验居民身份证的，依照有关法律规定，分别不同情形，采取措施予以处理。任何组织或者个人不得扣押居民身份证。但是，公安机关依照《刑事诉讼法》执行监视居住强制措施的情形除外。"[①] 公安部《城市人民警察巡逻规定》规定："人民警察在巡逻执勤中依法行使以下权力：（一）盘查有违法犯罪嫌疑的人员，检查涉嫌车辆、物品；（二）查验居民身份证；（三）对现行犯罪人员、重大犯罪嫌疑人员或者在逃的案犯，可以依法先行拘留或者采取

① 《居民身份证法》第15条。

其他强制措施；……（七）行使法律、法规规定的其他职权。”[1] 除了《居民身份证法》和《城市人民警察巡逻规定》之外，还有一些相关的法律规定，这些规定涉及警察盘查权的行使，虽并非明确的刑事案件盘查的规定，但与盘查制度密切相关。例如《海关法》规定：“海关可以行使下列权力：……（二）查阅进出境人员的证件；查问违反本法或者其他有关法律、行政法规的嫌疑人，调查其违法行为。”[2] 此外《出境入境管理法》、《外国人入境出境管理法》、《外国人入境出境管理法实施细则》和《出境入境边防检查条例》等法律法规也有与盘查制度相关的规定。

二、留置相关规定

我国《人民警察法》以“继续盘问”的表述，实际规定了在进行当场盘问、检查之后的留置制度。《人民警察法》第9条赋予警察实施盘问、检查以及留置的权力。根据该条规定，为维护社会治安秩序，警察对于有违法犯罪嫌疑的人[3]，经出示相应证件后，可以当场盘问、检查；经盘问、检查，符合下列四种情形之一的，可以将其带至公安机关，经该公安机关批准，对其进行“继续盘问”：①指控有犯罪行为的；②有现场作案嫌疑的；③有作案嫌疑身份不明的；④携带的物品有可能是赃物的。留置期限为自带至公安机关之时起不超过二十四小时，在特殊情况下，经县级以上公安机关批准，可延长至四十八小时，并应当留有盘问记录；对于批准继续盘问的，应当立即通知其家属或者其所在单位，对于不批准继续盘问的，应当立即释放被盘问人；经继续盘问，公安机关认为对被盘问人需要依法采取拘留或者其他强制措施的，应当在前款规定的期间作出决定；在前款规定的期间不能作出上述决定的，应当立即释放被盘问人。[4] 这是我国关于留置的相关规定，根据此规定，警察实施盘问、检查的对象只能是有犯罪嫌疑的人，而留置只能是对满足上述四种情形之一的人方可实施。为了规范“继续盘问”工作，2004年，公安部颁布了《公安机关适用继

① 《城市人民警察巡逻规定》第5条。

② 《海关法》第6条。

③ 有违法犯罪嫌疑的人既包括违法嫌疑人也包括犯罪嫌疑人，即警察留置权的规定既适用于治安案件中的违法嫌疑人，也适用于刑事案件中的犯罪嫌疑人。

④ 参见《人民警察法》第9条。

续盘问规定》，对留置进行了进一步的细化规定。其第 8 条规定：“对有违法犯罪嫌疑的人员当场盘问、检查后，不能排除其违法犯罪嫌疑，且具有下列情形之一的，人民警察可以将其带至公安机关继续盘问：（一）被害人、证人控告或者指认其有犯罪行为的；（二）有正在实施违反治安管理或者犯罪行为嫌疑的；（三）有违反治安管理或者犯罪嫌疑且身份不明的；（四）携带的物品可能是违反治安管理或者犯罪的赃物的。”该规定对不能适用“继续盘问”的情形亦做了相关的细化规定，共规定了九种不得适用继续盘问的情形，对怀孕或者正在哺乳自己不满 1 周岁婴儿的妇女、不满 16 周岁的未成年人和已满 70 周岁的老年人的“继续盘问”进行了特殊的保护性规定，并详细规定了执行“继续盘问”时的时限、采取留置时的禁止性规定、“继续盘问”的审批和执行、候问室的设置和管理、执法监督等诸多相关问题。

三、拘留相关规定

我国法律中规定了行政拘留、刑事拘留和司法拘留三中拘留类型，但如前文所述，由于“预防性”的特征要求，能够构成警察暂时性人身限制权意义上的拘留仅限于刑事拘留。

《刑事诉讼法》明确规定了警察执行拘留的制度，规定：“公安机关对于现行犯或者重大嫌疑分子，如果有下列情形之一的，可以先行拘留：（一）正在预备犯罪、实行犯罪或者在犯罪后即时被发觉的；（二）被害人或者在场亲眼看见的人指认他犯罪的；（三）在身边或者住处发现有犯罪证据的；（四）犯罪后企图自杀、逃跑或者在逃的；（五）有毁灭、伪造证据或者串供可能的；（六）不讲真实姓名、住址，身份不明的；（七）有流窜作案、多次作案、结伙作案重大嫌疑的。”[①]《公安机关办理刑事案件程序规定》第 120 条有完全相同的规定。第一和第二种情况属于对现行犯的拘留，第三种和第七种情形属于对重大犯罪嫌疑者的拘留，第四和第五种属于有妨碍侦查的紧急情形下的拘留，第六种情形属于对拒不配合警察进行身份检查之人的拘留。可见我国的警察“拘留”制度的适用范围较宽，既涵盖了现行犯的拘留，又涵盖了紧急情形下的拘留，还包含了其他相关

① 《刑事诉讼法》第 80 条。

的内容。此外，公安部《城市人民警察巡逻规定》第5条亦规定：“人民警察在巡逻执勤中依法行使以下权力：……（三）对现行犯罪人员、重大犯罪嫌疑人员或者在逃的案犯，可以依法先行拘留或者采取其他强制措施……”《刑事诉讼法》第83条规定：“公安机关拘留人的时候，必须出示拘留证。拘留后，应当立即将被拘留人送看守所羁押，至迟不得超过二十四小时。除无法通知或者涉嫌危害国家安全犯罪、恐怖活动犯罪通知可能有碍侦查的情形以外，应当在拘留后二十四小时以内，通知被拘留人的家属。有碍侦查的情形消失以后，应当立即通知被拘留人的家属。”[①] 第84条规定：“公安机关对于被拘留的人，应当在拘留后的二十四小时以内进行讯问。在发现不应当拘留的时候，必须立即释放，发给释放证明。”《公安机关办理刑事案件程序规定》对于拘留的程序、拘留相关证件要求、不予通知的特殊情形、批准与处理等问题做了详尽的规定。

除了公安机关外，检察院在直接受理的案件的侦查过程中也享有决定拘留犯罪嫌疑人的权力。根据《刑事诉讼法》第163条的规定，人民检察院直接受理的案件中符合《刑事诉讼法》第80条第4项、第5项规定情形，即犯罪嫌疑人犯罪后企图自杀、逃跑或者在逃的或有毁灭、伪造证据或者串供可能，需要拘留犯罪嫌疑人的，由人民检察院作出决定，由公安机关执行。《关于刑事诉讼法实施中若干问题的规定》则规定：“拘留由公安机关执行。对于人民检察院直接受理的案件，人民检察院作出的拘留决定，应当送达公安机关执行，公安机关应当立即执行，人民检察院可以协助公安机关执行。”[②]《人民检察院刑事诉讼规则（试行）》第131条增加了必要时人民检察院可以协助公安机关执行拘留的规定。人民检察院对直接受理的案件中被拘留的人，应当在拘留后的二十四小时以内进行讯问；在发现不应当拘留的时候，必须立即释放，发给释放证明；对需要逮捕而证据还不充足的，可以取保候审或者监视居住；认为需要逮捕的，应当在十四日以内作出决定，在特殊情况下，决定逮捕的时间可以延长一日至三

---

① 该条在2012年作了修改，修改前原第64条的条文为：“公安机关拘留人的时候，必须出示拘留证。拘留后，除有碍侦查或者无法通知的情形以外，应当把拘留的原因和羁押的处所，在二十四小时以内，通知被拘留人的家属或者他的所在单位。”这一修改曾引起广泛争议。

② 参见《最高人民法院、最高人民检察院、公安部、国家安全部、司法部、全国人大常委会法制工作委员会关于刑事诉讼法实施中若干问题的规定》第25条。

日；对不需要逮捕的，应当立即释放；对于需要继续侦查，并且符合取保候审、监视居住条件的，依法取保候审或者监视居住。[①]《人民检察院刑事诉讼规则（试行）》的其他条文对于直接受理的案件中的拘留问题也做了详细的规定。

第二节　法律文本上的警察暂时性人身限制权

一、现有法律规定的总体评析

我国有关警察暂时性人身限制权的规定基本上覆盖了盘查、留置和拘留这三项制度，尤其是对后两项制度有着详细而具体的规定，使得警察在行使暂时性人身限制权时基本能够做到有据可依。其中《人民警察法》和《公安机关适用继续盘问规定》关于留置的规定，给予警察行为以明确指示，从而能够通过内部制约的形式减少警察滥用权力的空间，在一定程度上保障受到留置的相对人的相关权利。《刑事诉讼法》和相关的司法解释或规定对于拘留制度的规定也堪称详尽。我国的警察暂时性人身限制权制度从法律文本的角度看尽管有亮点，但仍然存在一些不足，个别分析盘查、留置和拘留这三项制度的相关规定，也会发现这些制度的规定分别存在利弊之处。对于立法值得赞赏之处，笔者以为无须赘言，毕竟大唱赞歌对于法律制度的完善意义有限；但对于立法不足之处，应当具体论述以求改革。尽管基本的制度已经成型，但从总体来看，我国的警察暂时性人身限制权制度仍至少存在三个方面的缺陷。

第一，存在结构性的失调。我国的警察暂时性人身限制权制度的相关规定呈现出一种详略不均的态势，对于拘留的规定最为详细，对留置的规定次之，而对盘查的规定最为粗疏。从法律位阶看，刑事拘留被规定于《刑事诉讼法》这一国家基本法律中，而其他两项制度的相关规定仅见于普通法律和部门规章中。这样的规定可能是由盘查、留置和拘留这三项制度对公民自由的侵犯程度的强弱差别所决定的，本身并不表明某种缺陷，

---

① 参见《刑事诉讼法》第164条和第165条。

但此种方式的规定至少透露出某种信息，即立法者并未将三项制度作为一个存在内部联系的相关整体进行考虑。而实际上，这三者往往是一个连续的过程，以《人民警察法》第9条的规定为例，该条规定公安机关的人民警察对有违法犯罪嫌疑的人员，经出示相应证件，可以当场盘问、检查；经盘问、检查，有法定情形之一的，可以将其带至公安机关，经该公安机关批准，对其继续盘问；经继续盘问，公安机关认为对被盘问人需要依法采取拘留或者其他强制措施的，应当在规定的期间作出决定。缺少系统性的整体考虑使得三项制度相关规定各成一体，可能导致实践中各项暂时性人身限制措施使用的脱节，三项制度之间脱节产生的缝隙可能成为可钻的空子，例如以反复盘问或留置达到刑事强制措施的实际效果。尤其是在当今中国程序法治理念尚未得到普遍认同的现实下，这种法律缝隙所造成的危害后果可能被进一步放大，从而对公民权利产生潜在的巨大威胁。

第二，各项规定均为授权性，缺少对警察权力实施的制约和对被限制自由人的救济措施。无论是《刑事诉讼法》还是《人民警察法》，均系对警察执行暂时性人身限制措施的授权性规定，而少有制约性的规定，《行政强制法》中的一些制约性规定也大多“务虚”性强而难以操作。根据前文的叙述，各个国家或地区均有对警察行使暂时性人身限制权的相关制约规定，例如被拘留之人需于一定时限内被迅速带至法官面前以审查逮捕是否合理，或设置专门的委员会对警察的执法行为进行事后审查。然而反观我国，除了对警察执行暂时性人身限制权的程序和方式有为数不多的规定之外，几乎没有任何的制约性措施来防止警察权力的滥用。尽管根据《国家赔偿法》对于错误拘留可以申请国家赔偿，但其困难相当之大，更何况暂时性人身强制措施中尚有盘查、留置等内容。对于警察违法实施盘查、留置的行为，由于缺乏有效的救济措施，难以保障公民自由权利在受到侵害后得到补偿和回复。另外，以授权性规定为主的规范方式缺乏对警察或其他侦查人员非法行使暂时性人身限制权力可能导致的不利后果的规定。非法行使权力的警察可能受到追究或承担其他不利后果是限制警察权力的重要手段，例如在法国违法进行暂时性人身限制的警察除了可能受到来自检察长和预审法官的纪律惩戒之外，还可能需承担民事责任或刑事责任，但是我国的法律规定显然缺乏这方面的规定，这也是不利于防止权力滥用和保障公民权利的。

第三，缺少对与警察暂时性人身限制权配套的其他制度的规定。“法是一种对应，因此法的整体并非条文的复合体，并非规范的统一体，而是关系的统一性。”[①] 我国也已日益认识到法律配套的重要意义，2009 年十一届全国人大常委会第十八次委员长会议上讨论并同意印发了《关于法律配套法规制定的工作程序》，《全国人大常委会 2010 年立法工作计划》也将“做好督促制定配套法规”作为立法工作的重要内容。[②] 法律配套工作具体到警察暂时性人身限制权制度的问题上，即要求必须处理好警察暂时性人身限制权和其他相关制度的关系。前文已述，暂时性人身限制措施与搜查扣押制度、路检和国境检查制度以及警械使用制度均有交集，这些制度应当成为配套之整体。进行盘问留置时是否得为附带性搜查？盘问留置若得为搜查，是否以搜查攻击性武器为限，还是可以彻底全面搜查？路检是可否使用强制力，若可，则强制力的限度为何？路检时，得否对汽车进行搜查？采取暂时性人身限制措施时是否可以使用警械，如何使用警械？这些问题都是法律应当规定的。然而除了《人民警察使用警械和武器条例》关于警械、武器的使用规定有些条文可以适用于暂时性人身限制措施之外，其他问题都难以在法条中找到答案。

二、盘查相关规定分析

我国法律对于盘查制度的规定，总体而言零散而粗疏，是警察暂时性人身限制权制度中存在问题较多的一项。

首先，关于盘查制度的规定散见于不同位阶的法律或者规定中，更为关键的是相关的规定不但数量有限而且条文简短。盘查制度不但条文散见于《居民身份证法》《海关法》《城市人民警察巡逻规定》等法律法规中，而且各法律法规对于盘查制度的规定内容极少，其中《居民身份证法》中只规定了警察查验身份证的情形，《海关法》主要涉及海关管理、预防走私等相关盘查内容，《城市人民警察巡逻规定》规定的盘查权仅适用于城市中警察巡逻执勤中遭遇有违法犯罪嫌疑之人的情形。这样的规定方式存在两方面的弊端：其一，对于警察而言，规定的有限性和不明确性会导致

---

① ［德］亚图·考夫曼：《类推与“事物本质”——兼论类型理论》，吴从周译，学林文化事业有限公司 1999 年版，第 41 页。

② 参见《全国人大常委会 2010 年立法工作计划》，载中国人大网：http://www.npc.gov.cn/wxzl/gongbao/2010-06/01/content_1580474.htm（2013-4-11）。

两种可能，要么由于留下了过大的自由行事的裁量空间而可能导致具有侵犯性的警察滥权行为发生，要么由于法律依据的有限性使得保守的警察在特定情况下畏手畏脚；其二，对于盘查相对人或其他不特定民众而言，规定的有限性和不明确性使得其缺少质疑警察行为的法律依据，也缺乏在受到警察不当盘查时的对抗与救济手段，从而使得他们的权利处于一种易受警察不当盘查行为侵害的危险状态。这样的规定方式由于缺乏明确性，导致法律适用上的困难，文本上的模糊使得实践中的运用方式变得五花八门，削弱了警察行为合法性的根基。

其次，对于适用盘查制度的范围和行为方式规定得过于狭窄。根据《居民身份证法》的规定，警察认为需要查明身份的，对有违法犯罪嫌疑的人员、在依法实施现场管制时、发生严重危害社会治安突发事件时、特殊公共交通区域或重大活动场所和法律规定的其他情形下，可以查验居民身份证；遭到拒绝的，分别不同情形，采取措施予以处理。《城市人民警察巡逻规定》规定巡逻中警察可以盘查有违法犯罪嫌疑的人员、检查涉嫌车辆物品或查验居民身份证。《居民身份证法》规定的前四种可以进行查明身份的情形只能涵盖以身份检查为目的的盘查的部分内容，而现实生活中显然还有其他需要警察执行此种盘查的情况；《城市人民警察巡逻规定》亦同此理。也许是意识到此种需要，法律规定了“兜底条款”，但笔者以为在“兜底条款”之前进一步细化罗列仍属必要，因为明确的罗列有助于划清权力的边界，对于警察和相对人而言均有益处。

最后，对于警察行使盘查权时的行为方式缺乏具体的规定。国外对于盘查权的行使方式往往都有较为明确的规定。例如规定启动盘查权必须具有“合理怀疑”；又如规定在实行盘查时，为了保护警察自身和他人的安全，警察有权对该人进行有限的从其衣服外面的搜查，以找出可能被用于攻击警察的武器，且搜查获得的武器可以在后续程序中作为不利于该持有人的证据使用。这些规定一方面是保护警察和公众安全的有效手段，另一方面也是盘查制度自身目的的要求。而我国显然缺乏此类规定，对于盘查权的启动、行使、结束、制约与救济等都没有明确的规定。这样不但对公民权利的保障不利，也可能减损警察行为的公信力，甚至给执行盘查的警察带来受到人身伤害的危险。如前文所述，世界上其他国家和地区的盘查制度的内容远远多于我国法律的相关规定，国外的盘查制度涵盖了截停与拍身搜查、国境或边境的盘查、身份检查、犯罪现场人员询问、临检等一系列内容，不但包括盘查本身，也包括与盘查制度相关的配套制度，例如搜查与扣押制度、路检、国境检查、警械武器使用规则等，其体系较我国完备，内容也较我国丰富。尽管从法律现实主义的角度看，法律并不可能将社会生活的方方面面都规定得面面俱到，但适当的全面性和精细化还是必要的，过于粗疏的规定可能导致适用上的混乱，毕竟警察也好检察官也罢，都不是法律形式主义学者所言的“自动售货机”，能够根据“先例和法律正义原则”[①] 推导出如何处理现实案件的方法。适当的自由裁量权对于执行盘查的警察或检察官或许必要，但过大的裁量权则是将公民的权利置于危险的境地。

三、留置相关规定分析

法律对于留置制度的规定较之盘查显得具体而明确得多，但详细考究则仍能发现一些不足之处。

首先，关于留置启动标准的规定过于模糊。《人民警察法》规定的“作案嫌疑”这一标准语焉不详，而众多的留置行为正是以此为理由实施的。所谓“作案嫌疑”其判断主体是警察还是一般理性人？“嫌疑”需达到何种的可疑程度？其判断标准为何？这些问题法律均未予以回答。其实这个问题不仅在留置制度中存在，在拘留制度中，也存在同样的问题。作为拘留执行对象的“重大嫌疑分子”，其嫌疑又应由谁来判断，要达到何种程度方可执行拘留？立法的模糊容易导致实践中暂时性人身限制措施启动的随意性，而这种任意启动的暂时性人身限制措施将极易使“良民亦罹其害”[②]。

其次，对警察留置权的限制不足。由于权力本身具有强烈的扩张性，不对警察权加以限制是极容易对公民权利造成威胁的，孟德斯鸠尝言：“一切有权力的人都容易滥用权力，这是一条千古不变的经验。……从对

① K. N. Llewellyn, *The Bramble Bush: on Our Law and Its Study*, Oceana Publications, Inc., 1960, p.89.

② 沈家本语。转引自张晋藩：《中国法律的传统与近代转型》，法律出版社 1997 年版，第 458 页。

事物的支配来看，要防止滥用权力，就必须以权力制约权力。”① 警察留置权也是如此，不受约束的留置权，可能被“坏警察”所滥用，即使是“好警察”也可能由于权力本身的扩张特性，突破权力的边界。而法律作为一种国家权力的表现形式，正可以作为对留置权进行制约的手段，“由于法律对无限制行使权力的做法设置了障碍，并试图维护一定的社会均衡，所以在许多方面我们都必须把法律视为社会生活中的一种限制力量。”② 而这种限制力量对于公民权利不受被非法行使的留置权的损害具有保障性的意义。

最后，《公安机关适用继续盘问规定》第 13 条规定公安派出所的人民警察对符合该规定第 8 条所列条件，确有必要继续盘问的有违法犯罪嫌疑的人员，可以立即带回留置 12 小时，而县、市、旗公安局或者城市公安分局其他办案部门和设区的市级以上公安机关及其内设机构的人民警察对有违法犯罪嫌疑的人员，应当依法直接适用传唤、拘传、刑事拘留、逮捕、取保候审或者监视居住，不得适用留置，除非符合该规定第 8 条所列条件，确有必要继续盘问的有违法犯罪嫌疑的人员，可以带至就近的公安派出所，按照该规定适用留置。笔者窃以为，既然警察同样承担着维护社会治安和保护公民的法律责任，为何所属单位级别较高的警察便在原则上没有留置权，实在令人费解。

四、拘留相关规定分析

我国拘留的问题颇多，但就警察暂时性人身限制权制度而言，笔者以为最主要的缺陷在于要求拘留一律需有拘留证的规定且过于僵硬。“先行拘留”制度设计的目的就在于在紧急情况下，赋予公安机关先行将嫌疑人拘押起来以防止阻碍侦查或造成更为严重的危害后果的权力。由于此类情形大多都具有急迫性，故而各国大都规定在紧急情况下，警察可以不经申请令状，直接将嫌疑人逮捕，甚至公民亦可以实施此种逮捕。然而我国《刑事诉讼法》第 83 条却规定：“公安机关拘留人的时候，必须出示拘留

---

① ［法］孟德斯鸠：《论法的精神（上册）》，张雁深译，商务印书馆 1963 年版，第 154 页。

② ［美］E. 博登海默：《法理学：法律哲学与法律方法》，邓正来译，中国政法大学出版社 2004 年版，第 373 页。

证。”这显然与紧急情况下拘留制度的设置目的背道而驰，试问倘若警察在巡逻中突遇劫匪抢劫案件发生，是否需疾驰回公安局申请拘留证再狂奔而回将劫匪拘留？一方面是缺乏相应的制约措施，另一方面是法律僵硬而脱离现实的规定，直接导致实践中出现了法律被架空的现象，发生空白拘留证由执勤警察随身携带的情况也就不足为奇了，而这种使用“空白令状”的行为正是为美国人所念念不忘的英国殖民统治下难以容忍的“暴行”之一，这样的立法规定实际上鼓励了警察以不合法的方式规避法律的规定。

另外，我国的拘留制度没有任何证据方面的要求，即不要求警察或检察官在执行拘留时内心达到某种程度的确信。美国的证明标准分为绝对的确定、排除合理怀疑、清楚且有说服力的证明、优势证明、合理根据、有理由的相信、有合理的怀疑、怀疑和无线索九个层次，[①] 其中采取拘留措施时警察至少需要达到“合理怀疑”，在一些情况下甚至需要达到“合理根据”的标准；法国警察或检察官采取拘留措施时，也要求有“合乎情理的理由”。这些证据方面的具体要求对于警察而言，是限制其权力的有效措施，对于法官或其他审查警察行为合法与否的主体而言，是作出裁断的判断依据。目前我国对于拘留制度缺乏证据方面要求的规定，体现出证据法在整个法律体系中的弱势地位，也说明立法者对于证据制度在保障公民权利和防止权力滥用中的作用缺少足够的认识。

事实上，我国拘留制度设置的目的除了实现暂时性人身限制之外，还在于强制被追诉人到案，由于此种目的的混淆，立法者不愿像国外那样，对拘留规定极短的期限，而是规定了原则上最长可以达到37天的拘留期限。[②] 相比于国外以小时计算的拘留期限，我国的拘留期限过长。此外，我国拘留后的权利告知和律师帮助制度存在严重不足。笔者在美国马萨诸塞州剑桥市警察局访问时发现，每名警察皆随身携带“米兰达卡片”，一旦对公民实施人身强制，即照章向其宣读嫌疑人米兰达权利：“你有权保

---

① 参见《美国联邦刑事诉讼规则和证据规则》，卞建林译，中国政法大学出版社1996年版，第22页。

② 《公安机关办理刑事案件程序规定》第126条规定：“犯罪嫌疑人不讲真实姓名、住址，身份不明的，应当对其身份进行调查。经县级以上公安机关负责人批准，拘留期限自查清其身份之日起计算，但不得停止对其犯罪行为的侦查取证。”因此在特定情况下拘留期限可能突破37天的限制。

持沉默；如果你选择说话，你所说的一切都有可能在法庭上作为对你不利的证据；你有权利在接受警察询问之前委托律师，律师可以陪伴你受讯问的全过程；如果你雇不起律师但又想要得到律师帮助，政府将向你提供一名免费的律师；你可以现在回答讯问，并放弃你的律师帮助权和沉默权；如果你决定与我们交谈，你仍可以在任何时间以任何理由中止谈话。你听明白我对你的告知内容了吗？你愿意和我谈谈吗？”① 相比于美国的实质性权利告知，我国法律“执行拘留时，必须出示拘留证，并责令被拘留人在拘留证上签名、捺指印，拒绝签名、捺指印的，侦查人员应当注明”② 的规定更主要地起到了程序记录和见证的作用，而并非对被拘留人的权利告知。

除此之外，我国的拘留制度还存在着启动程序过于简单、启动缺乏实质条件、拘留条件规定逻辑混乱、其后的羁押过程难以控制、缺乏司法救济手段等缺陷，对此学者们已多有批评，③ 笔者不复赘言。

第三节　司法实践中的警察暂时性人身限制权

一、现实案例

在讨论实践中的警察暂时性人身限制权之前先来看两个案例。

【邱彩萍案④】1996 年 11 月 9 日上午，天台县城关镇洋头洪村发生了

① 各个警察局往往在联邦最高法院判决的“米兰达警告”内容之外添加某些告知项目，此处是剑桥市警察局采用的版本，该版本由于增加了嫌疑人可以放弃权利的告知和对其是否愿意与警察交谈的询问，受到了与笔者同行的哈佛大学学者的批评，认为其是引诱嫌疑人与警方对话。

② 《公安机关办理刑事案件程序规定》第 121 条。

③ 参见宋英辉主编：《刑事诉讼法学研究述评（1978—2008）》，北京师范大学出版社 2009 年版，第 223－225 页。另可参见陈光中、［德］汉斯－约格·阿尔布莱希特主编：《中德强制措施研讨会论文集》，中国人民公安大学出版社 2003 年版；张智辉主编：《强制措施立法完善研究》，中国检察出版社 2010 年版。还可参见相关论文。

④ 参见《法律应该像阳光一样》，载人民网：http://www.people.com.cn/GB/guandian/26/20020415/709704.html（2013－4－11）。

一场邻里纠纷。这一纠纷的两方主角都是未成年人，一个是村民邱某16岁的女儿邱彩萍，一个是其邻居14岁的儿子邱伟江。15日，公安部门受理此案，案由是在这场争执中邱伟江被邱彩萍打伤。11月18日晚，天台县公安局对邱彩萍实施留置盘问，被关进一间十几平方米的羁押室里，里面竟拥挤着20多个面目各异的男人！邱彩萍脚上穿的鞋被脱掉，她的腰带也不准系。据邱彩萍讲，几天的时间里，那里的公安人员曾几次让她承认打人的事，但她一直说“我没有打人”。11月23日晚上，邱彩萍要用卫生间，没想到，当她正在解手的时候，其中的一个男人突然拉开门，将尿撒在了邱彩萍的身上。后来，“老大”让她表演“金鸡独立”——一只脚着地站在水泥地上，不做就把衣服脱下来！再后来，先后有人在她的身上乱摸……不久，邱彩萍被送进了县法制学校接受强制教育。直到1997年3月14日，邱彩萍向学校交足了2510元的各种费用后，她才终于回到家里。这时，她已在这所法制学校“学习”了117天。后邱彩萍及其家人多次上访，但却得不到答复。1997年7月28日，邱彩萍与她的母亲向天台县人民法院提起诉讼，要求天台县公安局赔偿其经济损失及精神损失并赔礼道歉。1997年11月4日，天台县法院对此案进行了不公开审理。庭审中，县公安局承认其对邱彩萍进行“男女同囚”的事实，但指出“事出有因”。法院判决邱彩萍败诉。1999年9月，邱彩萍的母亲王素琴代表女儿对县法院的判决表示不服，并向台州市中级人民法院提起上诉。这年11月，台州市中级人民法院对这一上诉案进行了审理，又以少女邱彩萍的终审败诉而告终。2001年12月28日上午，浙江省高级人民法院对邱彩萍关于“男女同囚”的申诉案进行了公开审理。2002年1月14日，邱彩萍收到了浙江省高级人民法院下达的行政判决书：将身为女性的邱彩萍与其他男性关押一室，显属违法，已造成对邱彩萍名誉权的损害，根据《国家赔偿法》第三十条之规定，天台县公安局赔偿邱彩萍共计11309.75元。

【杨保才案[①]】杨保才是在广州的外地务工人员。2009年年底，有点积蓄的杨保才与老乡商量做点运输的小生意，实现把老婆孩子接到广州的愿望。2010年1月24日，杨保才买完火车票发现钱包不见了，里边有身份证。但他做梦也想不到，身份证的丢失竟然会给他带来一场无妄之灾。

---

① 刘晓星：《丢了身份证成“抢劫犯”获赔四千多》，载《广州日报》2010年12月7日。

2010年6月24日，杨保才在广州白云区鹅掌坦新悦网吧上网时，几名警察突然走到了他面前。“他们问我是杨保才么？我说是啊！我马上就被摁住了。”随后他便被带到了同德派出所。6月25日凌晨2时左右，他又被转移到了太和派出所。杨保才回忆，6月25日上午，他接受了第一次讯问。民警问他：“你1月27日在哪里？”杨保才回答在老家。民警随即告诉他涉嫌在广州抢劫。“我一口咬定自己没有。”杨保才说。当日，他因涉嫌抢劫被刑事拘留，随后便被移送到了白云看守所。在看守所里，他不再被唤作杨保才，而是2635。冷静下来后，杨保才才想起了身份证丢了的事情。“我告诉警察身份证丢了，可能被人用来干坏事了，但没人理我。”杨保才是一个特别看重面子的人，他说自己在看守所里并不害怕。“我跟那些警察说，你们随便查，我没做过的事情，不怕你们查。等我出去了，就要告你们！”他在看守所里待了35天，7月29日晚11时左右，警察喊“2635！”他被命令脱下看守所的衣服，懵懵懂懂地跟着警察走出了看守所的大门，听到了5个字：“你可以走了！”重获自由后，杨保才再也不想搞运输的事情了，他说：“现在我也没办法回老家，大家都对我指指点点。即使我现在被放了，但村里人不懂，总觉得我被抓进去过，肯定有问题。”他的生活被“索赔”占据。2010年9月6日，他向广州市公安局白云分局提交了国家赔偿申请书。10月21日，白云分局作出刑事赔偿决定书，决定赔偿他4390.05元。这在杨保才看来远远不够，于是，他又向广州市公安局申请复议，要求白云分局赔偿精神损失费5万元，名誉损失费5万元，限制人身自由赔偿金5万元，共计15万元，同时要求白云公安分局在网络上进行公开道歉，在其居住地为其恢复名誉，消除影响，追究侮辱其人格的看守所民警的相关责任。经复议，广州市公安局于11月21日作出了维持原刑事赔偿决定书的决定。

二、案例分析

从这两个案件看，目前我国警察暂时性人身限制权制度的实施情况不容乐观，主要表现为警察行为的恣意和对公民权利的忽视，而这两方面的问题也是我国警察暂时性人身限制权制度在实践中的通病。

在邱彩萍案中，姑且不论小的邻里纠纷是否需要大动干戈地出动警察对当事人采取留置措施，仅根据法医鉴定的结论，邱彩萍只是将邱伟江打成轻微伤，至多按照当时的《治安管理处罚条例》第22条[①]规定殴打他人造成轻微伤害的处十五日以下拘留、二百元以下罚款或者警告，但天台县公安局却错误地对该案进行了刑事立案，按照刑事诉讼程序处理该案；而根据我国《看守所条例》的规定，应当男女分监关押，但天台县公安局却无视法律规定，将少女与二十多名男性关押在一起，甚至在后来的行政诉讼庭审中辩称该羁押室内一切活动都在看守人员视线范围内，故不可能发生对邱彩萍人身实施侵犯行为。而在杨保才案中，广州市公安局白云分局的警察仅以一个丢失的身份证为证据，对杨保才实施了长达35天的拘留；警察对于杨保才多次提出的身份证丢失的事实不予查证，对于显而易见的不在场证据不予调查。警察实施暂时性人身限制权时的恣意性在这两个案件中表现在四个方面：随意扩张警察暂时性人身限制权的适用范围、违反警察暂时性人身限制权相关法律的规定、以极低的标准启动警察暂时性人身限制权、实施警察暂时性人身限制权后怠于调查。这些问题的出现与我国警察暂时性人身限制权的单向性和缺乏制约的特征是紧密联系的，甚至从某种意义上看，正是法律文本上的漏洞和缺陷纵容了警察恣意的行为。

公民权利被忽视和受损害是与警察行为的恣意性紧密联系的。在邱彩萍案中，16岁的少女在男监室中受到了男性犯罪嫌疑人的侮辱和猥亵，时间长达7天7夜，身心都受尽凌辱，而自称"羁押室内一切活动都在看守人员视线范围内"的天台县公安局民警却"视而不见"；随后以"学习"为名，邱彩萍又被送往县法制学校接受强制教育117天，在此期间邱彩萍实际上受到了变相的拘禁；更令人感到不可思议的是，受到非法的变相羁押的邱彩萍还要向学校交足2510元的各种名目的费用后才能获得自由。在杨保才案中，核查被拘留人身份信息准确与否本是公安机关的职责，但公安机关不但没有仔细做好调查工作，甚至在杨保才多次强调自己曾丢失身份证可能被人冒用的情况下仍不做认真核查，结果公民的身份信息反倒成为了公民背负的沉重负担；警察拘捕相对人的程序也十分随意，在实施暂时性人身限制时只简单问了一下姓名就将相对人摁倒，杨保才反复辩解，但警察非但不信反而认为他"态度不好"，直至因为一个自己未犯之罪而被错误关押了一个多月。不但被采取暂时性人身限制措施的相对人在人身

① 《治安管理处罚条例》第22条规定："有下列侵犯他人人身权利行为之一，尚不够刑事处罚的，处十五日以下拘留、二百元以下罚款或者警告：（一）殴打他人，造成轻微伤害的；……"该条例于2006年为《治安管理处罚法》所废止。

受限制期间的人身权利没有得到有效保障，甚至本不应该被采取暂时性人身限制的无辜公民也有可能被“无妄之灾”击中，其自由权利由于警察的玩忽行事而被牺牲，真正是“良民亦罹其害”。

三、实践中警察暂时性人身限制制度的问题

警察违反法律规定行使暂时性人身限制权而导致公民权利受到严重乃至不可回复的损害，是当前实践中警察暂时性人身限制权制度最基本和最主要的问题。进一步分析可以发现我国的警察暂时性人身限制权制度在实践中还暴露出其他一些具体弊病。

第一，暂时性人身限制措施的采用针对特定的人群，而并非以合理的理由为依据。英国法律明确规定，作为行使警察暂时性人身限制权的依据的“合理怀疑”标准绝对不能建立在只有个人的因素而没有情报和信息支持的基础上，例如个人的肤色、年龄、发型或穿着方式，或警方熟知他曾持有非法物品的犯罪前科的事实都不能单独或彼此结合作为搜查这个人的唯一根据，合理怀疑也不能基于某人或某群体更可能犯罪这种僵化的观点作出。[①] 然而我国警察在实施暂时性人身限制措施时，常常明显地将对象的个人因素作为采取措施的主要考虑基础。例如同样在深夜，警察巡逻遇到衣着考究的白领打扮的人士时，往往不会上前盘问；而遇到衣衫褴褛之公民，警察往往要对其盘问一番。农村进城务工人员这一类人群由于被社会贴上了倾向于犯罪的“僵化形象”的标签，他们和他们所经常居住的住宅成为警察检查的重点。此外，来自某一特定地区的人士也往往成为集中盘查的对象，曾经有过这么一个事件：成都市北郊红花堰片区曾是一个治安热点地区，一些来到此地的彝族公民以不正当甚至犯罪的行当为生，于是经过成都市政府、四川省民委和凉山州政府协商，形成《会议纪要》，针对彝族展开一场“围剿”战役，很多被抓获人员经过简单的讯问或尿检呈阳性（注：按照规定，仅有尿检报告是不能认定嫌疑人吸毒的）就被刑事拘留然后报批劳教，过火时，甚至一发现其身上有针眼，不管是生病打

① 参见英国《1984年警察与刑事证据法执行守则》守则A第1.7条，《英国刑事诉讼法（选编）》，中国政法大学刑事法律研究中心组织编译，中国政法大学出版社2001年版，第400页。

针还是吸毒注射留下的，一律刑事拘留并批准劳动教养。[1] 这样批量而无差别地适用暂时性人身限制措施，固然可能在短期内达到扭转社会治安状况的效果，但公民的权利又被置于何地呢？也许在政府作出此种决定和警察执行这种决定时，“权利”二字从未在他们的脑海中有过哪怕一丝的闪现吧。

第二，留置排挤《刑事诉讼法》规定的拘传强制措施的适用空间。我国《刑事诉讼法》第64条规定对犯罪嫌疑人、被告人可以拘传，又规定了拘传的时间不得超过十二小时，案情特别重大、复杂，需要采取拘留、逮捕措施的，传唤、拘传持续的时间不得超过二十四小时，且不得以连续拘传的形式变相拘禁被拘传人。[2] 笔者认为，客观地说我国关于拘传期限的规定还是明确的。但是根据《人民警察法》第9条的规定，留置的期限为二十四小时，特殊情形下由县级以上公安机关批准，可以延长至四十八小时。在实践中，由于留置与拘传对于公安机关来说实际上可以达到同样的效果，于是公安机关总是倾向于采用不具有刑事强制措施性质的留置，来进行对犯罪嫌疑人的讯问。因为相较于拘传，留置的手续简便、期限较长，更为重要的是，由于不是刑事强制措施，一旦出现错误，办案人员受到追究的风险也更小。于是留置措施被广泛地采用，取代拘传成为实质意义上的刑事强制措施，留置的对象范围也被扩大。更为危险的是，由于拘传不能连续使用，一些警察便将拘传、传唤与留置连续交替使用，达到变相羁押的目的，从而使得公民的权利受到侵害。

第三，公安机关顶格适用刑事拘留期限和检察机关侦查监督的无力。我国有权对刑事拘留进行监督的主体是检察机关，通常系由检察机关的侦查监督部门具体负责相关事宜。据笔者在北京市某检察院侦查监督处所了解的情况，凡是非北京户口的犯罪嫌疑人，90%以上都以“流窜作案”的理由被公安机关顶格使用了刑事拘留期限，其他地方的情况也大抵类似。这样不加区别地使用极长的刑事拘留期限，实在是对犯罪嫌疑人权利的严重侵害。另外检察机关对公安机关进行包括拘留在内的侦查行为的法律监督，固然是受大陆法系和原苏联检察机关作为专门法律监督机关的传统影响，但我们必须承认，相比于欧洲大陆法系的典型国家法国和德国的“最

---

① 参见毛科：《书本法律与实践法律——刑事拘留问题研究》，四川大学2005年硕士学位论文，第7-8页。

② 参见《刑事诉讼法》第117条。

客观之官署”的检察机关，我国的检察机关由于与公安机关“分工负责、互相配合”，且其自身具有公诉职能和特定案件的侦查职能，其追诉倾向明显较强。加上当前现实中公安机关在整个司法体系中的强势地位，一些地方的公安局长往往还兼任当地党委常委或政法委书记，检察机关往往不愿意与其关系恶化，因此此种监督能达到何种效果仍值得怀疑。在一些大案要案中，政法委协调案件的做法实际上减损甚至取消了检察机关行使侦查监督的职能。例如在著名的河南赵作海错案中，警方将该案两次移交商丘市检察机关后，都因“事实不清，证据不足”被退卷，要求补充侦查，而警方坚持认为赵作海是杀人凶手，不能放人，最后商丘市政法委等多次就该案开会，研讨案情，迫于压力，检察机关未能坚持自己的观点。可见在政法委对案件的协调下，欲使弱势的检察机关对强势的公安机关进行监督，是何等困难的事。此外我国检警关系实际上是一种双向制约的关系，有时双方互不买账，导致了这种双向制约权事实上形同虚设，而人民检察院对公安机关实施侦查活动的监督主要是通过对侦查机关移送的案件证据材料进行审查、决定，属于一种事后的监督，监督的介入时间始终滞后于违法问题的发生时间，实际上失去了侦查监督的至关重要的即时性，即使检察机关依法提出纠正意见，但由于缺乏有效的监督途径，监督效果也难以保障。同时由于检察监督事实上缺乏对公安机关的有效强制性手段，而是否理会此种检察监督完全取决于公安机关本身以及该公安机关领导的意愿，监督的效果也就不够理想了。

第四节　警察暂时性人身限制权现状的原因分析

恰如博登海默所言，在有组织的社会中，法律作为社会的调节器发挥着巨大而决定性的作用，但实际上仍存在其他一些指导或引导人们行为的工具，这些工具在实现社会目标的过程中补充或部分替代了法律手段，[①]甚至影响着法律手段本身的运行方式。我国的警察暂时性人身限制权制度出现前文所述的法律文本和司法实践中的缺陷，与多方面的因素有关，笔

① 参见［美］E. 博登海默：《法理学：法律哲学与法律方法》，邓正来译，中国政法大学出版社 2004 年版，第 369 页。

者试从社会传统、立法理念和司法权力配置模式三个方面对造成我国警察暂时性人身限制权制度现状的原因进行分析。

一、社会传统的影响

“从概念上，把法律和习俗彼此划分开的尝试，依旧是一无所获的……（习俗）在历史关系中，支持着法律和道德。”[①] 没有一个国家法律体制或某项制度的构建能够脱离历史形成的社会传统的影响，现实的法律从传统而来，哪吒剔肉刮骨般剥离传统的法律是不存在的。

统治中国两千余年的儒家是根本否认社会是整齐平一的，[②] “君君臣臣父父子子”的等级观念和“劳心者治人，劳力者治于人”的从属关系使得整个社会形成了上命下从的关系。在这种社会关系下，“草民”们便不免产生对权力的敬畏感和崇拜感。乾隆盛世时访华的英国公使马戛尔尼曾经对中国人敬畏权力的意识做过经典评论：“中国人没有宗教，如果说有的话，那就是做官。”[③] 正如英国使团所见，中国普通老百姓外表非常拘谨，这是他们长期处在铁的政权统治之下自然产生出来的；在他们私下生活中，他们也是非常活泼愉快的，但一见了官，就马上变成了另一个人。违抗权力不但可能带来现实的不利后果，而且也与长期被灌输的道德观相违背，于是服从权力似乎也成了“草民”们的生存本能。“敬”与“畏”的相互掺杂影响了中国人的思维模式和行为方式，服从公权力、避免与公权力发生冲突、努力进入公权力集团是中国人的处世之道。此外，费孝通先生所指的“乡土中国”[④] 的传统时至今日仍然发挥着影响，乡土社会下厌讼息讼的倾向使得人们往往觉得多一事不如少一事，与其质疑公权力，倒不如守好自己那一亩三分地。对个人权利的淡漠和对公权力的敬畏而产生的“息事宁人”的处世态度不但使得人们不愿意与公权力发生正面的冲突，更不敢与其冲突。

根据张晋藩先生的分析，中华法制有引法入礼、礼法结合，以法治

---

① ［德］G. 拉德布鲁赫：《法哲学》，王朴译，法律出版社2005年版，第48－49页。

② 瞿同祖：《中国法律与中国社会》，中华书局2003年版，第292页。

③ 转引自南风：《老百姓为什么要“拜官”》，载《时代邮刊》2011年第8期，第20页。

④ 费孝通：《乡土中国》，上海世纪出版集团2007年版，第6页。

国、法为权衡，罪刑法定、援法断罪，家族本位、伦理入法，权法冲突、法吏互补，诸法并存、民刑有分，援法生例、以例辅法，无讼是求、调处息争，统一释法、律学兴起这九方面的内涵及历史传统。[①] 但就公权力与法律的关系问题而言，最为重要的则是权法冲突时的“公权力上位主义”。专制主义的传统下，即使是主张“一准于法”的法家实际上也是君权至上主义者，所谓“三尺安出哉？前主所是著为律，后主所是疏为令。当时为是，何古之法乎？”[②]“王者父事天，故爵称天子”[③]，君主是天之子，法出自于君主的意志，在君权与法发生冲突时，君权大于法，法是君权的附庸。而君权本身是无法在广阔的国土内处处施行的，为了有效对庞大的帝国实施统治，官和吏成为了君主行使权力的媒介，于是中国古代所说的人治，实际上就是君治和君主操纵下的官治。[④] 君治和官治下的公权力凌驾于法律之上，成为我国古代社会治理模式的基本传统。这种传统也实际地影响了当代社会，甚至到了 20 世纪 80 年代，中国法学界还在为“权大”还是“法大”的问题而争论不休。

具体到警察暂时性人身限制权问题上，公权力的传统优势地位影响了警察在司法实践中实际行使暂时性人身限制权的方式，导致了前文所述的实践中偏差的出现。正如美国加州大学伯克利分校研究中国法的著名学者陆思礼（Stanley Lubman）教授在其著名的《笼中之鸟：后毛时代的中国法律改革》一书中所言：“要理解中国法，显然有必要在法律规则和法律制度之外做一番探究。”[⑤] 法律规定是一回事，但警察如何操作又是另一回事：法律规定男女分别关押，但天台县公安局偏偏不遵守法律规定将少女邱彩萍与男性嫌疑人关押在一起；法律规定严禁刑讯逼供和超期羁押，最高人民检察院和公安部也多次对刑讯逼供和超期羁押问题进行清查，但似乎仍然屡禁不止。传统的“公权力上位主义”似乎仍然在影响着司法人员的思维方式和行为模式，“一朝权在手，便把令来行”，似乎掌握了权力后

---

① 参见张晋藩：《中华法制文明的演进（修订版）》，法律出版社 2010 年版，第 1 – 17 页。

② 《汉书·酷吏列传》。

③ 《汉书·郊祀志》。

④ 张晋藩：《中华法制文明的演进（修订版）》，法律出版社 2010 年版，第 9 页。

⑤ Stanley B. Lubman, *Bird in a Cage: Legal Reform in China after Mao*, Stanford University Press, 1999, p.35.

法律对其的强制效力便减弱甚至丧失了。专制主义下崇尚权力蔑视法律的流毒至今仍在侵蚀着法治的肌体，警察违法使用盘问、留置和拘留权，干预民事和经济纠纷的情况屡见不鲜，在一些时候，警察暂时性人身限制权的行使甚至成为了公权力行使者炫耀权力的方式，使得公民权利被置于一种被忽略和被损害的位置，受到了严重的威胁。

二、立法中程序法治理念的缺失

程序是指进行一定行为的方式、顺序或手续等。程序法治具体来说要求两个方面的内容：第一，所有的诉讼程序必须以法定的形式事先制定并颁布出来，为社会公众尤其是诉讼当事人所知悉，事后法和任意法为程序法定原则所禁止；第二，法定的程序应该被严格地遵守，任何违反法定程序的行为都应该受到程序上的制裁。程序法治原则是由程序所涉及法益的重大性决定的。从形式上看，程序法治是法的秩序价值的必然要求，能够有效制约权力，是人权保障的基础，也是法治国家的要求，本身体现着司法文明的精神；从实体上看，程序法治能够保障法的公正价值的实现，同时也是实现法的效率价值的基本前提。反之，对程序的违背不但损害了程序自身所彰显的价值目标，也会减损实体公正的最终实现。

程序法治在西方法治国家有着悠久的历史，起源于现代宪政的发源地英国。1215 年约翰国王签署的《自由大宪章》第 39 条规定："任何自由之人，除非经其同侪的合法审判或依王国法律，均不得被逮捕、监禁、没收财产、丧失法律保护、流放或加任何其他损害，亦不得以武力对其实施强制。"① 美国宪法第 4、5、6、7、8、14 修正案均涉及程序法治问题，其中第 14 修正案第 1 款规定："凡在合众国出生或归化合众国并受其管辖的人，均为合众国和其居住州的公民。任何一州，都不得制定或实施限制合众国公民的特权或豁免权的任何法律；不经正当法律程序，不得剥夺任何人的

① 《自由大宪章》原为拉丁文，第 39 条最广泛流传的英文版为 McKechnie 所译："No freemen shall be taken or imprisoned or disseised or exiled or in any way destroyed, nor will we go upon him nor send upon him, except by the lawful judgment of his peers or by the law of the land." 对此中文翻译的版本颇多，其中也不乏有误的译本，此处译文为笔者按照 McKechnie 英文版，并参考《同侪审判》一书相关内容所译。Barnaby C. Keeney, *Judgment by Peers*, Cambridge, Mass: Harvard University Press, 1949, p.191.

生命、自由或财产；对于在其管辖下的任何人，亦不得拒绝给予平等法律保护。”据此修正案，正当程序明确了其在各州的适用，这也深刻影响了世界范围内程序法定原则的普及，尤其是《联合国宪章》、《世界人权公约》和《公民权利和政治权利国际公约》等联合国人权公约均以各种形式肯定了程序法治的原则。

我们国家对于程序法治的重要意义也加以肯认，主管全国政法工作的中共中央政法委员会编写的《社会主义法治理念读本》中就有“坚持程序公正和实体公正兼顾”的内容：“司法公正包括实体公正和程序公正两个方面，两者相互依存，不可偏废，努力兼顾两者的价值平衡。追求实体公正，不能以违背或破坏程序为代价，防止那种只求结果、不要过程、省略程序、违反程序等问题；强调程序公正，绝不意味着放弃对实体公正的追求，不能脱离实体公正搞所谓‘程序至上’或者‘程序优先’，避免只求过程不重结果。”① 但是文本上的坚持实体公正和程序公正并重的主张真正转化为立法上的指导理念，并克服传统“重实体轻程序”的错误观念，是需要一个长期过程的。笔者认为目前看来，实体公正和程序公正兼顾、重视程序法治的理念在一些制度的设计上并没有得到体现，至少警察暂时性人身限制权制度就是如此。

按照程序法治的理念，要求侦查人员、检察人员、审判人员在进行诉讼及相关活动时必须严格遵守法定程序。但警察暂时性人身限制权制度在法律文本上出现前文所述的问题，归根结底其原因在于立法中程序法治理念的缺失。我国警察暂时性人身限制权制度的设计显然更为注意控制违法犯罪的目标的实现，重打击轻保护，对于公民权利的保障的重视程度不足，而权利对权力的制约作用正是实现公正的有力保障。如果按照程序法治理念设计警察暂时性人身限制权，就必然要求警察或其他有权主体在行使暂时性人身限制权时必须严格按照法律规定的方式行事，因而除了授权性规定之外，当有限权性规则，而且对于适用警察暂时性人身限制权制度的范围和行为方式应当有较为具体的规定，对于警察暂时性人身限制权的启动、运作、结束、监督等都应该有明确的标准。但目前看来，立法中这些方面的要求都没有完全达到，表明立法者本身在设计此项制度时对程序

① 中共中央政法委员会：《社会主义法治理念读本》，中国长安出版社 2009 年版，第 152－153 页。

的忽略和轻视。目前立法上出现的种种缺陷，笔者认为正是由于对于程序法治理念在警察暂时性人身限制权制度中的意义的理解不够深入，忽视了该理念在构建警察暂时性人身限制权制度中的指导性作用，而这是今后的立法中应当注意和纠正的。

三、权力配置的失衡

在刑事司法领域，我国有权行侦查权的主体主要是公安机关，但检察机关对其直接受理的案件也享有侦查权。除此之外，根据《刑事诉讼法》的规定，其他主体如国家安全机关、军队保卫部门和监狱在各自特定的范围内享有侦查权；根据2000年修订的《海关法》第4条的规定，在海关总署设立专门侦查走私犯罪的公安机构，配备专职缉私警察，负责对其管辖的走私犯罪案件的侦查、拘留、执行逮捕、预审，因此海关侦查走私犯罪公安机构也享有对走私案件的侦查权。从目前权力配置的情况看，侦查权的主体采用的是“分散式”与“镶嵌式”的设置模式，“分散式”是指将侦查权交由若干具有不同职能的国家机关分别行使，而“镶嵌式”是指在国家行政机关内部设置侦查主体并赋予其一定范围内的侦查权。[①] 这样的配置模式固然有其优点，例如专业对口、处理及时等，但也容易造成一些权力混淆和冲突的情况，某些侦查权主体的设置并不合理。有学者就对赋予作为国家刑罚执行机关的监狱侦查权提出了深刻的批评，认为不但监狱本身无力有效履行侦查职能，而且侦查权会与其本身的刑罚执行权发生冲突，是“警察情结”的产物，而并不符合权力的理性分配的要求。[②] 这些“分散式”与“镶嵌式”相结合而设置的侦查主体在其各自的案件管辖权范围内自然享有警察暂时性人身限制权，因而侦查权的配置模式必然客观地影响警察暂时性人身限制权的配置模式。

“分散式”与“镶嵌式”的设置模式也影响了对警察暂时性人身限制权的制约与监督。从法治发达国家和地区的情况看，权力的制约和平衡是警察暂时性人身限制权制度最基本的原则之一，我国也承认对公权力进行

---

① 参见陈光中等：《中国司法制度的基础理论问题研究》，经济科学出版社2010年版，第259－260页。

② 参见陈光中等：《中国司法制度的基础理论问题研究》，经济科学出版社2010年版，第263页。

监督的必要性，《宪法》第129条将人民检察院设置为专门的国家法律监督机关，第135条又规定："人民法院、人民检察院和公安机关办理刑事案件，应当分工负责，互相配合，互相制约，以保证准确有效地执行法律。"《刑事诉讼法》也有相同的规定。然而在实践中配合重于制约，监督难以落到实处。正如前文所述，由于检察院自身的追诉倾向、其在司法体系内的相对弱势地位以及政法委的协调案件做法，检察机关监督警察暂时性人身限制权的行使至少遭遇了三方面的困难。第一，警察暂时性人身限制权主体的"分散式"与"镶嵌式"导致监督难度增大。侦查主体多元化"对口化"的设置模式使得检察机关难以一一对应地设置相应的检察监督部门，即使设置了专门人民检察院如军事检察院和铁路运输检察院，也可能由于"条块分割"的模式形成某种形式的"抱团"，导致监督权行使的不畅。第二，检察机关监督本单位职务侦查部门暂时性人身限制权遭遇"尴尬"。最为有效的监督是来自外部的监督，然而在自侦案件中，检察院侦查监督部门对职务犯罪侦查部门行使暂时性人身限制权的监督实际上是一种"自侦自监"的内部监督，难免不愿"撕破脸"，往往通过打招呼、汇报、报请领导处理等非法定监督方式进行，于是这种内部监督也就显得有点不够硬气了。第三，过度偏重惩罚犯罪和实体真实目标的实现实际削弱检察机关监督权。惩罚犯罪和人权保障本同为刑事诉讼的重要目的，但现实的情况是检察机关对于惩罚犯罪的积极性要明显高于纠正侦查机关的违法行为，这不但与我国重打击轻保护的传统理念有关，也与刑事诉讼法总体强调惩罚犯罪的基调一脉相承。这造成的后果便是检察机关发现侦查机关违法行使暂时性人身限制权时，只要能够保证实体方面的真实与正确，并且违法情节或后果不太严重，便睁一只眼闭一只眼地放过了。

因此，我国侦查权配置的失衡影响了警察暂时性人身限制权的配置模式和实际运行，尤其深刻地反映在权力的制约和监督方面。公民的权利往往是在国家权力的相互制约和平衡的动态过程中得到保障的，而权力监督的失效导致权力制约的失衡，在夹缝中求生存的公民权利也就危如累卵了。

第六章　我国警察暂时性人身限制权制度的改革与完善

第一节　改革与完善的方向

方向的确定是改革的前提，警察暂时性人身限制权涉及公民自由权利的保障和国家公权力运作范围的合理划分，倘若不明确改革与完善的方向，确立构建该制度的基本原则，那真是“蒙眼摸石头过河”，难免重重摔跤。笔者认为，我国警察暂时性人身限制权制度的构建可以根据权力行使的过程，确立权力行使前的强制措施法定主义原则、权力行使中的比例原则和权力行使后的事后司法控制原则，以此作为改革与完善的方向。

一、权力行使前：强制措施法定主义原则

强制措施，即不受对方意思约束而强制进行的强制处分，[①] 包括对人的强制和对物的强制。公权力的行使，要有法律上的明确授权，法无明文规定不得行使，这是现代法治的基本理念。作为具有强制性的可以不顾当事人意志实施的强制措施，必须遵循法定主义的原则。尽管无论英美法系还是大陆法系的法治国家实际上均承认和采用强制措施法定主义原则，但对该原则在立法上明确加以规定并在理论中进行深刻探讨的是日本。日本学者认为，在现代法上，尤其在刑事司法领域，应将任意侦查作为原则（任意侦查原则），而强制侦查则只能属于例外，仅限于刑事诉讼法有特别

---

① ［日］土本武司：《日本刑事诉讼法要义》，董璠舆、宋英辉译，五南图书出版公司1994年版，第134页。

规定的场合方可进行（强制侦查法定主义）；对于任意侦查，法律没有特别限制，即使法律没有明文规定，原则上也可以采取适当的方式进行，而对于强制侦查，则只要刑事诉讼法上没有具体的规定，就不得进行。[①] 由是，日本宪法第31条规定："不经法律规定的手续，不得剥夺任何人的生命或自由，或课以其他刑罚。"[②]《日本刑事诉讼法》第197条第1款规定："为实现侦查的目的，可以进行必要的调查。但除本法有特别规定的以外，不得进行强制处分。"[③] 在日本为了贯彻强制措施法定主义原则，要求警察尽量以行为相对人自愿或同意的方式进行，即使是在行使暂时性人身限制权时，警察也往往提出要求以征求相对人的同意，例如前文所述在职务盘问中，警察往往需要持续耐心地说服相对人，使其配合职务盘问或与其一起前往附近的警察局（任意同行）。这样的规定在我们看来未免有点僵硬，但正是强制措施法定主义原则，在日本这样一个民众服从性较高的国家中发挥着保障公民权利防止警察恣意滥权的作用。

在法治国家中除了强制措施法定主义原则之外，尚有令状主义原则以规制警察强制措施的行使。所谓令状主义原则是指倘若没有法官或其他有权主体签署的准许执法人员进行某种强制性行为的文件，则执法人员不得对相对人做出该特定行为。这一原则来源于英美法系国家，但目前法治发达的国家或地区，无论大陆法系还是混合式主义，均已采用令状主义原则来对警察行为进行控制。强制措施法定主义原则和令状主义原则一并构成了对强制措施的双重限制，其中强制措施法定主义原则从立法的层面上保证侦查机关行为的合法性，而令状主义原则则是从司法层面上保障侦查行为的合法性和合理性的。但必须注意的是，暂时性人身限制权的行使，由于其紧急性特征，往往难以要求警察向法官或其他有权主体申请令状，因此排除令状主义原则在警察暂时性人身限制权中适用具有正当化理由。警察在实施盘查、留置和拘留时，一般不需要遵循令状主义原则事先申请令状，以避免此过程中出现证据消湮、危害结果扩大或嫌疑人逃跑、自残、自杀等情形的出现。也就是说，在警察暂时性人身限制权制度中，只适用强制措施法定主义原则，一般不适用令状主义原则。

---

① 宋英辉主编：《刑事诉讼原理》，法律出版社2007年版，第280页。

② 日本众议院网站：http：//www.shugiin.go.jp/index.nsf/html/index_e_laws.htm（2013-4-11）。

③《日本刑事诉讼法》，宋英辉译，中国政法大学出版社2000年版，第46页。

我国法律也有一些体现强制措施法定主义原则精神的规定，《立法法》第 8 条规定，对公民政治权利的剥夺、限制人身自由的强制措施和处罚，只能制定法律。也就是说，我国法律遵循对自由限制的法律保留原则，在限制人身自由的强制措施问题上，要求由法律作出规定。《行政强制法》第 4 条规定：“行政强制的设定和实施，应当依照法定的权限、范围、条件和程序。”《刑事诉讼法》第 3 条规定：“对刑事案件的侦查、拘留、执行逮捕、预审，由公安机关负责。检察、批准逮捕、检察机关直接受理的案件的侦查、提起公诉，由人民检察院负责。审判由人民法院负责。除法律特别规定的以外，其他任何机关、团体和个人都无权行使这些权力。人民法院、人民检察院和公安机关进行刑事诉讼，必须严格遵守该法和其他法律的有关规定。”其中第 1 款是对刑事诉讼中公检法机关分权的规定，但第 2 款中要求三机关均严格遵守该法和其他法律的有关规定，即公安机关进行侦查、拘留、执行逮捕时也必须遵守法律规定，警察暂时性人身限制权的行使自然也不例外。可见我国是肯定强制措施法定主义原则的。

根据前文所述，暂时性人身限制措施具有强制性的特征，涉及对公民人身自由的限制，非法的暂时性人身限制措施可能侵害重大的为人民所珍视之利益，故而自当遵循强制措施的法定主义原则。据此，对警察暂时性人身限制权相关制度的改造应当符合以下两点要求：第一，盘查、留置和拘留权力的行使应当由法律加以授权，而不应以司法解释或行政法规的形式为之，此涉及规定警察暂时性人身限制权的法律之位阶问题，以避免司法解释或行政法规突破或改变法律规定的内容；[①] 第二，警察暂时性人身限制权的行使必须严格遵循法律的规定，不得有超越法律授权范围和行使方式的行为，否则警察行为即属违法。

① 此种情形在我国常有出现，例如《刑事诉讼法》规定“不讲真实姓名、住址，身份不明”系公安机关可以执行逮捕的七种情形之一，其拘留期限不得超过三十七天，但公安部《公安机关办理刑事案件程序规定》第 126 条则规定：“犯罪嫌疑人不讲真实姓名、住址，身份不明的，应当对其身份进行调查。经县级以上公安机关负责人批准，拘留期限自查清其身份之日起计算，但不得停止对其犯罪行为的侦查取证。对符合逮捕条件的犯罪嫌疑人，也可以按其自报的姓名提请批准逮捕。”这实际将七种情形之一的“不讲真实姓名、住址，身份不明”单列出来，突破了《刑事诉讼法》规定的三十七天的期限规定。

二、权力行使中：比例原则

现代法治意义上的比例原则起源于德国，是一个行政法的原则，是指国家在行使任何权力的过程中，其对公民个人权利所造成的损害与其所保护的社会利益之间应保持一定的比例关系。[①] 比例原则要求公权力在行使的过程中平衡各种利益，不得为了追求某方面的利益而牺牲更大的法益，同时也应当尽量采取对公民权利限制的最小侵犯方式或最温和方式。德国学者经常用下面的例子来说明这一原则：警察为了驱赶树上的小鸟，假设当时已没有其他的办法而只好用大炮，用大炮虽然也可以达到驱逐小鸟的目的，手段也属必要，但使用大炮的后果可能不堪设想，因而这一做法不符合比例原则的要求。[②] 作为行政法上的"帝王条款"的比例原则用于限制警察侦查权的滥用，则由于警察在行使权力中行政性权力和刑事权力界限的模糊性，显得不但妥帖而且必要。警察在行使包括暂时性人身限制权在内的各项权力时，必须在其行使权力可能导致的公民权利的受损程度与其所保护的社会利益之间进行平衡，否则即使警察抱有良好的愿望并秉承善意，也可能造成弊大于利的后果，毕竟弊与利的界限往往只在一线之间，就像往真理的方向多走一步也可能变成谬误一般。

比例原则包含适当性原则、必要性原则和狭义比例原则三个分原则，其中适当性原则是指公权力的行使需以法律规定的目标为指向，并且要有利于该目标的实现。密尔早在百余年前就曾指出："对于文明群体中的任一成员，所以能够施用一种权力以反其意志而不失为正当，唯一的目的只是要防止对他人的危害。"[③] 公权力的行使只要能够满足此目的，就不应该随意地扩张其行使的范围和力度，应以一种合理的方式为之。警察的暂时性人身限制权正是为了满足此目的而创设的，无论是基于合理怀疑的盘查、留置，还是在紧急情形下的拘留，其最终目的都是为了维持稳定安全的社会秩序。只要暂时性人身限制措施的范围和力度能够达到实现这一目的的要求，就应当在此范围和力度之内行事，否则就违背了比例原则，是

① 郝银钟、席作立：《宪政视角下的比例原则》，载《法商研究》2004 年第 6 期，第 70 页。

② 参见马怀德：《行政法与行政诉讼法》，中国法制出版社 2000 年版，第 76 页。

③ ［英］约翰·密尔：《论自由》，许宝骙译，商务印书馆 1959 年版，第 10 页。

对公民合法自由的权利的侵害。警察适用暂时性人身强制措施，不应采用不符合防止证据消湮、危害结果扩大或嫌疑人逃跑、自残、自杀等情况的手段，以避免因使用不适当手段导致违背暂时性人身限制权目的和侵犯公民权利的情况发生。

必要性原则又称最小侵害原则，是指只要能够实现法律所规定的目的，在有若干种权力行使方式的选择下，公权力在行使时就应当采取对公民权利侵害最小的方式进行。该原则的适用有两方面的要求：其一，公权力行使有选择的余地，即可以有多种方式的行为均能达到其欲达到的法定目的；其二，在若干种行为方式可能造成不同后果的情况下，选择其中一种对公民权利侵害最小的方式而为之。在警察暂时性人身限制权制度中适用该原则，首先承认警察在行使盘查、留置和拘留权时享有自由裁量的余地，但又对此种自由裁量权进行限制，要求警察先行预测其采用不同的暂时性人身限制方式可能导致的各种不同结果，并在其中选择一种可能造成对公民权利危害最小的方式采用。举例言之，在行使盘查权察查嫌疑人时，倘若不必对道路交通进行大规模的妨碍，即应以较小阻碍的方式行事；在行使留置权时，倘若行为相对人极为配合，就没有必要使用警绳捆缚等高强制性手段；在进行拘留时，在当事人毫无反抗之意时就不应采取扑倒、捆绑、警械攻击等方式使其服从。尤其是在行使警察暂时性人身限制权中使用警械武器时尤其应该注意遵循必要性原则，应充分考虑犯罪的严重性、犯罪嫌疑人对他人安全造成威胁的程度、嫌疑人对抗逮捕和企图逃跑的强度等因素来判断是否需要使用警械武器以及在何种强度上使用警械武器。

狭义比例原则是指公权力所采取的行为方式必须与该权力行使欲达到的目的成比例。这实际上是一个价值衡量的问题，最为重要的是找到权利和义务之间的平衡点。因为“作为关键点的‘法律权利’与‘法律义务’，决定了法律是否得以使用其强制性的资源（coercive resources）来保障或限制私人自由……”① 为了找到这一权利与义务的平衡点，防止警察实施暂时性人身限制措施超越这一平衡点，借用美国马萨诸塞州最高法院首席大法官肖在解释“排除合理怀疑”标准时所用的“道德上的确定性”

① ［英］H. L. A. 哈特：《法律的概念》，许家馨、李冠宜译，法律出版社2006年版，第249页。

一词,[①] 笔者认为警察在行使暂时性人身限制权时也应该追求“道德上的确定性”，不妨在行使权力时扪心自问几个问题：采取暂时性人身限制措施有没有合理根据？采取我所欲采取的暂时性人身限制措施就眼前情势而言是否过分？采取此种暂时性人身限制措施会不会让我良心不安？这些问题也可以作为对警察暂时性人身限制权行使妥当与否进行审查的标准。

三、权力行使后：司法控制原则

司法控制，或称司法权保障原则，是指审前程序的进行，应当由国家司法权提供保障或者予以控制，以促使追诉权和防御权的正当行使，抑制权力或者权利的滥用。[②] 正如德国学者约阿希姆·赫尔曼教授所说的：“允许以强制性侵犯公民的权利时，关键的是一方面必须对国家权力的强制权明确地予以划分和限制，另一方面必须由法院对强制性措施进行审查，使公民由此享受到有效的法律保障。”[③]《公民权利和政治权利国际公约》规定：“任何因逮捕或拘禁被剥夺自由的人，有资格向法庭提起诉讼，以便法庭能不拖延地决定拘禁他是否合法以及如果不合法时命令予以释放。”[④] 司法控制的方式是多样的，既有事前的控制例如法官发布令状、采取保全措施等，也有事后的控制，例如由法官审查警察逮捕行为是否合理并决定是否释放或继续羁押被逮捕人。就暂时性人身限制权而言，由于警察在行使暂时性人身限制权之时，其所面临的情势极为特殊，通常具有紧急性特征，警察行为无须也无法向法官申请令状，因此主要是采用事后的司法控制方式，即由中立的法官或其他司法官员审查警察行使暂时性人身限制权的方式是否合理合法，并作出对被采取暂时性人身限制措施的相对人的进

① 马萨诸塞州最高法院首席大法官肖（Shaw）在定义“排除合理怀疑”标准时说：“（合理怀疑）是指在经过对所有证据的完整的比较和考虑之后，陪审员的心中仍然无法确定其对于判定有罪已经感觉到某种道德上的确定性了……证据必须证明事实达到了合理的或道德上的确定性……” See *Commonwealth v. Webster*, 59 Mass.（5 Cush.）295（1850）. *See also* John Henry Wigmore, *Evidence in Trials at Common Law*, Revised by James H. Chadbourn, Little, Brown and Company, 1981, Volume 9, pp.405－406.

② 宋英辉主编：《刑事诉讼原理》，法律出版社 2007 年版，第 275 页。

③ ［德］约阿希姆·赫尔曼：“《德国刑事诉讼法典》中译本引言”，载《德国刑事诉讼法典》，李昌珂译，中国政法大学出版社 1995 年版，第 6 页。

④ 联合国《公民权利和政治权利国际公约》第 9 条第 4 款。

一步处理决定，例如决定是否确认盘查、留置措施违法以及是否立即释放被拘留之人。

对警察暂时性人身限制措施实行司法控制有着程序和实体两方面的意义。程序方面，实行司法控制可以给被强制人以质疑警察执法合法性的机会，是其行使参与权的重要途径。而当事人的有效参与对于增加判决可接受性、司法权威的树立、政策形成功能正当化、彻底解决纠纷等方面的价值实现均有益处，也符合“自然正义”① 的要求。实体方面，实行司法控制可以减少错误的暂时性人身限制，降低错案造成的危害后果，保障公民的自由权。被执行拘留之人当属于《公民权利和政治权利国际公约》所规定的因逮捕而被剥夺自由之人，被留置之人实质上也被剥夺了人身自由，而认为自己受到非法的盘查之人也应当享有向法院提出审查盘查行为合法性的权利。因此三种暂时性人身限制措施的相对人都应当有权受到事后的司法控制的保障，此种事后的司法控制可以既作为对警察行为的控制手段，也同时作为对被限制人身自由人的权利救济手段而存在。

我国目前在盘查和留置两项制度中没有建立事后的司法控制机制，在刑事拘留制度中法律规定，公安机关对被拘留的人，认为需要逮捕的，应当在拘留后的三日以内，提请人民检察院审查批准；在特殊情况下，提请审查批准的时间可以延长一日至四日；对于流窜作案、多次作案、结伙作案的重大嫌疑分子，提请审查批准的时间可以延长至三十日。因此姑且不论检察机关的审查批捕是否属于司法控制，只有当公安机关认为需要执行逮捕的拘留案件才会提交检察机关审查，否则就完全没有事后的司法控制机制对其拘留行为进行审查。因此就当前的情况看，我国警察暂时性人身限制权制度的事后司法控制制度基本出于缺失状态，具体而言：第一，盘查、留置和不需要执行逮捕的拘留完全没有司法控制措施，公安机关自行判断警察暂时性人身限制措施的采取是否合理合法以及是否存在违法行事和侵害公民权利的行为，自行决定对相对人的进一步处理，没有中立的司法官员介入或审查，甚至因错误拘留需要进行国家赔偿的，也先由该公安

---

① “自然正义”是西方重要的法律概念，有两方面原则：第一，任何人不得在与自己有关的案件中担任法官；第二，必须给予诉讼当事人各方充分的机会来陈述本方的理由。参见［英］彼得·斯坦、约翰·香德：《西方社会的法律价值》，王献平译，中国法制出版社 2004 年版，第 112－113 页。

机关决定是否赔偿和赔偿的数额；[①] 第二，检察机关的审查不是真正意义上的司法控制，姑且搁置学界关于检察机关是不是司法机关的争论不提，仅根据前文所述的检察机关的追诉倾向，我们就可以确定无疑地说，检察机关至少不是中立的司法机关。从这两方面的分析可见，我国警察暂时性人身限制权制度的事后司法控制基本上处于真空的状态，而这种真空状态最可能的后果就是被采取暂时性人身限制措施的相对人的合法权利成为俎上之肉。

第二节　整体制度的完善

一、盘查、留置与拘留关系的协调

暂时性人身限制措施最主要的三种类型即为盘查、留置和拘留，欲构建警察暂时性人身限制权制度的整体体系，倘不协调这三者的关系，则如建造房屋前不做结构规划，建好的大厦恐怕难逃或倾斜或坍塌的厄运。在协调三者关系之时，必须明确的是：一方面，盘查、留置和拘留应当相互连接，构成警察暂时性人身限制权的整体；另一方面，三者作为不同的暂时性人身限制措施，也应该有明确的界限和分野。

---

① 我国《国家赔偿法》第21条第2款规定："对公民采取拘留措施，依照本法的规定应当给予国家赔偿的，作出拘留决定的机关为赔偿义务机关。"第22条第2款规定："赔偿请求人要求赔偿，应当先向赔偿义务机关提出。"第23条规定："赔偿义务机关应当自收到申请之日起两个月内，作出是否赔偿的决定。赔偿义务机关作出赔偿决定，应当充分听取赔偿请求人的意见，并可以与赔偿请求人就赔偿方式、赔偿项目和赔偿数额依照本法第四章的规定进行协商。赔偿义务机关决定赔偿的，应当制作赔偿决定书，并自作出决定之日起十日内送达赔偿请求人。赔偿义务机关决定不予赔偿的，应当自作出决定之日起十日内书面通知赔偿请求人，并说明不予赔偿的理由。"尽管对于赔偿的方式、项目、数额有异议的，或者赔偿义务机关作出不予赔偿决定的，可以继续向赔偿义务机关的上一级机关申请复议，而后还能向复议机关所在地的同级人民法院赔偿委员会申请作出赔偿决定，但由于执行错误拘留的公安机关本身作为赔偿义务机关有最初决定权，其决定对于赔偿申请人最终能否实际取得赔偿有极大的影响。

盘查、留置和拘留作为一个整体体现在三者可能出现相互关联或连续适用的情形。以前文所述的赫尔南德兹案为例，犯罪嫌疑人赫尔南德兹进入洛杉矶国际机场后由于某些因素引起警察的怀疑，受到了警察的盘查；其后因被怀疑人体藏毒，赫尔南德兹被带到一个隐秘的区域，在该区域中她受到了拍身搜查，并被要求要么乘坐下一班航班返回哥伦比亚，要么接受X光照射检查，要么继续受到监禁，而且如果她想上厕所，必须使用女厕所里的废纸篓，因为警察想通过检查粪便来发现毒品，因此在此期间，赫尔南德兹实际上被留置在该隐秘的区域中；最后当直肠检查的医生从她的直肠中取出藏有高纯度可卡因的小橡胶囊后，她被正式逮捕。在这样一个案件中，警察针对同一犯罪嫌疑人连续适用了盘查、留置和拘留三种暂时性人身限制措施，最终查清了这起毒品走私案件。可见，实践中连续适用三类暂时性人身限制措施是常见的，在特定案件中往往也是必要的。我国《警察法》第9条也规定了连续适用盘查、留置和拘留的相关程序，对于有违法犯罪嫌疑的人员，可以当场盘问、检查，符合法定情形的可以将其带至公安机关进行留置，留置后需要依法采取拘留或者其他强制措施的，在法定期限内决定采取该措施。

根据前文的分析，盘查、留置和拘留三种暂时性人身限制措施有一定的区别，主要表现在针对的对象不同、人身拘束的时间长短不同和限制人身自由的地点不同这三个方面，其实归根结底也就是人身强制的力度不同。而人身强制力度的不同对于行为相对人的权利而言有重要意义，仅仅受到盘查与受到了拘留不但其对相对人身心的感受和自由的限制程度有别，对相对人日后生活的影响也不可同日而语。因此，在某种暂时性人身限制措施变更为另一种措施时，必须有合理的理由并且完成法定的手续，按照法定程序的规定方可实施。否则，恣意地进行从一种暂时性人身限制措施向另一种措施的转换可能严重危及相对人的权益，也可能导致特定的法律责任，如国家赔偿责任的承担。

二、检察监督的加强

前文已述，大陆法系国家奉行检察官领导侦查的制度，在侦查中检察机关对警察有命令和指挥的权力，这种制度主要有以下几个方面的好处。第一，有利于防止检警之间因为分权带来的权力分割不明确的弊端。检察官享有侦查权，并可以对警察的侦查行为进行指挥，有效地防止了两个部门互相扯皮等混乱情况的出现，是符合侦查阶段所要求的效率原则的，可以提高侦查的有效性。第二，检察官对侦查的指挥，可以使侦查行为与后续的起诉行为相连贯，避免出现程序脱节的情况发生。在检警分立的体制下，警察和检察官往往自行其是、各自为政，有时候会出现侦查阶段所收集的证据不能为起诉所用的情况。而检警一体的体制下，检警联系紧密，侦查为后来的检察机关追诉服务，能够很好地处理追诉过程中诸如收集证据等法律问题，大大提高了检察机关的追诉能力和质量。第三，可以对警察机构的侦查行为进行监督，避免警察权的滥用。警察在侦查技术、勘验手段上相较于检察官有优势，但是在法律方面以及诉讼合法性意识方面明显不如检察官。检察官拥有对警察的指挥权，可以有效地制约警察的侦查行为，保证其行为的合法性，避免其权力的滥用，也保障公民的合法自由权利。其弊端在于与检察官客观义务存在冲突，一旦检察官作为侦查的主体，不但有指挥警察进行侦查的权力，甚至享有直接进行侦查的权力，那么必然完全和警察一样处于控诉一方的立场，很难保持其中立性与客观性。更重要的是，检察官也会因为提前的介入而产生预断，过早地介入侦查程序，很可能使得后来的审查起诉程序被虚置。

我国并不实行检警一体的制度，而是在公检法三机关分工负责、相互配合、相互制约的基础上形成了独特的检警关系模式。在这一模式下形成了五个特征。一是检警分立，公安机关和检察机关之间不但在行政上没有任何从属关系，在法律地位上也是平等的。二是检警分工，公安机关与检察机关都享有一定的侦查权，二者在侦查刑事犯罪案件的权限上，是分工的关系，公安机关负责大部分案件的侦查，检察机关侦查小部分犯罪案件（主要是职务犯罪案件）①。三是检警配合，强调检警之间在刑事诉讼目的上的一致性，联合起来对付被指控犯罪的犯罪嫌疑人和被告人，使诉讼实际成为一种单向的追诉性活动。四是检警制约，即在检警分工的基础上进一步强调检察机关和公安机关的双向制约，不仅检察院有权制约公安机关，公安机关也可以制约检察机关。五是检察监督，检察机关是法律监督机关，因此检察机关针对侦查程序的监督手段有立案监督、侦查监督，可

① 2018年3月，第十三届全国人大表决通过了《监察法》，将调查职务犯罪的职权交于各级监察委员会，因此检察机关失去对职务犯罪的侦查权。

以说监督涉及刑事审前程序的每一个阶段，从法理上来说，检察机关可以对侦查程序中的一切侦查行为进行监督。

这种检警关系的模式存在以下几个重大的弊端。第一，权力分配不明晰。我国现阶段检警两机关地位平等，相互间推诿、扯皮的现象严重，两机关各行其是，导致了在审前程序中侦查与起诉环节严重脱节，割裂了侦查和起诉的关系，影响了检察机关的追诉质量。对犯罪实现有效的追诉主要依赖于控方在法庭上提出充分有效的证据，而在司法实践中两机关在收集证据方面配合不畅，影响了检察机关掌握的证据的全面性、合法性，最终影响了检察机关的追诉质量。第二，检警配合的体制使得刑事诉讼带有极强的追诉性质。在实践中出现了一种协调办案的机制，由地方政法委出面，组织公检法领导参加，对案件侦查、起诉和审理等进行事先定性和安排部署，这种协调会一般也叫作“三长会”。办案协调会议，当然都能起到协调立场、统一思想认识的作用。但是，恰恰是这种协调立场、统一思想认识的做法，堵塞了发现案件真相的渠道。三机关本应该是相互制约的关系，各司其职，各自明确自身的职权。但现在却成为三家为了一个目标共同对付一个被告人。我们国家长期以来强调集体意识，强调一致性，是导致检警配合的重要原因，但是过分重视一致忽视制约，导致了侦查阶段保护人权的不力。第三，双向制约制度的可行性差以及检察监督的无力。立法者规定双向制约的初衷在于希望二者通过此种双向制约关系，互相监督，避免违法行为的发生。然而在实践中，双方都认为自己对对方有监督权，互不买账，导致了这种双向制约权事实上形同虚设。而人民检察院对公安机关实施侦查活动的监督主要是通过对侦查机关移送的案件证据材料进行审查、决定，属于一种事后的监督，监督的介入时间始终滞后于违法问题的发生时间，实际上失去了侦查监督的至关重要的及时性，即使检察机关依法提出纠正意见，但由于缺乏有效的监督途径，监督效果也难以保障。同时由于检察监督事实上缺乏对公安机关的有效强制性手段，于是，是否理会此种检察监督完全取决于公安机关本身以及该公安机关领导的意愿，监督的效果可想而知。正是由于缺乏此种审查和控制，导致了警察权滥用的问题比较多地出现。

在警察暂时性人身限制权制度中当前的检警关系也导致了上述问题。大陆法系刑事诉讼的突出特点在于使刑事侦查成为一项公共职能，这使得发现真相成为其刑事司法的职责。① 笔者以为中国的刑事诉讼有着大陆法系的血统，同样极其强调发现真实，并且认为刑事侦查是并且应当是一项公共性的政府职能，检察机关和警察机关共有的目的在于维护公共安全和福祉。而且从现代刑事诉讼横向结构来看，审、诉、辩三方构造既定，公诉权在控诉职能中处于核心地位，警察的侦查活动的目的在于使后续的控诉活动顺利进行，因此公诉权和侦查权具有同向性。侦查行为是公诉行为实施之基础，公诉行为是侦查行为实施之目标，因此二者具有一体性。因此不妨按照大陆法系的运行方式，建立中国式的检警一体模式。明确侦查权作为公诉权的下位权力，应受检察机关领导，确立检察机关在侦查程序中的领导和指挥权。应当在立法上明确规定在刑事诉讼的侦查程序中，警察的侦查活动是为提起公诉所做的准备活动，公安机关处于检察机关的辅助者的地位。在此种状态下，警察侦查活动既为公诉活动服务，又受公诉权之制约。大陆法系的检察官以客观中立之身份对侦查活动的合法性和合理性进行监督，既切实可行，又符合我国法律对检察机关法律监督者的定位。在我国，对警察权的制约相对较弱，尤其是检察机关对警察的刑事侦查权控制不足，是导致警察权滥用的重要原因。在侦查阶段，由于侦查行为的秘密性和封闭性，侦查机关的活动空间相对较大，因此，一旦失去控制就容易导致刑讯逼供、超期羁押等现象的发生。而实践表明，检察权可以对侦查权进行有效的制约，例如最高人民检察院开展的清理纠正刑讯逼供、超期羁押的工作，确实达到了制约权力保障人权的效果。在此前提下，不妨取消检察机关对职务犯罪的侦查权，建立独立的侦查职务犯罪的专门机构。由于职务犯罪的特殊性，立法者将对职务犯罪的侦查权交由检察机关行使，然而检察机关同时行使侦查权和侦查监督权，则意味着监督权的虚化，因为当一个案件由同一部门自侦自检时，检察权对侦查权的制约与监督也就不复存在了。因此，笔者建议建立一个类似香港的廉政公署式的专门负责职务犯罪侦查的机构，由其行使对于职务犯罪（尤其是贪污贿赂和渎职犯罪）的侦查权。这个职务犯罪的专门侦查机构和其他侦查机构有着同样的法律地位，同样受到检察机关的监督和制约，以避免自侦自检导致的监督权虚化。

---

① John H. Langbein, *The Origins of Adversary Criminal Trial*, Oxford University Press, 2003, p.342.

三、暂时性人身限制取得的非法证据的排除

2010年最高人民法院、最高人民检察院、公安部、国家安全部、司法部联合颁布了《关于办理刑事案件排除非法证据若干问题的规定》（以下简称《非法证据排除规定》），正式在中国确立了刑事案件非法证据排除规则，2012年修改的《刑事诉讼法》也对这一规定加以确认。目前我国的非法证据排除规则主要有以下几个方面的基本特征。

第一，明确规定排除非法证据的阶段和主体。目前非法证据排除的主体为检察院和法院，可以进行排除的诉讼阶段包括审查批捕、审查起诉阶段和审判阶段，[①] 这与英美法系国家由法官根据当事人的动议决定是否排除的规定不同。这样的规定或多或少地受到大陆法系传统中对检察官地位认识的影响，大陆法系的检察官被赋予了“法律守护人”的地位，被认为是“世界上最为客观的官署”，人们对检察机关倾注了极大的信任。我国的检察机关不是当事人化的诉讼一方，而是主要承担公诉职能的专门法律监督机关，尽管前文再三讨论其现实中的追诉倾向，但根据法律规定作为法律监督机关，胜诉并非其唯一目标，其最根本的职责在于保障司法公正的实现。此外检察机关具有履行监督侦查活动和纠正违法侦查行为的权责，在审查批捕和审查起诉中排除非法证据正是此种权责的体现。另外在审查批捕和审查起诉中排除非法证据有显著的隔断作用，可以防止法官提前了解被排除的非法证据的内容，先入为主地对案件形成预断，避免减弱排除证据对案件判决结果所起的实质性作用。在我国由于非法证据排除听证和案件审理往往是由同一审判组织或相同的人员主持的，因此由检察机关在审查批捕和审查起诉中就将非法证据排除出去具有尤为重要的作用。

第二，明确了审判阶段中辩方的初步证明责任。《非法证据排除规定》第6条规定：“被告人及其辩护人提出被告人审判前供述是非法取得的，法庭应当要求其提供涉嫌非法取证的人员、时间、地点、方式、内容等相关线索或者证据。”《刑事诉讼法》第56条规定：“当事人及其辩护人、诉讼代理人有权申请人民法院对以非法方法收集的证据依法予以排除。申请排除以非法方法收集的证据的，应当提供相关线索或者材料。”对这两个

① 参见《刑事诉讼法》第54条。

条文的理解存在争议，有的学者认为被告人一方提供相关线索或证据是被告人的权利，被告人可以选择提供或放弃提供；另一些学者认为这是被告人一方需要承担的举证责任。[①] 笔者认为这一规定实际上规定的是辩方的初步证明责任。从条文上看，"应当"一词表明这是一种义务，并非赋予辩方选择提供或放弃提供的权利。两院三部有关负责人就《办理死刑案件证据规定》和《非法证据排除规定》答记者问时也明确表示辩护方承担启动证据非法性调查程序的初步责任，指出"启动这一程序的初步责任应由被告人及其辩护人承担，以避免不负责任地随意启动对证据合法性的'审理'程序的情况"[②]。但是值得注意的是，辩方承担的只是行为责任而非结果责任，只需提供相关的线索，并不一定要提供证据。

第三，对非法实物证据的排除持审慎态度。《非法证据排除规定》第14条规定："物证、书证的取得明显违反法律规定，可能影响公正审判的，应当予以补正或者作出合理解释，否则，该物证、书证不能作为定案的根据。"《刑事诉讼法》略作修改："收集物证、书证不符合法定程序，可能严重影响司法公正的，应当予以补正或者作出合理解释；不能补正或者作出合理解释的，对该证据应当予以排除。"[③] 在此之前我国法律没有规定非法实物证据排除的相关条文。我国对于非法实物证据的排除态度谨慎，对此我们需要从两个方面进行理解。一方面，我国规定非法取得的实物证据原则上也应当被排除于程序之外，这是我国证据制度的重大进步，也符合世界各国的一般做法。另一方面，我国对排除非法实物证据设置了较高的门槛：实物证据只有同时满足"不符合法定程序"和"可能严重影响司法公正的"，而且无法进行"补正"或"作出合理解释"的，才会被排除。这样的审慎规定既符合我国的司法实践现实，也符合法治发达国家对于实物证据排除的一般做法，体现出保障权利和追求真实这两种诉讼价值的平衡。

第四，规定了讯问人员出庭作证制度。讯问人员出庭作证是了解在讯问过程中是否发生刑讯逼供等非法取证行为的有效途径，但长期以来，证

① 参见陈光中：《刑事证据制度改革若干理论与实践问题之探讨——以两院三部〈两个证据规定〉之公布为视角》，载《中国法学》2010年第6期，第13页。

② 《中央政法机关负责人就两个"证据规定"答记者问》，载新华网：http://news.xinhuanet.com/legal/2010-05/30/c_12157696_7.htm（2013-4-11）。

③ 《刑事诉讼法》第54条。

人出庭作证率尤其是讯问人员出庭作证率极低，使得非法取得的供述难以被及时排除出庭审。《非法证据排除规定》第7条规定公诉人可以提请法庭通知讯问人员出庭作证，对该供述取得的合法性予以证明；经依法通知，讯问人员应当出庭作证。《刑事诉讼法》规定人民检察院可以提请人民法院通知有关侦查人员或者其他人员出庭说明情况；人民法院可以通知有关侦查人员或者其他人员出庭说明情况；有关侦查人员或者其他人员也可以要求出庭说明情况；经人民法院通知，有关人员应当出庭。[①] 这不但能够有效地保障当事人的对质权，也是准确认定案件事实的重要保证。

第五，赋予法院在对证据合法性存疑时的主动调查核实的权力。《非法证据排除规定》第8条规定："法庭对于控辩双方提供的证据有疑问的，可以宣布休庭，对证据进行调查核实。必要时，可以通知检察人员、辩护人到场。"即法庭可以在检察人员与辩护人不在场的情形下独立地对证据进行调查核实，相较于过去的规定，对于法庭调查核实证据方面的限制大大减少，扩大了法院对言词证据的合法性进行独立调查的权限，这与最高人民法院所强调的"能动性司法"相符。但《刑事诉讼法》没有规定该条文，只是在第56条规定"法庭审理过程中，审判人员认为可能存在本法第五十四条规定的以非法方法收集证据情形的，应当对证据收集的合法性进行法庭调查"。

既然我国已经有关于非法证据排除规则的明确规定，则行使暂时性人身限制权过程中所产生和取得的非法证据自然也面临非法证据排除规则的筛查。凡是符合非法证据排除规则排除范围规定的从行使暂时性人身限制权过程中取得的非法证据，应当由检察机关在审查批捕和审查起诉阶段、法院在审判阶段加以排除，以实现"震慑"警察行为的目标。上述五方面的非法证据排除规则的基本特征在排除暂时性人身限制权行使中取得的非法证据时同样适用。

但是值得注意的是，中国传统历来极为重视犯罪控制的价值，但随着司法文明化的进程，对人权保障的追求也逐渐渗透到中国刑事司法的血脉中，正当程序与犯罪控制两种价值的平衡也正成为我国刑事司法的难题。非法证据排除规则的确立是我国刑事司法文明的里程碑式的标志，但是过度超前地扩张该规则的适用空间则容易成为走向另一个错误极端的肇始，

① 《刑事诉讼法》第57条。

不符合控制犯罪的传统司法心理，因之而可能导致的犯罪之人逃脱法网的现象甚至可能影响民众对司法的信任和认同。在中国日益强调刑事司法中人权保障的今日，确立非法证据排除规则的必要性自然毋庸置疑，但是其具体制度构建必须在尊重中国司法现实的基础上，对这项发源于美国的制度进行改造和重构。因此笔者认为，必须以中国国情为基点，精确平衡正当程序与犯罪控制两种价值，谨慎而稳健地推进中国模式下警察暂时性人身限制权行使中取得的非法证据排除规则的发展。

第三节　具体制度的完善

法者天下之公器也，变者天下之公理也。[①]

——梁启超：《论不变法之害》

既然我国的警察暂时性人身限制权制度在法律文本上和司法实践中均存在上文所述的种种缺陷，不思变革则不但公民权利难以得到有效保障，控制犯罪目标的实现只怕亦罹其害。笔者试参考域外立法，根据前文分析的警察暂时性人身限制权制度存在的缺陷，并沿着权力行使前的强制措施法定主义原则、权力行使中的比例原则和权力行使后的事后司法控制原则的改革方向，对我国的该制度的改革和完善做一番大胆的构想。

一、盘查、留置制度的改革与完善

（一）明确盘查、留置的启动标准

我国的盘查、留置制度的启动标准过于模糊，尤其是盘查，《人民警察法》仅规定“对有违法犯罪嫌疑的人员”可以进行盘问检查，但此“嫌疑”具体的要求不明，这种“嫌疑”是否需要达到一定程度，“嫌疑”是仅凭警察的经验和认识即可作出判断还是必须要求一定的客观要件，类似

① 梁启超：《变法通义·论不变法之害》，载《梁启超文选（注释本）》，侯宜杰选注，百花文艺出版社 2006 年版，第 9 页。

种种均不明确，这是导致实践中警察容易滥用盘查权的重要原因。留置的启动标准也是如此，由于我国的留置与盘查是彼此相连的，虽然法律规定了在盘问检查后可以进行留置的四种情况，但四种情形中仍有不够明晰之处。笔者认为，英美的启动标准相对而言较容易为警察所把握，可以参照美国的“合理怀疑”标准和英国的“情报和信息基础”要求，建立我国的盘查权启动的标准。笔者认为，可以将我国的盘查权的启动要求规定为“具有足以使理性警察产生合理怀疑的事实基础”的标准，并将此标准在法条中明确加以规定。这一标准事实上可以分解为三方面内容。其一，理性警察判断标准，此标准不同于“一般理性人标准”即具有一般理性的正常人在当时的情况下都会产生怀疑的标准，因为警察由于其所受的职业培训和职业经验，往往在普通人未发现可疑之处时即察觉到某种端倪。其二，合理怀疑标准，即产生的疑惑不需要达到极高的程度，只需要有一般合理的怀疑即可，这也符合警察暂时性人身限制权紧急性特征所带来的迅速行动的要求。其三，事实基础标准，即不得凭空无端猜疑或仅凭主观臆断，怀疑必须建立在对一定的情势的信息反馈的基础之上。

（二）调整盘查、留置权的主体

如前文所述，根据《公安机关适用继续盘问规定》第 13 条的规定，公安派出所的人民警察对符合该规定第 8 条所列条件，确有必要继续盘问的有违法犯罪嫌疑的人员，可以立即带回留置 12 小时，而县、市、旗公安局或者城市公安分局其他办案部门和设区的市级以上公安机关及其内设机构的人民警察对有违法犯罪嫌疑的人员，应当依法直接适用传唤、拘传、刑事拘留、逮捕、取保候审或者监视居住，原则上不得适用留置。笔者认为，事实上留置权与其他侦查权力的行使，其界限的划分应当按照案件的情况及其与法律要求之间的契合程度而为，不宜按照警察所属单位级别的高低进行区分。即使级别较高的公安机关的警察在遭遇刑事案件即将发生、正在发生或刚发生完不久的情形时，如果有必要采取盘查、留置等手段的，也应当允许其采取此种暂时性人身限制措施。

（三）禁止将盘查、留置作为针对特定人群的歧视性手段

我国的司法实践中，遭遇盘查、留置比例最高的当属农村进城务工人员这一特殊人群，由于难以为当地社会主流所吸纳，他们常常被贴上了

"潜在犯罪分子"的歧视性标签，而一些地方的警察也将他们作为盘查、留置适用的主要对象，他们的居住地（尤其是简易工棚）也成为警察排查的重点地域。与西方国家例如美国将种族和肤色作为是否具有犯罪嫌疑的标签的情况不同，[①] 我国的歧视性暂时性人身限制权运用主要是以社会阶层为标杆的。这种对特定人群的标签性歧视性的盘查和留置，虽然不太可能引起大规模的种族矛盾，但同样是违背宪法关于公民的平等权规定的。笔者认为英国的立法值得借鉴，应当在法律中规定，禁止以公民的特定个人因素作为实施盘查、留置的唯一标准，亦禁止针对特定人群的歧视性盘查、留置。联系前文所述之盘查启动标准的构想，应强调实施盘查、留置必须有特定的足以引起合理怀疑的事实基础，不得仅仅以公民的肤色、外貌、社会阶层、籍贯地等作为是否采取盘查、留置措施的唯一或主要理由，亦不得将某一群体的某种群体性外在特征作为理由。例如"嘻哈族"的发型、"朋克族"的刺青、"哈雷族"的装扮等，均不得作为其是否具有犯罪嫌疑的唯一或基本判断根据，无论这种特征令人感到愉悦或反感，均不成为其受盘查或留置的理由。

（四）明确盘查、留置的适用范围，避免留置成为一种实质上的刑事强制措施

留置在实践中成为了替代拘传甚至拘留的实质性的刑事强制措施，其原因之一在于其适用范围的不明确，于是被盘查留置人可能被采用留置措施与拘传手段交替使用而被变相羁押。事实上，《人民警察法》已明确规定留置只能适用于盘查之后发现有被指控有犯罪行为的、有现场作案嫌疑的、有作案嫌疑身份不明的、携带的物品有可能是赃物的这四种情形之一者，因此治安案件的当事人大多数已被明确地排除于留置制度的适用范围之外，即留置一般适用于涉嫌刑事案件的当事人。此外，由于我国有明确的刑事立案程序，故而也应当将被立案后的刑事犯罪嫌疑人排除于留置制度之外，只得对其采取《刑事诉讼法》规定的刑事强制措施。也就是说对于大多数治安案件和已被刑事立案的当事人，不得适用留置，留置通常只适用于未立案之前根据合理怀疑可能成为刑事犯罪嫌疑人的公民。作此种

---

① Randall Kennedy, *Race, Crime, and the Law*, New York: Vintage Books, 1997, pp. 136 - 167.

明确的区分可以有效限制留置被作为实质性的刑事强制措施代替拘传、拘留等措施的适用，尤其是明确正式刑事立案后不得适用留置，一方面是由于既然经过立案程序，表明案件已经得到了初步的控制，不再有采取紧急性的暂时性人身限制的必要，故而排除留置的适用，另一方面则是由于考虑既然我国有饱受批评的虚化的立案程序，何不利用它在警察暂时性人身限制权制度中发挥一下标界性的作用。此外可以限制留置的期限，将留置期限缩短为 12 小时，最多不超过 24 小时，一来可以保障当事人的权利，二来可以避免警察延缓立案以使用留置措施代替刑事强制措施。

（五）规范盘查、留置时的搜查措施

我国《人民警察法》和《公安机关适用继续盘问规定》对在盘查、留置之时可否进行搜查以及搜查的范围均没有规定。在进行基于有事实基础的合理怀疑而为之盘查时，进行必要的搜查是合理的，一方面可以防止被盘查人使用武器对警察、自身及他人造成伤害（尽管中国并不是一个枪支泛滥的国家），另一方面可以防止其损毁证据（例如吞下某些物品）。尽管在进行盘查和留置时进行搜查已是各国的通例，我国在实践中实际上也允许此种做法，但法律规定的缺失却是导致不同警察行为方式不一，以及公民权利难以得到确定性法律的保障的重要原因。笔者认为，应当规定，警察在进行盘问时可以从衣服外部进行拍身搜查，并可以对被盘查人立即可以控制的范围进行搜查，一旦发现武器，可以伸手入衣取出并扣押武器；与前文所述的美国迪克尔森案[①]确立的规则不同，笔者认为在我国如果警察在搜查时发现了明显为违禁物或犯罪证据的物品，亦可以取出并扣押之。[②] 但是需要强调的是，在执行盘查、留置的过程中非法搜查所获得的证据，应当受非法证据排除规则的规制，由检察机关在审查批捕和审查起诉程序中、法院在审判程序中加以排除，不得作为定案的依据。

① *Minnesoda v. Dickerson*, 508 U. S. 366 (1993).

② 事实上，美国在 Terry 案后亦扩张了拍身搜查可扣押物品之范围，若警察发现了违禁物或犯罪证据，可以根据“一触了然原则（plain - touch doctrine）”扣押之。Joshua Dressler, Alan C. Michael, *Understanding Criminal Procedure*, *Volume 1: Investigation*, 4th ed, Matthew Bender&Company, Inc., 2006, p.305.

（六）构建盘查、留置的审查和救济途径

司法救济之于权利，犹如迦南地之于逃离埃及后旷野生活四十年的希伯来人，它是人民在饱经磨难后最后的避难所。然而我国的盘查、留置制度，除了在《公安机关适用继续盘问规定》中对违规执法的警察有内部监管的规定外，对当事人进行权利救济的条文极少。《国家赔偿法》有关于被违法拘留或者违法采取限制公民人身自由之人可以获得赔偿之规定，但目前仅规定受非法拘留、逮捕、刑讯逼供或殴打虐待、违法使用武器、警械等情形，并未将非法盘查、留置纳入赔偿范围。而《公安机关适用继续盘问规定》规定："被盘问人认为公安机关及其人民警察违法实施继续盘问侵犯其合法权益造成损害，依法向公安机关申请国家赔偿的，公安机关应当依照国家赔偿法的规定办理。"[①] 笔者认为综合这两个法律规定的内容，应当在《国家赔偿法》中明确规定认为自己受到违法盘查、留置的当事人有权要求获得国家赔偿，但此种可要求赔偿的情形只限于警察故意实施违法盘查、留置并给当事人造成严重的权利侵害之时，这是因为盘查、留置由于紧急性特征，不能对警察行为的准确性有过高要求，否则可能削弱了制度本身的存在意义。赔偿请求人要求赔偿应当先向赔偿义务机关提出，赔偿义务机关在规定期限内未作出是否赔偿的决定、赔偿义务机关作出不予赔偿决定或者赔偿请求人对赔偿的方式、项目、数额有异议的，可以申请复议，对复议决定仍然有异议的可以向复议机关所在地的同级人民法院赔偿委员会申请作出赔偿决定。其中法院赔偿委员会处理此类赔偿案件时，一并审查盘查、留置行为的合法性。这样的明确规定，自然比九曲十八弯地适用现行法律的保护力度为大。

二、拘留制度的改革与完善

（一）刑事拘留与以强制到案为目的的审前羁押的分离

根据我国《刑事诉讼法》的规定，公安机关执行拘留的七种情形实际包括对现行犯的拘留、对重大犯罪嫌疑者的拘留、有妨碍侦查的紧急情形

---

① 《公安机关适用继续盘问规定》第40条。

下的拘留和对拒不配合警察进行身份检查之人的拘留。从拘留的法定目的上看，拘留是一种案件的紧急处置手段，只有当情况紧急，无法执行办理相关令状，才能采取拘留，若无紧急情况就不能执行拘留。因此拘留的目的与其他暂时性人身限制措施的目的完全一致，即防止证据的消湮、防止危害结果的扩大、防止犯罪嫌疑人逃跑或自残、自杀。但在实践中，拘留制度被偷换了目的，成为为了防止犯罪嫌疑人无法到案情形出现而先行剥夺其人身自由的羁押性措施，实际上成了正式逮捕的前置程序。混淆以拘留为特征的拘留与以强制到案为目的的审前羁押的关系，导致了两方面的后果：第一，拘留期限设置过长，为了保证在侦查过程中正式逮捕前犯罪嫌疑人一直处于被羁押状态，并给予侦查机关足够的在嫌疑人羁押状态下进行侦查的时间，不但立法上有意设置较长的拘留期限，而且在实践中侦查机关往往或有意或无意地顶格适用拘留期限，甚至超期羁押、期限到期后变相羁押的情况也屡见不鲜；第二，拘留作为暂时性人身限制措施的目的难以达到，由于强制到案的目的侵蚀和吞噬了暂时性人身限制的目的，因此要求执行拘留时必须出示拘留证，这一规定与拘留面对的紧急情势的要求出现了矛盾，对此下文将详述。因此笔者以为，应当将拘留与以强制到案为目的的审前羁押进行分离，明确拘留是紧急情况下采用的一种暂时性人身限制措施，其目的在于处置案件紧急情况，非此目的不得适用拘留。

（二）允许紧急情况下执行无证拘留

正是由于出现上文所述的拘留目的的混淆，我国《刑事诉讼法》才僵硬地要求拘留一律需有拘留证。在紧急情况下，要求警察拘留现行犯或企图自杀、逃跑和毁灭、伪造证据的犯罪嫌疑人必须出示拘留证，是不现实的。立法要求执行拘留必须有拘留证的规定，一方面固然是为了限权，另一方面也是为了程序记录的目的。但这种毫无例外的规定正是导致现实中出现警察往往随身携带空白拘留证，一旦需要随时填写的违法情况的渊源，而这种“空白令状”的做法，由于其描述的对象和方式的不特定性，可以针对任何人使用，实际上已经失去令状规制警察行为、保障公民权利的意义了。在紧急情况下，无证拘留是制止犯罪，防止危害后果进一步扩大以及保存证据的客观需要，也是世界各个国家或地区的普遍做法。我国《公安机关办理刑事案件程序规定》第 121 条第 2 款规定：“紧急情况下，对于符合本规定第一百二十条所列情形之一的，应当将犯罪嫌疑人带至公安机关后立即审查，办理法律手续。”实际上承认了紧急情况下的无证拘留，但其系以与上位法冲突的方式确立无证拘留制度的，倒不如直接对《刑事诉讼法》进行修改，承认无证拘留。因此笔者认为，不如向现实需求做适当妥协，规定执行拘留原则上应出示拘留证，但在特定的紧急情形下，警察亦得无证紧急拘留公民。具体而言，可将《刑事诉讼法》第 83 条第 1 款改为：“公安机关执行拘留的时候，应当出示拘留证；情况紧急无法申请拘留证的，可以无证先行拘留。”也就是说将有证拘留作为原则，将无证拘留作为例外，这样既不改变《刑事诉讼法》规定拘留必须持证以防止滥拘的立法本意，也可以适应实践的需要，达到某种拘留制度的“相对合理主义”[①] 状态。

（三）对无证拘留适用特定的期限规定

根据《刑事诉讼法》第 89 条的规定，公安机关对被拘留的人，认为需要逮捕的，应当在拘留后的三日以内，提请人民检察院审查批准。在特殊情况下，提请审查批准的时间可以延长一日至四日。对于流窜作案、多次作案、结伙作案的重大嫌疑分子，提请审查批准的时间可以延长至三十日。加上审查批捕的时间，拘留的期限最长可达三十七天。但是根据《公安机关办理刑事案件程序规定》第 126 条规定，犯罪嫌疑人不讲真实姓名、住址、身份不明的，拘留期限可以突破三十七日之限制。这么长的拘留期限本身就不合理，而由于无证拘留是在紧急情况下的便宜手段，通常是由个别警员自行作出的决定，其错误拘留的可能性较一般拘留为大，因此这么长时间的期限倘若适用于无证拘留，更可能给公民权利造成重大损害，因此必须限制无证拘留的期限。笔者认为，可以规定：对于紧急情形下被无证拘留的人，公安机关需在二十四小时内作出立即释放或转为普通拘留的决定，且若转为普通拘留则该二十四小时的期限计入普通拘留的期

① 龙宗智教授提出的司法“相对合理主义”是指中国的司法改革采取条件论的、渐进性的、改良的方式，即“不求最好、只求较好”。参见龙宗智：《相对合理主义》，中国政法大学出版社 1999 年版，第 3 页。

限内。[1] 这样的规定就无证拘留而言是比较适当的，也符合情势变更下紧急因素消除后的或释放或变更的原则。当然普通拘留的期限也应当适当缩短，目前较长的拘留期限不符合人权保障的要求，对此学者们多有探讨，[2] 笔者不复赘言。

（四）建立刑事拘留制度的事后审查和救济机制

在前文所述的法治国家和地区，逮捕后需在极短的时间内将被逮捕人带至法官面前，由法官决定是否对其进行羁押。然而我国由公安机关自行决定的拘留期限本身极长，且即使提请批准逮捕，批捕的工作也是由检察院而非中立的法官完成。笔者认为，可以对拘留的事后审查设立近期和远期的目标。近期的目标即为缩短拘留期限，严格各种情形下不同期限的适用，并在法定期限内由检察机关对拘留合法性进行审查。就远期目标而言，德国的制度殊值借鉴，可以规定被逮捕人应当在四十八小时内被带到法官面前，由法官决定实行审前羁押或将其释放。具体到紧急情况下的无证拘留，公安机关在二十四小时内作出立即释放或转为普通拘留的决定，其中转为普通拘留的，在二十四小时内被带到法官面前。此项制度设计涉及甚广，牵扯到方方面面的利益，尤其是检察院批捕权存废的问题，也可能造成法院增加工作量的困难，毫不夸张地说，此项设计实际上是对整个刑事司法制度的重大变革，因此学界和实践部门对此问题存在诸多争议。但笔者认为，由司法权审查警察行为仍然是历史的趋势，此制度最终仍是要建立起来的。此外，对于紧急情况下错误的无证拘留，亦应适用《国家赔偿法》关于对错误拘留进行赔偿的相关规定，受到错误拘留人有权获得国家赔偿，但与盘查、留置一样，只限于警察故意实施违法盘查、留置并给当事人造成严重的权利侵害的情形。

---

① 有学者主张将无证拘留的期限设置为48小时，有证拘留的期限设置为一般不超过14日，最长不超过21日。（参见孙长永：《比较法视野中的刑事强制措施》，载《法学研究》2005年第1期，第121页。）但笔者认为由于无证拘留的错误率可能较高且紧急因素一般很快消失，故24小时的期限足够，期限一到则或释放嫌疑人或变更为普通拘留。

② 对拘留期限过长的批评和改革建议可参见宋英辉主编：《刑事诉讼法学研究述评（1978—2008）》，北京师范大学出版社2009年版，第225－226页。

三、其他相关配套制度的完善

除了盘查、留置和拘留三项制度本身的改革与完善之外，相关制度的建立与完善也是暂时性人身限制制度有效发挥其作用的重要因素。例如行使警察暂时性人身限制权时搜查扣押措施的采取、路检和国境检查与暂时性人身限制权的协调、行使暂时性人身限制权时的武器警械使用制度等，对于警察暂时性人身限制权制度的体系化完整建构均有十分重要的意义。另外，暂时性人身限制措施采取之后的警察讯问方式与禁止刑讯逼供或非法取证问题，以及与警察暂时性人身限制权相关的证据可采性问题等，均有可讨论和需完善之处，然因篇幅所限，无法一一详述。但是我们应当时刻牢记的是，就像建造一座钢筋斜拉大桥，夯实建好桥墩、主梁这些基础部分固然具有关键意义，但任何一根斜拉钢索出现哪怕一点的问题也可能导致严重的甚至毁灭性的后果。警察暂时性人身限制权制度的建构也是如此，无论是盘查、留置和拘留还是相关配套制度的一点点微小的漏洞也可能给公民权利带来重大的威胁，甚至影响警察暂时性人身限制权制度整个体系的有效运行。

结　语

正如道格拉斯大法官在特里案的反对意见中所指出的："给予警察大于治安法官的权力是走向极权主义的一大步。也许这一大步是应付当代不法行为所需的，但是如果要迈出这一大步，也应当由人民通过宪法修正案的形式作出慎重选择。"① 此言强调对警察权力的每一个微小的扩张，都要慎之又慎。在现今犯罪高发的时代里，赋予警察暂时性人身限制权也许是向现实低头的无奈选择，但这并不能改变法治国家尊重个人权利和限制警察权行使的原则。

我国的警察暂时性人身限制权制度，从立法上看，缺乏相关的制度规定，对警察等暂时性人身限制权主体的授权范围模糊而语焉不详，在另一些问题上，却对警察的授权不足；而从实践看，警察权力过大以及由于授权模糊导致的权力滥用成为了威胁公民自由权利的重要因素，警察甚至以暂时性人身限制措施作为法定刑事强制措施的替代手段，公民权利在被滥用的公权力面前任其宰割。这使得我国整个警察暂时性人身限制权制度处在一种失衡的状态，立法与司法实践出现了脱离之状态。反观域外各国家或地区对于警察暂时性人身限制权的规定虽各不相同，但是其基本的思路是相通的，即：在赋予警察暂时性人身限制权的问题上，一方面允许警察在紧急情势下依照其职业经验作一定的自由裁量，另一方面通过事前、事中和事后的多种限制措施防止警察暂时性人身限制权的滥用，尤其是事后由司法官员对警察行为合理性和合法性作出审查。这样的规定，目的在于实现既维护公共安全又避免个人权利受到过分侵蚀，既控制犯罪又体现人权保障价值的目标。但是域外各个国家或地区的法律规定和实践经验究竟能不能为我所用，如何为我所用，却是实实在在困扰我们的难题。

行文至此，笔者突然想起《伊索寓言》里的一个小故事："有一回，

① *Terry v. Ohio*, 392 U. S. 1 (1968). (Dissenting opinion by Mr. Justice Douglas).

农夫的妻子在院里丢失一枚钻石戒指。她到处寻找，天黑了，她知道永远找不到戒指了，很难过。过了几天，一只公鸡用爪子在石块中间扒来扒去，看见什么东西在阳光下闪闪发光。他以为这东西可能是某种新谷粒，急忙啄起来，不过它非常硬，差点儿把他的嘴弄碎。他自言自语道：'我想，对某些人来说，你也许是一颗宝石，不过对我来说，你却一点用处也没有。随便哪天给我一粒好大麦吧。'他一边说着，一边又把戒指深深地埋到土里去了。"[1] 每个人有每个人的需求，每个国家有每个国家的情况，让农夫妻子视为珍宝的钻石戒指对于公鸡而言却不如一粒谷粒更有用。西学东渐以来，许多人不屑于仔细研究中国的实际问题，而是指望照搬一套制度实施于中国。然而往公鸡嘴里强塞进一颗钻石戒指，不是硌碎了公鸡的嘴，就是划破了公鸡的咽喉。胡适先生曾言："现在舆论界的大危险，就是偏向纸上的学说，不去实地考察中国今日的社会需要究竟是什么东西。"[2] 近一个世纪过去了，历史似乎走了一个轮回，但一些学人似乎仍没能走出这个怪圈：一旦主张学习西方，则全然不顾中国现实；一旦讲求中国特色，则恨不得剔干净身上每一点来自欧美的骨血。学习西方是中国进步的捷径，但在此之前，好歹得弄清楚中国到底需要什么。仅以刑事诉讼而言，依笔者浅薄的见识，窃以为中国历史本未形成现代意义的成体系的刑事诉讼制度，许多有违现代法治理念的古代法相关规定大可弃之如敝屣。[3] 以欧美为师是中国刑事诉讼走向现代化的必经之路，推动刑事诉讼中某项制度的改革和进步，不参考借鉴西方的经验无异于有桥不走"摸着石头过河"，但先弄清楚中国目前该制度实际情况却是最基础的准备工作。不照搬照抄西方制度，也不以"中国特色""中国国情"为借口故步自封，这是我们应当采取的态度。

针对我国警察暂时性人身限制权制度目前出现的种种问题，其他法治发达的国家和地区曾经走过的道路给我们提供了前车之鉴。对于其经验我们应当既不盲从也不排斥，其中已被各个国家或地区所共同证明为有效的并为联合国刑事司法准则所采纳的原则和规则应被当然地借鉴而纳入我国警察暂时性人身限制权制度的体系中。笔者窃思，在作为"诠释性概念"

---

① 吕志士编译：《伊索寓言》，学苑出版社 1993 年版，第 173 – 175 页。

② 胡适：《多研究些问题，少谈些"主义"》，载《每周评论》1918 年第 31 号。

③ 笔者并不反对借鉴吸收可以"古为今用"的古代法精神和制度，例如认为"亲亲相隐"制度对于亲属免证特权制度的建立就有参考价值。

的法律[1]对警察暂时性人身限制权的相关内容作出明确规定，而作为“法律帝国君王”的法官[2]又对警察行为有事后审查的控制权的情况下，根据权力行使前的强制侦查措施法定主义原则、权力行使中的比例原则和权力行使后的事后司法控制原则对我国的警察暂时性人身限制权制度做一番改造，当能将我国的此项制度纳入法治的轨道，实现公权力与人民自由的平衡。

---

① 德沃金语。[美] Ronald Dworkin：《法律帝国》，李冠宜译，时英出版社2002年版，第417页。

② [美] Ronald Dworkin：《法律帝国》，李冠宜译，时英出版社2002年版，第415页。

附录

美国马萨诸塞州剑桥市警察局政策与程序规定（节选）*

第400号　使用武力

一、目的

此政策和程序设置的目的是概述出警察在任何时候在履行其职责中使用任何程度的武力都必须遵守的规则。此规则描述了有权使用致命武力的极窄范围的参量；履行职责时，在什么情况下警察可以合法地开枪；警察在履行其职责中使用任何程度的武力都必须遵守的指南。

警察被赋予特殊的权力和权威，以完成其维护安宁、为公众提供保护和安全和执行刑事法律的任务。这些权力是警察所独有的，而并非为普通大众所有的。由于公众赋予的信任，警察有义务以合法和带有适当限制的方式行使权力。

每当警察在履行其职责中使用任何程度的武力时，警察部门有责任证明此种武力的使用符合部门规程和已有的州和联邦法律的规定。由于警察部门对使用武力是必要和适当的有进行肯定性证明的责任，警察部门必须对所有此类事件进行全面和彻底的审查。这种审查不但要符合法律授权，

* 《美国马萨诸塞州剑桥市警察局政策与程序规定》系笔者访问剑桥市警察局时由该局提供，并允许笔者在著述中使用，故笔者将其中与警察暂时性人身限制权制度相关的部分译出，以供读者参考。

而且还要确保在公众看来这种使用武力是警察权力的合法运用。为此，警察部门已建立了自我报告和行政评价制度。只有严格遵守这些指南，警察部门才能为其警察的行为进行充分辩护，同时维护公众的信心。

二、政策①

A. 使用武力的正当化理由：本警察部门的成员被希望只在执行合法逮捕、将某人置于保护性监禁、为有效控制某种事件、为保护其他人或他们自己的生命和安全的情况下才使用合理必要程度的武力。

B. 使用武力的限制：合法和适当地使用武力只限于控制和终止非法抵抗和/或阻止其对警察或其他人的进一步人身攻击之必要。这包括了使用致命或非致命武器采取的致命或非致命武力。

C. 不恰当使用武力的后果：本警察部门的成员被希望在出现的任何刑事、民事或行政程序中证明其使用武力是正当的。没能或未能遵守本规则的警察成员将受到纪律惩罚，还有可能承担刑事和民事责任。

三、术语定义

纵观本规定，有些术语或短语被用于描述和/或定义非致命武力和致命武力的各个方面。为了弄清这些术语和/或短语，建立以下术语表。

A. 合理相信：当根据警察已知或应当合理知道的情况事实，足以使一个普通而审慎之人在类似情况下以类似方式采取行动或思考，则合理相信存在。

B. 合理根据：如果在逮捕之时，执行逮捕的警察所知的事实（或根据警察所知的总和）是值得合理信赖的，并且足以使得具有合理注意和审慎之人相信被逮捕人已经犯了或正在犯罪，而该罪正是逮捕的原因，则存在逮捕的合理根据。

C. 抗拒逮捕：指某人明知而阻止或试图阻止警察根据其官方授权而执行逮捕的行为。抗拒逮捕包括例如威胁对执法警察使用强力或暴力，或对

① CALEA Std.：1.3.1：一个指明警察只能使用必要武力以完成合法目标的书面指令。

警察使用其他方式以造成实质性的人身伤害危险的行为（M. G. L. c. 268，§ 32B）。

D. 致命武力：指某人使用的意在造成或明知其有实质可能会造成死亡或严重伤害的武力。致命武力包括有意地向另一个人的方向或据信该人所在的汽车、楼房或建筑物开枪。

E. 严重身体伤害：指有引起死亡的实质危险或造成严重的、永久性的毁容、长期性肌体部分或器官的失能或损害的身体伤害。

F. 身体伤害：指身体疼痛、暂时性毁容或身体健康状况的伤害。

G. 非致命武力：指对另一人使用的不同于致命武力的其他类型的武力，使用此种武力既不是意在造成也不太可能真的造成死亡或严重身体伤害。

四、一般注意事项和指导方针

由于他们的执法和维持和平的角色，警察偶尔需要诉诸使用武力以充分履行其职责。警察经常面临要求他们不同程度地使用武力以执行合法逮捕、确保公众安全或保护他们自己或其他人免受伤害的情况。使用武力的程度是否是合理的，取决于当时情况下的特定事实。只能使用合理和必要数量的武力。警察被希望能够合理使用武力的程度取决于抗拒的程度或当时出现的安全威胁。

合理使用武力是为了保持和/或重建对情况的控制。一旦该人服从了警察的指令或嫌疑人被限制自由或被逮捕而无法对警察或其他人构成威胁，则控制即已完成。由于警察可能面对各种各样的行为，他们必须做好使用各种可供选择的武力的准备，通过战胜对警察合法权力的抗拒以保持和/或重建对情况的控制，同时减少伤害，牢记使用武力必须是在当时的情况下合理需要的。

因为有无限种可能出现的不同情况，没有一个规范的制定能够提供关于在每种情况下如何使用武力合适的确切答案。而此规定的目标在于为合理判断、合理审慎的决定提供具体的指南。

五、使用致命武力[①]

A. 使用致命武力的正当理由：警察只有在下列情况下才能使用致命武力，并且要受到本规定的一些具体限制的制约。

1. 警察有权使用致命武力以：

a. 保护警察或其他人免受有理由相信的死亡威胁或严重身体伤害；和/或

b. 当有下列情形时执行逮捕：[②]

1）逮捕是因为某一重罪；

2）警察合理相信使用武力不会伤及无辜之人；和

3）警察有理由相信（例如有“合理根据”相信）：

a）逮捕所因的犯罪本身涉及使用或威胁使用致命武力；或

b）如果对该人的逮捕被延迟，该人就有导致造成死亡或严重身体伤害情况的实质危险。

2. 在真的开枪之前，警察先要表明其作为执法人员的身份并声明他们意欲开枪。

3. 在警察合理相信使用致命武力不会给警察自己或其他人造成伤害时，如果某动物给公共安全造成了威胁而需对其实施安乐死，或者在动物受到严重伤害时作为一种人道手段，警察可以使用致命武力。

B. 使用枪支和其他武器：

1. 将枪支和其他武器作为致命武力使用：

a. 无论何时当警察为了自卫或保护别人，或者阻止重罪犯逃跑而向另一人开枪时，这种行为即被推定为使用致命武力。向另一人的方向有意地开枪构成了使用致命武力。

b. 用枪指着另一个人，虽然不被认为上升至使用致命武力的程度，但也构成了使用武力，因而要受到使用武力报告指南的规制（参见第401号规定）。

---

① CALEA Std.：1.3.2：关于规定警察只有在合理相信其行为时为了保护包括警察自己的生命安全在内的人身安全或保护任何人免受即将发生的严重身体伤害的危险时才能使用武力的书面指令。被用于使得指令有效的对条件术语的定义，例如对合理相信、严重人身伤害或类似使用的术语的定语，应该被纳入。

② *Com. v. Klein*, 372 Mass. 823, 363 N. E. 2d 1313 (1977).

c. 警告某人即将使用枪支或其他任何防御性武器或仪器（例如警棍或辣椒喷雾剂），也需受到使用武力报告指南的规制（参见第401号规定）。

2. 在履行职责中使用枪支：警察只有权使用有权携带的武器，且只能在履行由警察部门规程和法律规定的职责所需的程度内使用。

3. 开枪：无论何时，无论是意外还是在履行警察职责中，也无论是当值还是不当值，只要开枪，该警察就必须在时间和情况允许时尽快通知当值的轮班警官。在这些例子中，警察会受到本规定已建立的报告要求的指引。

警察不受报告要求约束的情况明显仅限于下列的情况下，而且只有在开枪未造成人身损伤或导致财产损失的情况下方可：

a. 为了训练或消遣的目的而开枪：警察在训练或消遣（消遣目标射击或捕猎）的目的下开枪不受本规定本部分的报告要求的限制。

b. 经授权的枪支试射：警察经授权进行枪支试射，无论是作为警察部门发放的武器的维护流程的一部分，还是确定枪支的运作能力的法庭程序的一部分，均不必受使用武器报告指南的规制。然而，在进行其中任何类型的一种试射时，通常要求完成其他类型的记录或报告。

4. 杀伤动物：有时，警察可能需要使用携带的武器为了人类目的或保护人、其他动物或财产而杀伤动物。在这种情况下使用致命武力要求必须没有其他处理该动物的办法（例如，捕获、运输给兽医或以其他方式处置该动物）。在为了杀伤动物而开枪之前，警察必须考虑下列因素：

a. 警察必须首先与上司进行商讨，并提供为何感觉到有必要以这种方式杀伤该动物的理由。

b. 警察必须特别谨慎地行事，以免给附近的人和财产带来危险。

c. 如果警察使用枪支来杀死某受伤动物，警察必须提交警察报告和使用武器报告。警察应当说明使用这种方法杀死动物的原因和可能出现的任何事件，并说明杀死动物后如何处置了该动物。

5. 警告性开枪：无论在何种情况下，警察均不得使用武器以进行警告或威胁另一人。[1]

6. 信号装置：枪支不应被用作信号装置或用于寻求协助的目的。

7. 向行驶中的汽车射击或从行驶中的汽车里向外射击：

---

① CALEA Std.：1.3.3：规制“警告性”开枪的书面指令。

a. 根据一般规则，警察不应该从行驶中的汽车里向外射击。

b. 警察也不得向行驶中的汽车射击，除非当时汽车内的人正将汽车用于对警察或其他受害人造成致命袭击。在此种案件中警察在下列情况下可以开枪：(1) 有合理根据相信汽车被用于带来立即出现的死亡或严重身体伤害的威胁；(2) 警察有理由相信使用致命武力不会给无辜之人带来危险。

注意：因此，由于伤害无辜旁观者的危险，严禁向一辆正在逃离的汽车或一辆正在驶离警察而不会带来即刻威胁的汽车开枪。警察必须意识到，子弹可能无法穿透汽车的金属或玻璃表面，从而导致跳弹，进而致使无辜之人受伤。

c. 禁止对着汽车密集地射击以使汽车无法行驶。

d. 在所有情况下，警察都应该考虑到车辆和行人的位置和无辜者的潜在危险。

e. 如果当时的情况并不能使得击中目标具有很高的可能性，或者其他人的安全有实质性的危险，包括发生汽车事故的危险，则不应当开枪。

f. 应采取一切预防措施，以确保在附近的普通大众的安全。

六、使用非致命武力①

A. 本机构的警察使用非致命武力：作为正式宣誓就任的马萨诸塞州的执法人员，本机构的警察有在特定情形下特定限制地使用武力和致命武力的法定权力。尽管有这样的授权，警察在处理枪支和其他武器的问题上仍有责任保持高度注意。关键在于，警察在任何情况下使用武力时必须有良好的判断并且合理行事。警察应当只在有急迫的需要之时和穷尽其他较温和的替代措施之后，或者有合理根据相信在当时的情况下任何较低程度的武力都不会有效时，才能诉诸武力。

B. 使用非致命武力的正当化理由：警察在履行职责时只有当合理相信有使用武力的急迫需要时才能使用非致命武力，以：

1. 保护自己或其他人免受另一人的非法武力、暴力或袭击。
2. 阻止另一人自杀或给自己造成严重的身体伤害。
3. 阻止涉及或威胁身体伤害、财产破坏或损失，或违反安宁的犯罪

① CALEA Std.：1.3.4：规制警察人员使用授权携带的非致命武器的书面指令。

行为。

4. 阻止逃跑；或

5. 被授权执行逮捕的警察执行任何根据法律对违法犯罪实施的逮捕（当出现抗拒时）。

C. 使用非致命武力以执行逮捕：在下列情形下使用非致命武力执行逮捕是合理的：

1. 在使用非致命武力执行逮捕之前，警察必须使嫌疑人了解逮捕的目的，除非警察合理相信嫌疑人已经了解其身份和逮捕目的，或存在情有可原或紧急的情况。

2. 当嫌疑人对警察执行逮捕的意图进行实际的抗拒，或试图给警察造成损害或伤害，威胁使用任何强力，试图逃跑，或采取其他手段意欲阻止警察执行合法逮捕时；或

3. 执行合法逮捕的警察所使用的武力的程度只限于战胜犯罪人的抗拒或武力所需的程度。

注意：一旦嫌疑人针对警察的抵抗或强力消失，则警察必须立即停止使用非致命武力以执行逮捕。

4. 说明：仅仅给囚犯带上手铐并不被认为是使用了武力。对所有囚犯使用拘束设备是强制性的，除非根据警察的判断存在特殊情形使得使用拘束设备不可能或不必要（例如，非常小的未成年人、残疾人、受伤的人，等等）。

D. 使用非致命武力的限制：警察只有在实现合法目标需要时而使用武力才是正当的，而且使用的武力必须与警察所欲阻止的伤害有合理关联。

注意：警察在履行其法定职责中行事时，没有因可能面临抗拒或对方威胁进行抗拒而放弃执行合法逮捕的责任。他们可能不仅要坚持自己的立场，而且还要推进合法目标的实现，用武力战胜武力。

七、授权的中级非致命武器[①]

A. 根据训练使用武器：所有被授权使用的防御性武器必须以训练中所

① CALEA Std.：1.3.9：要求只有由本机构授权的警察人员在履行法律职责中才有权使用武器或弹药的书面指令。该指令适用于在当值和非当值情况下携带武器或弹药的情况，必须注意：被允许使用的所有类型和规格的致命和非致命武器包括了特别战术小组或其他特殊人员所使用的武器。

描述的方式使用。而且，在成功地完成市警察培训委员会（MPTC，即以前的马萨诸塞州刑事司法培训委员会）规定和提供的部门培训课程或其他课程之前，警察不得被允许使用任何部门分发的武器。

B. 未经授权地使用武器：无论何种情况下，本部门的警察均不得携带或使用包革金属棍棒、灌铅橡皮棍、双截棍、拳棍、指节铜套、加权手套或其他未经本部门授权使用的武器。

C. 禁止徒手扣留：警察不得采取按压颈动脉或握住阻气门的方式。而且，警察不得使用任何类型的意在或为了造成疼痛或伤害的徒手扣留。这不包括警察经过特别训练以对被监禁人取得控制或保持控制类的徒手扣留。

D. 非致命武器的批准：除了本部门分发的手枪之外，一旦警察经过训练并被视为精通使用的话，允许其携带其他非致命武器：

1. 松脂辣椒喷雾剂；

2. 经批准的 PR24 控制装置。

八、无论何时使用武力都并须遵守的程序

A. 提供医疗照顾：在使用了任何程度的武力后，警察应当立即评估被使用了武力之人所需的医疗照顾或处理，并在以下情况下安排适当的治疗或干预：①

1. 该人有可见的损伤或显现出伤害的迹象；或

2. 在使用了辣椒喷雾之后，警察马上要对该人所需的医疗照顾的任何迹象保持警惕。观察到的需要医疗的迹象包括但不限于呼吸困难、窒息、满头是汗和失去意识；或

3. 该人抱怨自己受伤或不舒服，并要求医疗照顾。

注意：任何要求和/或被视为立即需要医疗照顾的人应当被运送至最近的可用的紧急医疗服务中心或医院（根据剑桥市警察局政策第 650 号）。被监禁人受到的所有医疗照顾都应当被记录入警察的报告中。

B. 通知部门警长：无论何时警察诉诸武力之后，无论是否发生了伤

① CALEA Std.：1.3.5：详细指明使用致命或非致命武器后或使用了其他本部门规定的武力确保提供适当的医疗援助的程序。

害，警察应当立即通知部门警长。该部门警长应当随后将该事件通知巡逻警官或轮班警官。

C. 试图找到目击者：警察应当试图找到并确认目击者，并在警察报告中取得并记录他们的陈述。

D. 提交报告：警察应当准备并提交所有需要的警察报告，并记录下使用的武力和在何种情形下使用武力。如果使用武器造成伤害的事件涉及多名警察，每一名警察都应当完成详细的警察报告，列明自己采取的行动和在事件中观察到的情况。

E. 上级的责任：如果由于使用武力的原因而出现警察受伤、被监禁人受可见的伤害或抱怨受伤或不舒服或要求医疗照顾时，部门警长应立即作出回应。现场主管有责任确保采取了下列被视为适合当时情况的步骤：

1. 确保警察接受了任何所需的协助，包括医疗照顾（政策第402号列出了这些措施，如果需要使用的话），并且警察所受的任何伤害均被适当地记录。

决定是否需要通知警察局长。

2. 确保囚犯所需的医疗照顾得到了适当的评估和提供。

3. 决定侦探是否需要到达现场，并评估需要使用的调查手段的强度（包括拍照、测量和绘图）。如果该事件牵涉之人抱怨受伤或疼痛，上级应被鼓励取得照片资料。

注意：显示毫无损伤的照片也可能与显示受伤的照片有同等的重要性。

4. 制作关于该事件和细节以及与该案相关的任何观察到的情况和因素的补充性报告。

第423号　现场询问/观察

一、目的

本指令的目的在于为警察进行现场询问和现场观察的行为提供行动指南，与此同时确定警察必须遵守之限制，以避免警察与公民之间的合法接触不当升级为需要合理的怀疑或合理根据之接触。

二、政策

进行现场询问和现场观察是非常重要的战术方法，警察用之以有效阻止、干预、发现或拦阻有可能正在预备或者实施犯罪行为之人。此种形式的警察介入行为以尚未达到使得警察截停或拘捕有权自由行动之人的权能为正当的程度。任何形式的警察与公民的接触都可能常常被某些人看来或理解为警察出于对某一群体或个人的歧视而进行骚扰或者恐吓的方式。警察在使用此种侦查战术时必须尊重相对人的个人权利并遵守法律和司法标准，警察必须能够区分在何种情况下其可以进行不至于过度冒犯之询问或观察。为此，制定本政策即在于为剑桥市警察规划出在何种情况下可以实施现场询问、现场观察以及记录此种行为的框架和程序规定。

三、定义

A. 现场询问：现场询问是发生于警察和公民之间的有限接触。根据其定义，此种接触尚未达到将引发宪法性保护的“截停”或者侦查性拘捕之程度。现场询问只意味着警察试图与公民进行交谈，但达不到在该公民拒绝进行交谈而欲离开时警察对其进行干预的程度。

B. 现场观察：现场观察不涉及与某一个人或群体的实质性接触，而仅仅简单地涉及警察在实施侦查行为中进行的观察或者为支持进一步行动而收集足够信息或情报的方法。现场观察可以作为警察为收集信息或情报而对某一个人或群体的行为、交往、车辆信息或其他实施监控的方式。

C. 合理的怀疑：在考虑了整体环境情况后，明确的事实导致警察合理地怀疑犯罪行为已经、正在或将要发生。

D. 搜身（拍身搜查）：对公民外衣进行的拍身搜查或外部感触，仅限用于查获武器。

四、一般需考虑的事项和指南

进行现场询问和现场观察是警察在没有足够根据行使截停和拘捕或逮

捕某人之官方权力的情形下有效进行预防或干预的方法。此种方法使得在尚无进行侦查性羁押或截停条件之时既尊重个人权利，又为警察提供了与公众进行不带有侵略性的接触方式。

无论根据联邦宪法还是马萨诸塞州宪法，警察都可以以不涉及公民宪法权利的方式接近该公民并向其提问。[①] 然而，现场询问和“特里式截停”之间有着明确的界限，并需要特定事实。

为了厘清之目的，现场询问可能涉及以下行为：

1. 为开启谈话之目的而接近某人；

2. 要求某人提供身份信息和其在该区域的职业；

3. 记录该人的体貌特征、人种和种族背景；

4. 请求允许对其拍照，同时须知如若其拒绝此种请求，则警察不得对该人进行拍照；

5. 警察不得使用某种语言或行为方式使得一般理性人认为无法自由离去。[②]

一旦某一个人或群体拒绝警察进行现场询问之请求，而警察没有对于犯罪行为的合理怀疑，则警察不得干预该个人或群体自由离开。正如前文所述，现场询问只是在警察所知的事实尚不足以使其合法拘捕该人的情况下警察可以采取的一种战术手段。警察需要注意以下法律原则：

1. 某一个人无配合警察询问的法律义务；

2. 该个人不需回答向他提出的问题，他可以完全不听这些问题而继续前行；

3. 任何在没有客观根据的情形下试图拘捕该人（即便是暂时拘捕）的行为都是不被允许的；

4. 无进一步行动而单纯拒绝回答问题或配合的行为并不构成拘捕的根据。[③]

对于区分现场询问和侦查性拘捕或截停的理解非常重要。仅仅对警察和公民的接触使用“现场询问/观察”的标签是远远不够的，它非常需要

---

① *Commonwealth v. Stoute*, 422. Mass. 782, 789 (1996).

② *Commonwealth v. Tingh Van Cao*, 419 Mass. 383, 388 (1995); *Commonwealth v. Thomas*, 429 Mass. 403, 406–07 (1999); *Commonwealth v. Rock*, 429 Mass. 609, 611 (1999); and *Commonwealth v. Murphy*, 63 Mass. App. Ct. 11 (2005).

③ *Florida v. Royer*, 460 U. S. 491, 501 (1983).

有特定的事实。出于宪法性目的，侦查性的拘捕或截停发生于“警察通过使用武力或显示权威限制了公民的自由”[①] 之时。细微的差异在于，侦查性拘捕或截停发生于一般理智人相信无法自由离去之时。[②] 能够导致形成侦查性拘捕或截停的包括但不限于以下要素：

1. 追踪——一旦某一个人开始离开后跟随某人或要求进一步的接触；
2. 显示或使用权威；
3. 展示武器；
4. 命令停止；
5. 使用警灯/警笛；
6. 使用威胁或恐吓的语气；
7. 对该个人自由行动的任何干预；或
8. 以言词或行动方式表示的任何拍身搜查意图。

另一方面，能够导致形成现场询问而非侦查性拘捕或截停的包括以下要素：

1. 限制性接触；
2. 一般限于关于其身份信息和其在该区域的职业的限制性提问；
3. 适宜的或非威胁性的语气；
4. 有限的警察人数；
5. 未使用警灯或警笛；以及
6. 不限制该人的自由行动，例如以下案例。

例一：便衣警察面对被告人时提出要求：“嘿，你，我想和你谈谈。”此种情形下，该被告人并未受扣押，因为有权拒绝该警察的要求。而当身穿制服的警察从巡逻车中出来，而且现场还有两辆后援巡逻车，此时警察指着被告人说：“嘿，你，我想和你谈谈。过来。”则该被告就受到扣押了。因为根据其显示的权威（走出警车并有其他警车支援），一般理智人在此种情形下都不会认为能自由离开。[③]

例二：警察跟随行为可疑的被告人进入小巷并打开了巡逻车车灯，但并没有打开警灯、闪光灯或警笛，也没有用巡逻车拦住路口或以其他方式限制被告人行进的方向或速度。在此种情形下，若警察没有命令其停止，

① *Terry v. Ohio*, 392 U. S. 1, 19 n. 4 (1968).

② *Commonwealth v. Stoute*, 422. Mass. 782, 789 (1996).

③ *Commonwealth v. Barros*, 49 Mass. App. Ct. 613, 618 (2000).

则没有发生扣押。一般理性人会相信能够自由离开。警察可以以监视之目的进行跟踪而不构成截停。[①]

五、现场询问/观察的程序[②]

A. 现场询问的正当化理由：在有理由显示犯罪行为已经发生或将要发生之时，警察可以为进行现场询问之目的对某一个人或群体采取行动。[③]它不应当只是一种直觉或感觉，但不必达到能够导致侦查性拘捕或截停的合理怀疑的程度。在开始现场询问之前，警察应当能够明确为何想要进行此种程度的询问。在采取理性的干预之时，警察应当能够指出足以使其与某一个人或群体接触的行为具有正当性的特定事实。使得现场询问具有正当性的包括但不限于以下要素：

1. 某一个人的外表或举止表明是他某一犯罪组织的成员或参与了某一犯罪行为；

2. 某一个人的行为表明他可能参与了某一犯罪行为；

3. 某一个人看起来似乎带着可疑的包裹；

4. 某一个人的衣服鼓鼓囊囊，表明其携带武器；

5. 被观察的个人出现在接近犯罪的时间和地点；

6. 警察知道该个人的先前犯罪记录或其参与犯罪行为的事实；

7. 警察知道与某一群体同行的某一个人的先前犯罪记录或其参与犯罪行为的事实。

B. 启动现场询问的程序：根据对可疑环境的观察或从侦查中获得的信息，如果警察能够明确其采取有限接触行动的理由，则其可以对某一个人或某一群体启动现场询问。在进行现场询问时必须遵循以下指南：

1. 在接近该个人或群体时，警察需清楚地表明警察身份，如果未身着

① *Commonwealth v. Grandison*, 433 Mass. 135, 138 (2001).

② CALEA Std. 1. 2. 3 (a) ——书面命令规定了保障遵守所有有效之宪法要求的程序，包括：a. 询问（包括现场询问）。

③ 一般而言，警察能自主地与公民进行接触是其履行职责的题中之意。但是根据现场询问的概念，警察在根据其所观察到的或其所知的而作出审慎决定采取行动时，此种接触略有不同。实质上，警民接触可以被区分为以下四种基本类型：（1）偶然性对话和接触；（2）上述的现场观察；（3）侦查性羁押；（4）人身逮捕。

制服，则需告知其身份并展示其部门身份证件。

2. 警察在接触的全程需保持礼貌，但需对对方取武器、隐藏或抛弃违禁品的秘密行为以及其他可疑行为保持警惕和警觉。

3. 警察应当将其提问限于对方的身份、住所、职业以及其他能解决警察之怀疑的问题范围内。然而，警察在任何情况下都不应当对该人采取超过进行如上有限提问之合理必要的拘捕，当然除非所知的事实使得警察能够采取侦查性拘捕（参见警察指南第424号 截停、拍身搜查和初步询问）。

4. 警察在进行现场询问时不必对该个人进行米兰达警告。只有当警察通过询问发现以下特定事实时才需要给予米兰达警告：（1）该事实使得警察的怀疑升级到有逮捕该相对人的合理根据的程度；或（2）该事实支持警察对该相对人采取监禁性讯问之尝试。

5. 该人既不被要求也不能被强迫回答现场询问中向其提出的问题。拒不回答警察的询问本身并不足以构成对其逮捕的根据，但可以构成进一步观察和侦查的正当化依据。

C. 现场观察的程序：现场观察相较于现场询问，其侵犯性要小得多。相较于现场询问，在现场观察时往往对被观察的个人并无所知。此种战术常被用于对可能成为正在进行的侦查之重点的个人进一步收集信息，或作为采取更具有肯定性的警察行动（现场询问、侦查性拘捕或逮捕）之序幕。若在此种接触中收集的信息不能被记录为书面材料并与其他警察分享，则此文本下的现场观察就鲜有价值。

可以采取现场观察的情形包括但不限于以下情形：

1. 警察可以观察其先前已认识之人，该人之前曾参与某种形式的犯罪行为或其现今正处于某种形式的释放前或释放后的监管之下。

2. 警察可以观察看上去在参与某种可能引起警察怀疑的行动或出现在可能引起警察怀疑的地点之人。在这些情况下，警察可以选择在接近之前关注该相对人，以获得对于将会发生什么的更好理解，并获得合理的事实依据从而提高警察与该相对人的接触效果。

3. 警察可以对已经被侦查的相对人进行观察，以收集更多的信息，从而帮助侦查并将信息与其他侦查人员分享。这些信息可能包括观察该相对人所处的环境，该相对人所从事的行为，与该相对人同行之人的身份信息，该相对人所驾驶的车辆和其他相关信息。

D. 报告现场询问/观察：通过现场询问或者现场观察所获得的信息或

情报，可能对正在进行的侦查工作有极其重要的作用，或者可能成为未来的侦查工作的重要相关情报。它可能为从最初的怀疑提升为采取更有侵犯性的警察行为提供事实和法律上的正当理由。除非从现场询问或现场观察所获得的信息被收集和分享，否则警察进行此种观察就将收效甚微。共用此种信息可能对整个部门有潜在的好处。为此，本部门制定了现场询问/现场观察报告表格。现场询问/现场观察报告表格应当被适用但不限于以下情形：

1. 当警察进行了现场询问或者现场观察，该警察应当填写一张现场询问/现场观察报告表格（纸质版或电子版），尽可能地填写上在此次警民接触中所获得的信息。

2. 所有填写完成的现场询问/现场观察报告表格应当随着其他所有警察报告一同提交，并传输给犯罪分析小组，由其将表格添加入记录管理系统。

3. 如果某一次现场询问或者现场观察超出了现场询问的范围，构成了一次截停或者逮捕，则警察应当随后将所有收集到的信息附入适当的警察侦查报告，并确保在适当的案卷中添加所有的人员信息和车辆信息。该警察应当将足够的信息写入描述性报告以解释为何当时有必要超过现场询问的范围而拘捕该相对人。

第424号　截停、拍身搜查和初步询问

一、目的

本指令的目的在于建立某种参量，在此参量下警察得为调查之目的而截停或扣留某一个人。法院一直致力于在警察进行必要调查的合法需要和公共安全职能与个人不受不正当侵扰的权利之间追求适当的平衡。警察必须注意该法律领域要求高度具体的事实，而且应当尽其所能地与判例法的新发展保持同步。

二、政策

本警察局的所有成员在执行调查性扣留、拍身搜查和初步询问时应当按照已有的判例法的参量行事，以实现执行法律的合法需要与宪法赋予个人的保障、权利和自由之间的正确平衡。为了达到此目标，警察在下列情形下可以进行调查性扣留：

1. 警察对于犯罪行为有合理的怀疑，则可以对某一人或车辆进行暂时性的截停和扣留。

2. 一旦截停，如果该警察合理地认为被截停人有武器，则可以对该嫌疑人进行拍身以搜查武器：

a. 警察必须能够明确说明是何种特定事实或观察，再加上合理的推论，引起其怀疑的。

b. 在任何时间因任何理由对某一个人实施拍身或搜查，警察均应在其提供的警察报告中记录下导致该行为的相关情况以及警察的执行方式。

三、一般注意事项和指导方针

警察在合适的情况下可以为询问可能存在的犯罪行为之目的而暂时截停和短期扣留某人，即使在当时警察并无合理根据以执行合法逮捕。此外，当合理地相信自己的安全或附近其他人的安全受到威胁时，警察可以对某人实施拍身搜查武器以自我保护。暂时性扣留以进行询问的目的是为了让警察确定在当时是否需要执行逮捕、进一步调查还是实施其他的警察行为。[①]

该政策承认警察也具有社区服务职能，而这不需要有司法管辖权。然而，适当地履行社区服务职能仅限于警察出于对紧急危险的反应或为某一个人福祉之考虑而采取行动的情形。社区服务不包括侦查、调查或取得与犯罪相关的证据（参见第 425 号规定）[②]。

---

① *Terry v. Ohio*, 392 U. S. 1 (1968); *Commonwealth v. Thibeau*, 384 Mass. 762 (1981).

② *Commonwealth v. Evans*, 436 Mass. 369, 764 N. E. 2d 841 (2002); *Commonwealth v. Murdough*, 428 Mass. 760 (1999); *Commonwealth v. McDevitt*, 57 Mass. App. Ct. 733 N. E. 2d 404 (2003).

搜查武器的行为只有当警察合理地相信正在处理一名携带武器或危险之人时才被允许，而不论警察当时是否有合理根据因犯罪而执行逮捕。警察不必完全确定该人携带有武器。法定的标准是合理审慎之人在此种情形是否会相信警察或其他人的安全正处在危险之中。[①]

警察所实施的调查性“截停”被认为是“强制性的”而非“自愿性的”，因此属于第四修正案所指的“扣押”。在特定案件中执行“截停”所使用武力强度的适当性是由相关的事实和情况所决定的。

如果警察未能恰当实施“截停”，可能导致某一危险罪犯的逃逸或给其他人的生命和安全带来严重威胁。相反，根据当时的情形并不应使用武力而使用、展示或威胁使用武力以执行调查性“截停”，则会导致法院认定警察在没有合理根据的情况下执行了逮捕，由此取得的任何证据都将被排除。还应当指出的是，草率的或不必要的“截停”可能会毁掉一次好的调查，而该调查本可以引发随后的有效逮捕和成功定罪。

警察在合适的情形下应当毫不犹豫地实施调查性截停并进行必要的拍身搜查，以满足有效执法的实际需要。但是，他们应当避免不分青红皂白或不合理使用这种权力。不但法院对此种警察行为不满，而且这种行为也有损于警察在其所服务的社区公民中的专业警察形象。

四、定义

1. 调查性扣留：在此规定中调查性扣留包括通常所称的“截停和拍身搜查”以及其他通常被称为“初步询问”的类似程序。

2. 截停和拍身搜查：源于美国联邦最高法院判例特里案[②]的对嫌疑人的无证截停、询问和拍身搜查。

3. 初步询问：根据马萨诸塞州法律 M. G. L. c. 41， § 98. s[③] 而对嫌疑人进行的无证截停、询问和拍身搜查。

---

① *Commonwealth v. Matthews*, 355 Mass. 378, 244 N. E. 2d 908 (1969).

② *Terry v. Ohio*, 392 U. S. 1, 88 S. Ct. 1868 (1968).

③ *Commonwealth v. Thibeau*, 384 Mass. 762 (1981); *Commonwealth v. Silva*, 366 Mass. 402 (1974).

五、进行截停的根据

A. 可疑行为：警惕或检查可疑之人或情况是警察的基本职责，尤其是在夜间或犯罪多发地区。

1. 在下列情形下警察有权进行短暂的调查性截停和询问：①

a. 当警察知道犯罪行为已经发生时；

b. 当警察合理地相信犯罪行为已经发生或正在发生时；

c. 当警察在努力阻止一件其合理地相信即将发生的犯罪时。

2. 警察有权为调查性询问的目的在任何该警察有权出现之处对公民进行截停，包括：

a. 任何公共场所；

b. 任何向公众开放的地方或区域；

c. 任何在持有有效令状、经过同意或紧急情况下有权进入的私人建筑。

B. 对嫌疑的合理相信：没有精确的计算公式以确定调查性截停的合法性，但它必须是基于在截停当时警察一方对于某种不同寻常的行为正在发生、此种行为与犯罪有关以及嫌疑人与犯罪行为有关或牵涉犯罪行为的合理相信或怀疑。

C. 调查性截停：调查性截停并不要求有合理根据，而是要求基于特定清晰事实的合理的相信和合理推论这样的较低标准。它可以是根据警察自己的观察或其他合理可靠来源提供的信息而作出的。警察采取行动所依据的信息应当是有根有据的和合理的。最后，警察的预感或纯粹的猜测或警察未经证实的直觉均不构成充分的依据。

D. 合理性标准：通常任何单个因素都是不充分的。警察必须在考虑所有相关情形的基础上对情况进行评估。下述是确定警察在现场实施某一调查性截停合理与否的一些考虑因素：

1. 警察的个人观察和所受的警察培训和经验；

2. 警察对该地区犯罪情况的了解；

3. 时间（白天还是夜间）以及观察的地点；

---

① *Commonwealth v. Riggieri*, 438 Mass. 613, 782 N. E. 2d 497 (2003).

4. 嫌疑人的一般外表和举动，以及任何能够表明可能有犯罪行为的鬼鬼祟祟的姿势和行为；

5. 该人接近近期被报告发生了犯罪的现场；

6. 该人发现警察后无故逃离；[①]

7. 对该人先前犯罪记录或与已知犯罪关联的知悉；

8. 该人携带的物品中有可见物体或衣服中有明显突起，可能是武器的；

9. 该人与因已知犯罪而被通缉的嫌疑犯相似；

10. 有来自警方信息来源的或其他合理可靠信息来源的信息；

11. 正在调查的犯罪类型；

12. 警察是独自一人还是人数众多；

13. 被截停人是否位于汽车内。

E. 执行时的应有谨慎：某人导致警察怀疑的事实应当使得警察在其靠近时具有足够警戒和应有谨慎，同时对潜在危险的可能性保持警惕。

1. 警察对可疑情形的常规检查可能会发现严重的犯罪行为或危险罪犯在场；

2. 如果被截停的嫌疑人正完成某一重大犯罪行为，可能会立即威胁到警察的安全，或者可能突然试图从现场逃离。

F. 调查性扣留的持续时间：并无确定公式化的用于确定某一调查性扣留的持续时间长短的硬性规定，但在当时特定的情况下其应是合理短暂的。[②] 警察所怀有的怀疑程度应当与扣留的侵犯性程度成正比。[③]

1. 截停只能持续足够警察进行初步询问以确定其怀疑是否有根据所需的时间；

2. 警察应当采取最小侵犯性的可能方式来实施截停；

3. 如果嫌疑人给出的回答由于是虚假的、矛盾的或不可信的而无法令人满意时，它们可以作为构建合理根据的要素或因素；[④]

---

① *Illinois v. Wardlow*, 120 S. Ct. 673 (2000). 但是注意，仅有逃离警察一项不足以构成扣押或留置的正当理由。

② *U. S. v. Sharpe*, 470 U. S. 675, 105 S. Ct. 1568 (1985); *Com. v. Tossi*, 14 Mass. App. Ct. 901, 442 N. E. 2d 419 (1982).

③ *Commonwealth v. Williams*, 422 Mass. 111, 116 (1996).

④ *Commonwealth v. Wilson*, 360 Mass. 557, 276 N. E. 2d 283 (1971).

4. 调查性扣留的持续时间必须足够短暂，以使得“截停”不至于被解释为“逮捕”，而逮捕要求有合理根据。[1]

六、调查性截停和拍身搜查（搜身）的程序

A. 询问时需要考虑的因素：当警察为了调查的目的作出对某人实施截停的决定时，除非该警察身着制服，否则应当在表明其警察身份的时机安全可行之后尽快表明其身份，除非信息非常明显，否则还要声明其询问的目的。

1. 调查或询问应当从关于嫌疑人的身份和其行为意图之类的探索性问题开始。

2. 每名警察都应当以一种平静的、谈话式的方式开始调查性询问，以在不引起嫌疑人抗拒的状态下获得尽可能多的信息。

3. 即使仅与嫌疑人进行短暂的谈话，一名具有警觉性和敏锐性的警察也往往能察觉或感觉到什么事情有问题并确定是否需要进行进一步的警察调查。

4. 然而应当牢记于心的是，导致警察采取调查性截停的最初怀疑必须有坚实的基础，以使得调查性扣留和询问具有正当性。警察必须能够清楚说明并以书面形式提交作出决定的理由。

B. 拍身搜查的标准：并非每一个使得截停具有正当性的情形都能使得拍身搜查也具有正当性。拍身搜查只在保护警察和其他人免受危险之时才有正当性。如果没有危险，则拍身搜查不具有正当性，即使此时可以进行截停。如果警察合理地相信自身的安全或其他人的安全正遭受危险，可以对被截停人实施搜身或拍身搜查，也可以搜查被截停人可以立即拿到武器或其他可能造成伤害的物品的地方。

1. 警察不必完全确定该人携带武器。然而警察必须察觉到由于导致截停或在截停之中或之后发生的事情，自身或其他人的安全正面临危险。

2. 如果根据可靠的信息或个人观察，警察合理地相信或怀疑嫌疑人身上某处携带或隐藏有武器，则警察应当在进行一般性拍身搜查之前立即对该处进行检查。

---

① *Commonwealth v. Torres*, 424 Mass. 153, 674 N. E. 2d 638 (1997).

3. 拍身搜查不得成为搜查犯罪证据的借口，它只能是一种保护性手段。

4. 拍身搜查开始时只限于对嫌疑人外衣的外部拍打搜查。然而，如果该外衣体积过大，例如很沉的大衣，可以打开外衣并允许对里面的衣服进行拍身搜查。

5. 警察也可以对嫌疑人可以立即拿到武器的地方进行搜查以发现和控制可能被用于造成伤害的任何武器。

6. 如果系对某一异性嫌疑人实施拍身搜查，警察应当使用较好的方法对该异性嫌疑人实施拍身搜查（例如使用手背或警棍）。

7. 如果警察感觉到某物很有可能是武器，可以对该特定物进行进一步搜查并将其取出。

8. 对嫌疑人完成拍身搜查后，如果警察没有感觉到任何可能是武器的物体，则该搜查不应继续。

9. 在对被截停人实施拍身搜查时，如果警察发现了非法携带的枪支、违禁品、赃物或犯罪的证据，则就有了进行逮捕的合理根据，就应当执行逮捕并进行全面的附带性搜查。

C. 进行截停之时的初步处理：当身着便衣的警察作出为调查的目的而截停某人的决定时，应当在表明其警察身份的时机安全可行之后尽快表明其身份。无论是身着制服还是身着便衣的警察，都必须声明其询问之目的，除非信息非常明显。

1 调查性或初步的询问必须从关于嫌疑人的身份和其行为意图之类的探索性问题开始。

2. 每名警察都应当以一种平静的、谈话式的方式开始调查性询问，以在不引起嫌疑人抗拒的状态下获得尽可能多的信息。

3. 即使仅与嫌疑人进行短暂的谈话，一名具有警觉性和敏锐性的警察也往往能察觉或感觉到什么事情有问题并确定是否需要进行进一步的警察调查。然而警察应当牢记于心的是，导致其调查性截停的最初怀疑必须有坚实的基础，以使得调查性扣留和询问具有正当性。警察必须能够清楚说明并以书面形式提交作出截停决定的理由和根据。

D. 一旦警察实施了截停，对该被截停人的任何询问都应当在该地点进行。

1. 调查性截停意为一种当场性的询问，在此期间警察要迅速确定或打消其怀疑。

2. 为了查证从被截停人处得到的信息是否属实，必要时可以移动较短的距离以使用电台或电话。

3. 在特殊情形下，例如敌对人群的聚集、交通拥挤或有必要使用警方电台时，该人可以被置于警车的后座上。

4. 作为初步询问的一部分，该人可以被短暂扣留以便目击证人能被带至现场进行身份辨认。①

5. 如果警察命令某人停止，或命令被截停人移步至其他位置，或阻止某人离开，在此情形下该人即被认为“受到拘留”（尽管并非被逮捕）。②在此当警察将某人置于调查性扣留或拘留时，在讯问任何其他问题前警察必须向该人宣读米兰达警告并取得其放弃米兰达权利的声明（参见第424号规定）。③

E. 嫌疑人拒绝停止：如果当得到警察截停指示时该人没有或拒绝停止，根据当时的情况合理使用武力和人身约束手段（包括手铐）就是正当的。④

F. 使用武力以截停：在有使用武力的必要且与当时情况相称时可以实际使用武力以“截停”某一个人。⑤ 然而这并不包括开枪或使用其他武器。

G. 自卫：如果警察受到攻击，可以充分和合理使用武力以自卫并保证自身安全。

H. 逮捕的合理根据：当导致警察合理怀疑犯罪行为可能正在进行中的观察和信息、如果嫌疑人逃跑或试图躲避警察等联系在一起，这些额外因素能够导致具有足够合理根据进行逮捕。

---

① *Commonwealth v. Salerno*, 356 Mass. 642, 255 N. E. 2d 318 (1970).

② *Commonwealth v. Perry*, 62 Mass. App. Ct. 500, 503 - 504, 818 N. E. 2d 185, 188 - 189 (2004).

③ 为了防止截停变成逮捕，警察对该个人的侵犯性程度必须与导致此种侵犯性行为的怀疑程度成比例。*Commonwealth v. Borges*, 395 Mass. 788, 794 (1985); *Commonwealth v. Sanderson*, 398 Mass. 761 (1986).

④ *Commonwealth v. Williams*, 422 Mass. 111 (1996); *Comm. v. Pandolfino*, 33 Mass. App. Ct. 96, 596 N. E. 2d 390, rev. den. 413 Mass. 1106, 600 N. E. 2d 1000 (1992).

⑤ *Comm. v. Reed*, 23 Mass. App. Ct. 294, 502 N. E. 2d 147 (1986); *Com. v. Borges*, 395 Mass. 788, 482 N. E. 2d 314 (1985).

七、汽车截停

A. 调查性汽车截停：当某一调查性截停涉及汽车时，如果对于犯罪行为或车辆违章有合理怀疑，可以将汽车截停，车内人可以由警察对其进行短暂扣留和询问。[①]

1. 警察不得随意截停驾驶人以检查驾照和登记是否合法。

2. 所有警察在进行对汽车的调查性截停时都必须保持特别警惕和注意，因为有很多警察在实施此种警察行为时受到了严重的甚至致命的伤害。

3. 在截停的过程中，可能产生搜查汽车的合理根据，例如与车内人的谈话或根据“一目了然”规则观察到的违禁物或武器。[②]

4. 在常规的交通截停中，在没有对警察或其他人有危险的合理恐惧的情况下，警察不能命令驾驶人或车内人从车里出来。[③]

a. 如果车辆里的人被命令从车里出来，则如果警察合理相信他们可能携带武器而有危险并且警察或附近其他人可能面临危险，他们可以被拍身搜查。[④]

b. 即使在对车内人进行了拍身搜查之后，如果警察有理由相信仍可能存在危险，他们应当对车辆中的某一车内人可以够到的可能藏有危险武器的地方进行检查。

5. 对汽车内部的保护性搜查应当被限于确定嫌疑人是否携带武器和取走任何被发现的武器的最低限度的需要。[⑤]

6. 在汽车中对武器的保护性搜查应当限于车内人能够拿到武器的区域。[⑥]

---

① *Delaware v. Prouse*, 440 U. S. 648, 99 S. Ct. 1391 (1979).

② *Comm. v. Lantigua*, 38 Mass. App. Ct. 526, 649 N. E. 2d 1129 (1995); *Comm. v. Jimenez*, 22 Mass. App. Ct. 286, 493 N. E. 2d 501 (1986).

③ *Comm. v. Gonsalves*, 429 Mass. 658, 711 N. E. 2d 108 (1999) 驳回了 *Pennsylvania v. Mimms*, 434 U. S. 106, 98 S. Ct. 330 (1977).

④ *Comm. v. Hawkes*, 362 Mass. 786, 291 N. E. 2d 411 (1973); *Com. v. Lantigua*, 38 Mass. App. Ct. 526, 649 N. E. 2d 1129 (1995).

⑤ *Comm. v. Silva*, 366 Mass. 402, 318 N. E. 2d 895 (1974).

⑥ *Comm. v. Almeida*, 373 Mass. 266, 366 N. E. 2d 756 (1977).

B. 在汽车截停中扣留乘客：即使在对某一乘客犯罪没有特定的合理怀疑之时也可以在汽车截停中对该乘客进行扣留，但警察不能在对与交通违章无关的调查性事项产生进一步合理怀疑的情况下，在完成了下引判例行为之后继续扣留该乘客。[1]

C. 随机的汽车截停：除非是合理实施的驾车清醒度检查，否则在对汽车违章或犯罪行为没有合理怀疑的情况下进行随机的汽车截停构成了违反第四修正案的不合理扣押，任何在不被许可的截停中取得的证据将在法庭上被排除。[2]

八、报告要求

何时要求报告：在每一起调查性扣留案件（截停和拍身搜查）中，当值的警察都要按照部门程序提供关于当时情况的书面报告，需包括被截停人的身份和与此事件相关的所有重要因素，即使在没有发现武器、违禁物或其他犯罪证据或者被截停人在被询问后被放走的案件中也是如此。

第440号　逮捕指南

一、目的

为剑桥市警察局的警察创设指南以在执行逮捕时遵循，并确保那些被逮捕人的宪法和法律赋予的权利在任何情况下都得到适当的遵守。

二、政策陈述

警察向所有被逮捕人和受警察监禁的人在其被逮捕时和其后的监禁期间提供其所有宪法或法律赋予的权利保障，这是本警察局的政策。

---

① *Comm. v. Ellsworth*, 41 Mass. App. Ct. 554, 671 N. E. 2d 1001 (1996). *United States v. Starks*, 301 F. Supp. 2d 76 (D. Mass. 2004).

② *Delaware v. Prouse*, 440 U. S. 648, 99 S. Ct. 1391 (1979).

三、一般注意事项和指导方针

逮捕和由此剥夺一个人的自由的权力是赋予警察的最为重要和敏感的职权之一。只要有足够的时间和机会，警察就应该在逮捕之前先申请令状。在任何案件中，只要犯罪人不会对公众造成威胁或者不太可能逃跑，则在逮捕之前申请令状就是好警察的做法。该原则在不那么严重的案件中更是如此。

然而，由于警察工作的性质，很多逮捕必须在没有令状的情况下实施。警察应该对其根据法律具有的逮捕的权力、责任和职责有明确的理解。如果实施了非法逮捕，任何附带于该逮捕而进行的搜查也会同样被认为是非法的，而任何扣押的证据也会被判定不具有可采性。非法逮捕后被逮捕人作出的任何供述或承认也会在刑事审判中被排除于证据之外。

每一名警察都必须认识到不存在所谓的“常规逮捕”一说。由于人的行为的不可预测性，在每一次逮捕中都有潜在的危险。在最初看上去只是一次简单的轻罪逮捕或常规的汽车截停的情形中，警察也曾遭遇到生死攸关的搏斗。警察应该永远对危险保持警惕并且预见到突发的状况。

四、术语定义

A. 逮捕：警察有法律赋予的拘押某人或剥夺某人自由的权力和权威，以保证该人能被带至法庭面前应答刑事指控。

B. 合理根据：如果在逮捕时执行逮捕的警察所知的事实是合理值得信赖的，并且足以保证一个具有合理注意和审慎之人相信该将被逮捕人犯了罪或正在犯所欲逮捕之罪，则存在合理根据。①

C. 重罪：任何可被判死刑或在州监狱中受监禁的犯罪。②

D. 轻罪：任何较重罪为轻的犯罪。③

E. 违反安宁：违反公共秩序或礼仪而扰乱公共安宁与平静，或任何行

---

① *Commonwealth v. Hanson*, 387 Mass. 169, 174 (1982) [引用 *Brinegar v. United States*, 338 U. S. 160, 175 (1949)（额外引注略）]。

② M. G. L. c. 274, § 1

③ M. G. L. c. 274, § 1

为不检而扰乱公众安宁的行为。

F. 逮捕令状：经有权的法院官员签发的授权从事刑事程序的警察的命令，指示他们逮捕令状上所列名或描述的人并将其带至法庭以应答刑事指控。

五、逮捕概述[①]

A. 有令状的逮捕：只要可能，逮捕就应有令状。

B. 不适当的逮捕目的：警察不得为了显示权威或宣泄个人情感的目的而进行逮捕。

1. 犯罪人的态度不应该成为决定是否逮捕的因素；

2. 仅有辱骂不是逮捕的充分正当理由；

3. 如有其他可行的选择就不应当用逮捕来解决问题。

C. 逮捕的成立：要有效而合法地执行逮捕，就必须有：

1. 警察一方的逮捕意图；

2. 该意图必须与将被逮捕人进行沟通；而且

3. 或是人身扣押，或是被逮捕人向警察投降。

D. 逮捕的条件：如果满足下列任何条件，获得适当授权的警察可以进行合法的逮捕。

1. 有令状的逮捕：

a. 当警察取得了有效的逮捕令状时；

b. 当警察在执行逮捕和扣留时确实知道令状是完全有效的并系针对某一人签发的。

2. 无令状的逮捕：

a. 重罪案件中，如果警察有合理根据相信该将被逮捕之人犯了或正在犯重罪；

b. 在警察在场时所犯的构成违反安宁的轻罪，或不涉及违反安宁但法律规定可以进行无证逮捕的轻罪案件。[②]

---

① CALEA Std. 1.2.5——指明各种逮捕（无论有令状或无令状）的特定程序的书面指令，包括准备报告、指纹、拍照的标准。

② 参见例如 M. G. L. c. 90，§ 21（汽车违章）；M. G. L. c. 90，§ 41（麻醉剂）；M. G. L. c. 209A，§6（7）（家庭虐待/违反第 209 条 A 款）。

E. 合理根据的存在：除了有合法的权力之外，第四修正案要求警察必须有“合理根据”才能进行合法的无证逮捕。

F. 合理根据的参量：在逮捕时合理根据的要素必须存在。随后发生的事实或后来获得的信息不能作为逮捕正当化的理由。

1. 警察进行逮捕时所依据的信息必须不能仅是传言或怀疑，但它也不要求有足以定罪的充分证据。它要求的是警察具有合理的常识性方法和基于各个因素作出的诚实判断，这些因素单个并不足以使得逮捕具有正当性，但作为整体进行考量则构成了合理根据。

2. 执行逮捕的合理根据永远都是每个警察的首要考虑因素。逮捕是否是基于合理根据将取决于许多因素，除非犯罪是在警察在场时发生的，否则通常没有任何单个因素是足够的。

3. 因此，逮捕相关情况的总体具有极大的重要性。每名警察都要了解下列这些法院在评估是否具有合理根据以执行合法逮捕时所考虑的因素：

a. 警察的直接观察；

b. 对被逮捕人先前犯罪记录或犯罪行为的了解；

c. 伴随着其他因素的逃跑；

d. 逃避性的回答和/或自相矛盾的陈述；

e. 时间（白天或夜间）；

f. 在该特定地区的犯罪行为历史记录；

g. 警察的经验；和

h. 可信的传闻。

4. 传闻陈述在构建合理根据时常常出现问题，在审判中也会导致证据问题。通常它们源于三个主要来源：

a. 来自被害人和/或证人的陈述；

b. 来自其他警察的陈述；

c. 来自线人的陈述。

最后一种来源（来自线人的陈述）在用于构建合理根据时会受到最为严格的详细审查。依靠线人的陈述的警察必须：

1）提供证明线人可靠性的情况；

2）提供证明线人信息的可靠性的情况。

G. 对被逮捕人的监管：一旦执行了逮捕，执行逮捕的警察和其他相关警察就有责任采取必要措施以保证该人在监禁中不会伤害他自己或其他人，也不会逃逸或改变证据。

H. 逮捕附带性搜查：在逮捕之时可以执行逮捕附带性搜查。此种搜查必须限于嫌疑人能够立即控制的区域范围之内，而且必须与逮捕同时进行。“立即控制的区域”意为嫌疑人能够取得对武器的控制或破坏证据的区域。[1]

1. 逮捕附带性搜查并不能使得搜查锁住的或关闭的区域具有正当性，此种搜查必须限于搜查武器或因之而执行此次逮捕的犯罪证据。对武器的搜查在嫌疑人已经被确认不会引起危险、不构成威胁和无法逃跑之时必须立即结束。而后此种搜查必须限于搜查因之而执行此次逮捕的犯罪证据。

2. 如果没有与犯罪相关的实物证据，此种逮捕附带性搜查必须被限于搜查武器，一旦确认嫌疑人不会引起危险则应立即结束。

3. 对于锁住的物品或关闭的区域虽然以逮捕附带性搜查进行搜查是不适当的，但它们也有潜在的证据价值，因此警察应该保护这些物品并申请搜查令状。

I. 与被逮捕人交谈：在逮捕时，不应该进行没有必要的谈话，对被逮捕人发出的命令和作出的声明应该是清晰而简短的。

J. 米兰达警告：在对被逮捕人进行讯问前必须对其给予米兰达警告（参见剑桥市警察局政策第425号）。

1. 应当按照米兰达卡片或其他永久性记录来读警告，以确保该警告所包含的任何条件均不会被遗漏。这一程序有其他一些好处：

a. 该卡片本身以后可以被作为证据使用；

b. 警察有确凿证据证明他们并非仅仅单靠记忆；

c. 嫌疑人也可以被允许阅读该卡片。

2. 每一名给出米兰达警告的警察都应该向被逮捕人询问并确证其听见并理解了此警告。

3. 在给予米兰达警告和嫌疑人确认已经听到并理解了这些警告之前不得向被逮捕人提问。然而，如果嫌疑人自由地选择在警察没有提问的情况下透露信息，并不仅仅因为他们没有得到米兰达警告而侵犯了其权利。不要求警察阻止嫌疑人继续其谈话，而且任何此种声明均应在警察的正式报告中被提及和纳入。然而如果警察想从询问中得到进一步的信息，则必须

---

① 参见 M. G. L. c. 276，§ 1。

给予米兰达警告，在进行任何询问前嫌疑人必须明示放弃米兰达权利。

K. 逮捕未成年人：逮捕未成年人时，轮班警官有责任确保未成年犯罪人的父母或监护人和未成年人缓刑办公室在登记时得到了通知。通知未成年人缓刑办公室是非常必要的，因为该办公室可以根据《马萨诸塞州法典》c. 119，§66 条对未成年人迅速释放，这减少了未成年人被监禁的情况，除非执行逮捕的警察或未成年人缓刑办公室认为有监禁该未成年人的必要。参见 M. G. L. 第 119 章 §67。亦可参见剑桥市警察局政策第 430 号。

L. 运送被逮捕人：一旦某人被置于逮捕状态，该人应被执行逮捕附带性搜查、被用手铐铐好，然后按照部门程序适当而安全地运送到警察局。

M. 登记程序：到达警察局后，被逮捕人要按照部门程序进行登记和经过相关程序。

N. 法庭聆讯：在部门登记程序完成后，如果正在法院开庭期，被逮捕人应被不延迟地带至法庭，若不在开庭期则在下一个常规的法庭开庭期带至法庭。

O. 逮捕和相关的警察报告：执行逮捕的警察有责任根据已有的部门政策和程序完成事件报告，报告应包含逮捕时的情况记录和所有相关的逮捕报告以及与逮捕有关的表格。

P. 使用武力：只有当存在抗拒行为或对抗拒行为有合理的确信时才能使用武力。使用武力的量必须限于为对被逮捕人执行安全逮捕的合理、必要和适当的程度，或为战胜可能出现的抗拒行为之需的程度。被逮捕人没有权利抗拒警察的逮捕，无论警察的逮捕是合法的还是非法的，除非警察过度使用了武力。参见剑桥市警察局政策第 400 号。

六、有令状的逮捕

A. 令状的根据：根据刑事指控签发的逮捕令状必须以在宣誓或保证支持下的合理根据为基础，但是不需要在刑事指控中叙述构成合理根据的事实。

B. 令状的管辖权：逮捕令状可以运用和执行于马萨诸塞州[①]的任何

① 原文为 Commonwealth，大写的 Commonwealth 在美国尤指马萨诸塞、宾夕法尼亚、肯塔基、弗吉尼亚四州，此处指马萨诸塞州——译者注。

地方。[1]

C. 令状的限制：地区法院部门有权对任何案件签发逮捕令状，除了被告人是年龄小于十二岁的未成年人之外。

D. 适当的授权：令状必须通过适当的授权得来，并且必须由有权的法院官员签署（参见 M. G. L. c. 276, §2A：令状管理系统）。

下列司法官员有法定权力来签署逮捕令状：

1. 最高法院、高等法院和地区法院部门的大法官；和

2. 地区法院部门的书记员/治安法官、助理书记员/治安法官、临时书记员/治安法官或临时助理书记员/治安法官。

E. 对授权的检查：在执行逮捕令状之前，警察必须对令状进行仔细检查，以确定根据令状警察的权力为何，并保证：

1. 具有合格管辖权和权力的法庭签发的该令状；

2. 令状明确写明或描述了要逮捕的人，或者如果名字不明，任何能够合理确定其身份的名字或描述；

注意：所谓"无名氏"的没有令人满意和充分描述的令状是非法和无效的。

3. 警察被授权执行该令状；

4. 明确描述了作为逮捕原因的犯罪。

注意：令状需叙述被指控犯罪的主要内容并命令将被告人逮捕并带至法庭。

F. 逮捕的根据：根据令状被逮捕或以别的方式被警察监禁之人有权了解此逮捕的真实根据。

1. 警察在逮捕时未必需要携带令状；然而根据要求，警察必须立即向被告人告知令状上所载的指控内容。

2. 根据要求，执行逮捕的警察在警察局进行登记时必须向被告人出示令状的电脑打印版。

3. 如果警察当时不知道被指控的犯罪，他应当在逮捕后的合理期间内告知被告人相关内容。

G. 完成反馈：警察有责任确保在刑事司法信息系统和自动化令状管理系统中有与该令状相对应的内容（其他细节参见剑桥市警察局政策第445号）。

---

① 参见 G. L. c. 41, §§95, 98。

七、无令状的逮捕

A. 一般考虑因素：由于涉及主观因素，无令状的逮捕应受更细节化的研究。如果执行了非法逮捕，任何附带于该逮捕的搜查也会被认为是非法的，由此扣押的证据也很可能被判定为不具可采性。在非法逮捕之后被逮捕人所作出的供述或承认可能会在刑事审判中被排除。

B. 无令状逮捕的条件：在下列情形下可以合法地无令状执行逮捕：

1. 在警察在场的情况下发生的重罪或警察有合理根据相信发生了重罪；

2. 在警察在场的情况下发生的轻罪，并且由此造成或威胁造成的违反公共安宁的情况正在继续或仅仅是被暂时打断；

3. 在警察在场的情况下发生的尚不足以构成违反公共安宁的轻罪，但法律规定可以进行逮捕的；和

4. 某些即使并非在警察在场的情况下发生的允许执行逮捕的轻罪。

C. 无令状逮捕的根据：除了上述的条件之外，警察应当能够指出使得无令状逮捕具有正当化的特定因素。这些因素例如：

1. 他们是否看见犯罪正在发生；

2. 他们是否看见嫌疑人试图逃跑；

3. 嫌疑人对于提问提供了迅速而直接还是含糊而混乱的回答；

4. 警察在以前类似的情形下是否有合理根据进行逮捕；和

5. 警察是否从其他人处得到关于嫌疑人的信息，如果是，则他们对于该人或得到的信息的可信度是否有合理的确定性。

八、域外逮捕

管辖权限制：除了宪法性保障之外，对逮捕权的主要限制还涉及管辖权问题。一般而言，逮捕权在该警察所在的城市或城镇的边界即已到头。然而，有四种情况下警察可以执行域外逮捕，即超出警察所在的城市或城镇限制之外的逮捕。

A. 如果有下列情况，警察可以在马萨诸塞州外的其他任何城市或城镇“持续不停”地追捕和逮捕犯罪人：

1. 该犯罪是可以进行无令状逮捕的犯罪之一；且

2. 该犯罪是在警察在场的情况下发生的；且

3. 该犯罪是在该警察的管辖权区域（城市或城镇）中发生的。[①]

B. 如果警察所在的城市或城镇和警察被指派至的城市或城镇之间签订有双边协作协议，根据该协议警察可以像在自己所在的城市或城镇那样在该城市或城镇行使同样的权力。[②]

C. 如果警察在其管辖区之外进行无令状逮捕，且并非“持续不停”地追捕嫌疑人，那么他的行为就相当于私人公民行为，该逮捕只有在能够使普通公民逮捕具有正当性的情形下才有效。然而，公民逮捕的要求在警察在域外执行逮捕的案件中被放松了，只要警察有合理根据相信发生了重罪且是该嫌疑人犯了该重罪即可。[③] 除非有紧急情况（例如对公共健康和安全的严重威胁）需要警察立即介入，否则警察就必须联系有管辖权的警察部门请求协助。

D. 如果其他州有有效的关于持续追捕跨州重罪的法律，警察可以按照“持续追捕”方式追捕和逮捕有理由相信其在马萨诸塞州犯了重罪而逃到该州的嫌疑人（纽约州和所有新英格兰地区的州都有此种法律）。

九、住宅内逮捕

A. 进入某一住宅的权力：为了执行逮捕令状，警察可以进入令状上列名之人的住宅。

1. 如有合理怀疑相信嫌疑人正在家中，警察可以在没有搜查令状的情况下为执行逮捕令状而进入嫌疑人的家中。

2. 为了在私有财产上执行逮捕令状，警察首先必须要敲门并宣告其权力和目的（除非令状上写着“不必敲门并宣告之令状”），然后等待一段合理时间以获准进入。

3. 一旦经过了合理长的时间而警察并没有被允许进入，而又有合理根

---

① 一般可参见 M. G. L. c. 41，§ 98A，也可参见 *Commonwealth v. LeBlanc*，407 Mass. 70，72－73（1990）（警察不得为了因非可逮捕案件传唤某人而追捕该人驾驶的汽车至邻近的管辖区；授权限于可逮捕犯罪）。

② 参见 M. G. L. c. 40，§ 8G。

③ 参见 *Commonwealth v. Claiborne*，423 Mass. 275（1996）。

据相信欲被逮捕之人正在房里，警察可以使用任何合理必要的武力进入。

注意：警察首先必须根据各种因素评估使用武力进入私人住宅是否是审慎的。在进入时永远必须使用最低限度武力。警察在诉诸武力进入住宅之前还都需要取得上级警官的批准。

4. 警察必须敲门、宣告其身份并且说明其目的，除非当时的情形免除了其中一项或所有要求。[①] 如果警察合理地相信宣告他们的出现和目的会使自己或其他人陷入危险，或者会导致嫌疑人的逃逸或破坏证据，警察可以不宣告其权力和目的。在此类案件中，警察可以试着骗嫌疑人自愿地来开门，或使用计策进入住宅，如果这样做会使逮捕顺利完成并减少财产损失或人员伤亡的危险的话。[②]

B. 在其他人的住宅中执行逮捕：警察可以在未在令状上列名的一方的住宅内实施逮捕。

1. 如果警察想在其他人的住宅中逮捕人，他们可以这么做：

a. 如果住宅的居住者合法同意警察进入；或

b. 如果出现了紧急情况使得不必取得搜查令状；

c. 如果没有取得同意，也没有紧急情形，警察在进入第三方的住宅以执行逮捕令状抓捕在其中的被告人之前必须申请搜查令状。[③]

2. 下列紧急或急迫情形可以使得进入住宅执行逮捕不必申请令状：

a. 被告人被指控犯了暴力犯罪；

b. 有理由相信嫌疑人携带武器，无论是基于犯罪的性质还是独立的信息来源；

c. 有进行逮捕的合理根据的明显证明；

d. 有强烈的理由相信犯罪嫌疑人在住宅中；

e. 如果不立即逮捕嫌疑人极有可能逃跑；

f. 是否可以和平地进入住宅；和/或

g. 是否是在夜间进入住宅（或者可以在白天进入，此时更有可能联系上书记员/治安法官）。

C. 住宅中的无令状逮捕：为了在住宅中执行没有令状的逮捕，警察首

---

① 参见 *Commonwealth v. Antoine*, 417 Mass. 637, 638 (1994)。

② 参见 *Commonwealth v. Sepulveda*, 406 Mass. 180, 182 – 83 (1989)（警察可以使用不具威胁性的计策以进入住宅）。

③ *Steagald v. United States*, 451 U. S. 204, 222 (1981)。

先应当确定没有令状的进入和逮捕是否为法律所允许。当警察试图进入住宅并逮捕嫌疑人时，适用下列标准：

1. 如果为逮捕的追捕是在公众面前进行的，当嫌疑人跑进住宅中，则警察可以以热追捕方式无证进入私人住宅。

2. 如果警察想在某人自己的住宅中逮捕该人，他们可以这样做：

a. 如果被给予了合法的同意；或

b. 如果出现了紧急情形使得不必获得逮捕令状；

c. 如果没有进入的合法同意或紧急情形，则警察必须获得逮捕令状。

3. 如果警察想在其他人的住宅中逮捕某人，他们可以这样做：

a. 如果被给予了合法的同意；或

b. 如果出现了紧急情形使得不必获得逮捕令状；

c. 否则，警察必须获得搜查令状。

D. 公共场所的逮捕：一般而言，逮捕位于公共场所之人不需要逮捕令状（或搜查令状）。[①]

十、逮捕的警察裁量权[②]

为公共利益而使用裁量权：尽管警察必须始终遵照法律意图和目的的指引，但也有在有限的情形下，即使法律要求进行逮捕，但由于不采取逮捕公共利益能够得到更好保护，则民选的警察可以不进行逮捕。这些情形包括但不限于以下几类：

1. 如果逮捕可能加剧社区冲突或可能造成严重骚乱；

2. 如果当时需要优先应对另一更为严重的犯罪或某种紧急突发公共事件；

3. 当出现了邻居争吵、吵闹的派对、房东房客矛盾和对安宁有轻微影响的情况时，警察可以成功地扮演调停人的角色；

4. 当未成年人犯了较轻之罪，而警告和与未成年人的父母谈话能够更好地解决问题，就不必将法庭牵扯进来；

5. 在其他轻微犯罪中，传票就能有效地完成法律的目的。

---

① *United States v. Santana*, 427 U. S. 38 (1976); *Commonwealth v. Claiborne*, 423 Mass. 275, 278 –81 (1996).

② CALEA Std. 1. 2. 7：规制宣誓警察裁量权的使用的书面指令。

十一、警察的安全

预防措施：执行逮捕的警察不应以疏忽或常规的方式行事，而是应当一直采取所有必要的步骤以确保其自己和公众的人身安全。不存在所谓“常规逮捕”，所有的逮捕都有潜在的危险。警察必须随时保持警惕。作为次要的考虑，执行逮捕的警察也必须知道保护可能被破坏的证据。应当采取包括但不限于以下的步骤：

1. 如果可能的话取得协助，无论是在逮捕之前还是之后。这在以下情况下尤其可取：

a. 需要逮捕之人超过一个；

b. 涉及危险犯罪，牵涉到使用危险武器或其他严重的重罪；或

c. 先前的经验显示在特定的情形下需要协助。

2. 搜查和扣押任何可能造成严重身体损伤或导致死亡的物品，并保护好任何犯罪证据。

3. 对被逮捕人能够立即够到或控制武器或破坏证据的区域进行搜查。

4. 始终将被逮捕人置于警察的前方并保持直接观察。如果有数名警察在现场，其他警察绝不能置身或超过执行逮捕的警察和被逮捕人之间。

5. 在与将要被逮捕之人打交道时，始终保持良好的防御姿势和武器保留策略。

十二、非当值逮捕

A. 非当值逮捕的缺点：在非当值的情况下，警察常常也会遇见涉及犯罪行为的情况，他们不像当值时那样装备齐全，而且也没有做好处理情况的准备。这可能导致非当值警察的不必要受伤害，也会混淆赶到现场的当值警察对事实情况的准确评估（参见剑桥市警察局政策第205号）。

B. 非当值逮捕何时被允许：在下列所有三种情形均出现时，警察部门有裁量权允许非当值的警察执行非当值逮捕：

1. 有制止犯罪和逮捕嫌疑人的紧急需要。

2. 执行逮捕的警察随身带有有效的部门签发的警察证件。

3. 如果呼叫和等待当值警察的到来会导致迟延，从而极有可能：

a. 导致对象逃跑或下落不明；

b. 导致更多的犯罪行为；或

c. 导致相比于立即采取逮捕措施会使事件升级至更为严重的程度。

C. 不得对轻微违法进行逮捕：非当值警察不得对轻微违法行为（例如停车违规行为或轻微汽车违章）执行逮捕，除非警察有理由相信该违法行为会导致另一更为严重的犯罪或导致人身伤害。

D. 何时避免逮捕：非当值警察应在其自己也卷入其中的情形下避免执行逮捕。根据本规定的目的，“自己卷入”是指警察与嫌疑人之间的会导致事件升级以致发生刑事犯罪从而导致要进行逮捕的非刑事争执或其他事项。在此种情况下，由当值警察评估情况并决定进一步的法律行动。这一规定并不适用于警察自己本身即是犯罪受害人的情况。

E. 对犯罪行为的警惕：在当值情况下，每个本警察局的成员均有责任对任何可疑或观察到的犯罪行为保持警惕，并向当值警察通报该行为，或者按照本规定的授权采取行动。

F. 非当值情况下何时采取行动：如果非当值逮捕非常必要，执行逮捕的警察必须遵守所有关于逮捕的部门规定。警察应当只使用必要的武力以安全地扣留对方并随后联系警察局请求协助。该警察有责任尽快提交一份关于该事件的完整而全面的警察报告，并向当值的轮班警官通报关于逮捕的相关情况。

G. 何时禁止逮捕：当在从事非警务性质的非当值工作（非个人支付的事项）时，警察被严禁执行仅为推动私人雇主利益的逮捕。

参考文献

[1] 中共中央马克思恩格斯列宁斯大林著作编译局. 马克思恩格斯选集:第2卷[M]. 北京:人民出版社,1995.

[2] 中共中央政法委员会. 社会主义法治理念读本[M]. 北京:中国长安出版社,2009.

[3] 张智辉. 强制措施立法完善研究[M]. 北京:中国检察出版社,2010.

[4] 张洋. 聚焦刑事诉讼法修改:技术侦查从幕后走向台前[N]. 人民日报,2011-10-12(18).

[5] 张晋藩. 中华法制文明的演进[M]. 北京:法律出版社,2010.

[6] 张晋藩. 中国法律的传统与近代转型[M]. 北京:法律出版社,1997.

[7] 张建伟. 司法竞技主义——英美诉讼传统与中国庭审方式[M]. 北京:北京大学出版社,2005.

[8] 谢文英. 行政执法与刑事司法"证据"实现对接[N]. 检察日报,2012-05-14(6).

[9] 王兆鹏. 美国刑事诉讼法[M]. 台北:元照出版公司,2004.

[10] 王兆鹏. 路检、盘查与人权[M]. 台北:元照出版公司,2003.

[11] 王兆鹏. 当事人进行主义之刑事诉讼[M]. 台北:元照出版公司,2004.

[12] 王胜俊. 最高人民法院工作报告——2010年3月11日在第十一届全国人民代表大会第三次会议上[R]. 最高人民法院公报,2010(4).

[13] 王东. 技术侦查的法律规制[J]. 中国法学,2014(5).

[14] 汪进元. 人身自由的构成与限制[J]. 华东政法大学学报,2011(2).

[15] 汪海燕. 刑事诉讼模式的演进[M]. 北京:中国人民公安大学出版社,2004.

[16] 汪海燕.我国刑事诉讼模式的选择[M].北京:北京大学出版社,2008.

[17] 万毅.论盘查[J].法学研究,2006(2).

[18] 孙长永.审判中心主义及其对刑事程序的影响[J].现代法学,1999(4).

[19] 孙长永.比较法视野中的刑事强制措施[J].法学研究,2005(1).

[20] 孙长永,高峰.刑事侦查中的司法令状制度探析[J].广东社会科学,2006(2).

[21] 苏力.从契约理论到社会契约理论——一种国家学说的知识考古学[J].中国社会科学,1996(3).

[22] 宋英辉.刑事诉讼原理[M].北京:法律出版社,2007.

[23] 宋英辉.刑事诉讼法学研究述评(1978—2008)[M].北京:北京师范大学出版社,2009.

[24] 宋英辉,孙长永,刘新魁.外国刑事诉讼法[M].北京:法律出版社,2006.

[25] 瞿同祖.中国法律与中国社会[M].北京:中华书局,2003.

[26] 齐延平.自由大宪章研究[M].北京:中国政法大学出版社,2007.

[27] 彭新林.中国特色腐败犯罪污点证人作证豁免制度构建要论[J].法治研究,2014(11).

[28] 南风.老百姓为什么要“拜官”[J].时代邮刊,2011(8).

[29] 牟绿叶.论实物证据的鉴真与鉴定——以美国法为参照的分析[J].中国司法鉴定,2012(3).

[30] 马怀德.行政法与行政诉讼法[M].北京:中国法制出版社,2000.

[31] 吕志士.伊索寓言[M].北京:学苑出版社,1993.

[32] 陆中俊.中华人民共和国人民警察使用警械和武器条例释义与适用指南[M].北京:中国人民公安大学出版社,1996.

[33] 龙宗智.相对合理主义[M].北京:中国政法大学出版社,1999.

[34] 刘晓星.丢了身份证成“抢劫犯”获赔四千多[N].广州日报,2010-12-7(A22).

[35] 刘敏.太原公安局长李亚力涉嫌滥权被双规[N].大河报,2012

-12-11(A16).

[36] 刘玫.刑事诉讼法定期间问题研究[M].陈光中,江伟.诉讼法论丛:第9卷.北京:法律出版社,2004.

[37] 林钰雄.刑事诉讼法:上册总论编[M].北京:中国人民大学出版社,2005.

[38] 林钰雄.检察官论[M].北京:法律出版社,2008.

[39] 梁有华.广东韶关一民警鸣枪祭祖误杀女孩[N].南方日报,2014-04-03.

[40] 梁启超.变法通义:论不变法之害[M].梁启超文选:注释本.侯宜杰,选注.天津:百花文艺出版社,2006.

[41] 联合国人权事务高级专员办事处.警察人权标准与实践[M].纽约:联合国出版物,2003.

[42] 李心鉴.刑事诉讼构造论[M].北京:中国政法大学出版社,1992.

[43] 李丽辉.2010年全国税收收入77390亿元[N].人民日报,2011-01-10(1).

[44] 李斌,杨维汉.王立军一审被判十五年[N].检察日报,2012-09-25(1).

[45] 胡适.多研究些问题,少谈些"主义"[J].每周评论,1918(31).

[46] 胡铭.我国台湾地区刑事诉讼法的新发展[J].人民检察,2006(17).

[47] 郝银钟,席作立.宪政视角下的比例原则[J].法商研究,2004(6).

[48] 费孝通.乡土中国[M].上海:上海世纪出版集团,2007.

[49] 方祥生.联合国会议:世界面临"犯罪浪潮"[N].光明日报,2009-04-18(8).

[50] 程荣斌.中国刑事诉讼法学[M].北京:中国人民大学出版社,1997.

[51] 程雷.论检察机关的技术侦查权[J].政法论丛,2011(5).

[52] 程雷.检察机关技术侦查权相关问题研究[J].中国刑事法杂志,2012(10).

[53] 陈有西.刑诉法修订的若干重要问题[N].学习时报,2011-09-19(5).

[54] 陈卫东.刑事诉讼法实施问题调研报告[M].北京:中国方正出

版社,2001.

[55] 陈卫东,刘计划,程雷.变革中创新的意大利刑事司法制度——中国人民大学诉讼制度与司法改革研究中心赴欧洲考察报告之三[J].人民检察,2004(12).

[56] 陈瑞华.比较刑事诉讼法[M].北京:中国人民大学出版社,2010.

[57] 陈瑞华.鉴定意见的审查判断问题[J].中国司法鉴定,2011(5).

[58] 陈光中.证据法学[M].北京:法律出版社,2011.

[59] 陈光中.刑事诉讼法[M].北京:北京大学出版社,2009.

[60] 陈光中.中国司法制度的基础理论问题研究[M].北京:经济科学出版社,2010.

[61] 陈光中.陈光中法学文选:第一卷[M].北京:中国政法大学出版社,2010.

[62] 陈光中.刑事证据制度改革若干理论与实践问题之探讨——以两院三部《两个证据规定》之公布为视角[J].中国法学,2010(6).

[63] 陈光中.刑事诉讼法再修改之基本理念——兼及若干基本原则之修改[J].政法论坛,2004(3).

[64] 陈光中,汉斯-约格·阿尔布莱希特.中德强制措施研讨会论文集[M].北京:中国人民公安大学出版社,2003.

[65] 常菲.警察职务防卫权的法律基础[J].公安研究,2007(4).

[66] 胡铭.英法德荷意技术侦查的程序性控制[J].环球法律评论,2013(4).

[67] 蔡震荣.警察职权行使法之评析[J].法学讲座,2003(19).

[68] 蔡震荣.警察之即时强制[J]."中央警察大学"警学丛刊,2001,31(4).

[69] 卞建林,刘玫.外国刑事诉讼法[M].北京:中国政法大学出版社,2008.

[70] 艾明.论德国对技术侦查措施的法律规制[M].陈兴良.刑事法评论:第35卷.北京:北京大学出版社,2015.

[71] 中国政法大学刑事法律研究中心.英国刑事诉讼法(选编)[M].北京:中国政法大学出版社,2001.

[72] 英国2003年《刑事审判法》及其释义[M].孙长永,等译.北京:

法律出版社,2005.

[73] 意大利刑事诉讼法典[M]. 黄风,译. 北京:中国政法大学出版社,1994.

[74] 日本刑事诉讼法[M]. 宋英辉,译. 北京:中国政法大学出版社,2000.

[75] 美国联邦刑事诉讼规则和证据规则[M]. 卞建林,译. 北京:中国政法大学出版社,1996.

[76] 美国联邦宪法第四修正案:搜查与扣押[M]. 吴宏耀,等译. 北京:中国人民公安大学出版社,2010.

[77] 法国刑事诉讼法典[M]. 罗结珍,译. 北京:中国法制出版社,2006.

[78] 德国刑事诉讼法典[M]. 李昌珂,译. 北京:中国政法大学出版社,1995.

[79] 约翰·斯普莱克. 英国刑事诉讼程序[M]. 徐美君,杨立涛,译. 北京:中国人民大学出版社,2006.

[80] 约翰·密尔. 论自由[M]. 许宝骙,译. 北京:商务印书馆,1959.

[81] 萨达卡特·卡德里. 审判的历史——从苏格拉底到辛普森[M]. 杨雄,译. 北京:当代中国出版社,2009.

[82] 麦高伟,杰弗里·威尔逊. 英国刑事司法程序[M]. 姚永吉,等译. 北京:法律出版社,2003.

[83] 洛克. 政府论:下篇[M]. 叶启芳,瞿菊农,译. 北京:商务印书馆,1964.

[84] 罗伯特·雷纳. 警察与政治[M]. 易继苍,朱俊瑞,译. 北京:知识产权出版社,2008.

[85] 霍布斯. 利维坦[M]. 黎思复,黎廷弼,译. 北京:商务印书馆,1985.

[86] 弗雷德里希·奥古斯特·哈耶克. 自由宪章[M]. 杨玉生,等译. 北京:中国社会科学出版社,1999.

[87] 菲利浦·约翰·斯特德. 英国警察[M]. 何家弘,刘刚,译. 北京:群众出版社,1990.

[88] 彼得·斯坦,约翰·香德. 西方社会的法律价值[M]. 王献平,译. 北京:中国法制出版社,2004.

［89］ H. L. A. 哈特. 法律的概念［M］. 许家馨，李冠宜，译. 北京：法律出版社，2006.

［90］ 土本武司. 日本刑事诉讼法要义［M］. 董璠舆，宋英辉，译. 台北：五南图书出版公司，1994.

［91］ 田口守一. 刑事诉讼法［M］. 张凌，于秀峰，译. 北京：中国政法大学出版社，2010.

［92］ 松尾浩也. 日本刑事诉讼法：上卷［M］. 丁相顺，译. 北京：中国人民大学出版社，2005.

［93］ 松尾浩也. 日本刑事程序的过去、现在与未来［J］. 肖振国，译. 中国刑事法杂志，2010(11).

［94］ 谷口安平. 程序的正义与诉讼［M］. 王亚新，刘荣军，译. 北京：中国政法大学出版社，1996.

［95］ 约翰·罗尔斯. 正义论［M］. 何怀宏，何包钢，廖申白，译. 北京：中国社会科学出版社，1988.

［96］ 米尔吉安·R. 达马斯卡. 比较法视野中的证据制度［M］. 吴宏耀，魏晓娜，等译. 北京：中国人民公安大学出版社，2006.

［97］ 迈克尔·D. 贝勒斯. 法律的原则——一个规范的分析［M］. 张文显，等译. 北京：中国大百科全书出版社，1996.

［98］ 罗斯科·庞德. 通过法律的社会控制［M］. 沈宗灵，译. 北京：商务印书馆，1984.

［99］ 罗伯特·萨摩尔，阿西尔·莫兹. 事实真实、法律真实与历史真实：事实、法律和历史［M］. 徐卉，译. 王敏远. 公法：第 4 卷. 北京：法律出版社，2003.

［100］ 杰弗里·图宾. 九人：美国最高法院风云［M］. 何帆，译. 上海：上海三联书店，2010.

［101］ 哈伯特·L. 帕克. 刑事制裁的界限［M］. 梁根林，等译. 北京：法律出版社，2008.

［102］ 博西格诺等. 法律之门［M］. 邓子滨，译. 北京：华夏出版社，2007.

［103］ RONALD DWORKIN. 法律帝国［M］. 李冠宜，译. 台北：时英出版社，2002.

［104］ RICHARD A. POSNER. 法理学问题［M］. 苏力，译. 台北：元照

出版公司,2002.

[105] 伟恩·R.拉费弗,杰罗德·H.伊斯雷尔,南西·J.金.刑事诉讼法:上册[M].卞建林,沙丽金,译.北京:中国政法大学出版社,2003.

[106] E.博登海默.法理学:法律哲学与法律方法[M].邓正来,译.北京:中国政法大学出版社,2004.

[107] 亚里士多德.政治学[M].吴寿彭,译.北京:商务印书馆,1965.

[108] 让·雅克·卢梭.论人类不平等的起源[M].吕卓,译.北京:中国社会科学出版社,2009.

[109] 孟德斯鸠.论法的精神:上册[M].张雁深,译.北京:商务印书馆,1963.

[110] 卢梭.社会契约论[M].何兆武,译.北京:商务印书馆,2003.

[111] 卡斯东·斯特法尼,乔治·勒瓦索,贝尔纳·布洛克.法国刑事诉讼法精义:上[M].罗结珍,译.北京:中国政法大学出版社,1999.

[112] 贝尔纳·布洛克.法国刑事诉讼法[M].罗结珍,译.北京:中国政法大学出版社,2009.

[113] 阿兰·佩雷菲特.论经济“奇迹”——法兰西学院教程[M].朱秋卓,杨祖功,译.北京:中国发展出版社,2001.

[114] 亚图·考夫曼.类推与“事物本质”——兼论类型理论[M].吴从周,译.台北:学林文化事业有限公司,1999.

[115] 沃尔纳·罗特.公诉机关和警察对于强制措施的内部控制[M].陈光中,汉斯-约格·阿尔布莱希特.中德强制措施国际研讨会论文集.北京:中国人民公安大学出版社,2003.

[116] 托马斯·魏根特.德国刑事诉讼程序[M].岳礼玲,温小洁,译.北京:中国政法大学出版社,2004.

[117] 苏珊娜·瓦尔特.德国有关搜查、扣押、逮捕以及短期羁押的法律:批评性的评价[M].陈光中,汉斯-约格·阿尔布莱希特.中德强制措施国际研讨会论文集.北京:中国人民公安大学出版社,2003.

[118] 拉德布鲁赫.法学导论[M].米健,朱林,译.北京:中国大百科全书出版社,1997.

[119] K.茨威格特,H.克茨.比较法总论[M].潘汉典,米健,高鸿钧,贺卫方,译.北京:法律出版社,2005.

[120] G.拉德布鲁赫.法哲学[M].王朴,译.北京:法律出版社,2005.

[121] CLAUS ROXIN. 德国刑事诉讼法[M]. 吴丽琪,译. 台北:三民书局,1998.

[122] 约阿希姆·赫尔曼.《德国刑事诉讼法典》中译本引言[M]. 德国刑事诉讼法典. 李昌珂,译. 北京:中国政法大学出版社,1995.

[123] BARNABY C. KEENEY. Judgment by peers[M]. Cambridge: Harvard University Press, 1949.

[124] CRAIG M. BRADLEY. Two models of the fourth amendment[J]. Michigan Law Review, 1985, 83 (6).

[125] DAVID T. JOHNSON. Organization of prosecution and the possibility of order[J]. Law & Society Review, 1998, 32 (2).

[126] HERBERT L. PACKER. Two models of the criminal process[J]. University of Pennsylvania Law Review, 1964, 113 (1).

[127] J. A. C. GRANT. The tarnished silver platter: federalism and admissibility of illegally seized evidence[J]. UCLA Law Review, 1961, 8 (1).

[128] JAMES F. STEPHEN. A digest of the law of evidence[M]. London: Macmillan and Co., 1909.

[129] JAMES S. CAMPBELL, JOSEPH R. SAHID, DAVID P. STANG. Law and order reconsidered: report of the task force on law and law enforcement of the national commission on the causes and prevention of violence[M]. Santa Barbara: Praeger Publishers, 1970.

[130] JEROLD H. ISRAEL, YALE KAMISAR, WAYNE R. LAFAVE. Criminal procedure and the constitution: leading supreme court cases and introductory text[M]. St. Paul: West Group, 2002.

[131] JOHN H. LANGBEIN. The origins of adversary criminal trial [M]. New York: Oxford University Press, 2003.

[132] JOHN HENRY WIGMORE. Evidence in trials at common law [M]. Boston: Little, Brown and Company, 1981.

[133] JOSHUA DRESSLER, ALAN C. MICHAEL. Understanding criminal procedure, volume 1: investigation [M]. 4th ed. Newark: Matthew Bender&Company, Inc., 2006.

[134] K. N. LLEWELLYN. The bramble bush: on our law and its study [M]. New York: Oceana Publications, Inc., 1960.

[135] MALCOLM M. FEELEY. The process is the punishment[M]. New York: Russell Sage Foundation, 1992.

[136] MIREILLE DELMAS - MARTY, J. R. SPENCER. European criminal procedures[M]. New York: Cambridge University Press, 2002.

[137] MIRJAN DAMASKA. Evidential barriers to conviction and two models of criminal procedure: a comparative study[J]. University of Pennsylvania Law Review, 1972, 121 (3).

[138] RANDALL KENNEDY. Race, crime, and the law[M]. New York: Vintage Books, 1997.

[139] RIC SIMMONS. Re - examining the grand jury: is there room for democracy in the criminal justice? [J]. Boston University Law Review, 2002, 82 (1).

[140] RICHARD A. LEO. Police interrogation and American justice [M]. Cambridge: Harvard University Press, 2008.

[141] RONALD N. BOYCE, DONALD A. DRIPPS, ROLLIN M. PERKINS. Criminal law and procedure: cases and materials[M]. New York: Foundation Press, 2010.

[142] Technology Working Group for Investigative Uses of High Technology. Investigative uses of technology: devices, tools, and techniques[R]. Washington: U. S. Department of Justice Office of Justice Program, 2007.

[143] THOMAS HOBBES. De Cive[M]. Oxford: Oxford Press, 1983.

[144] WILLIAM H. REHNQUIST. Is an expanded right of privacy consistent with fair and effective law enforcement? [J]. University of Kansas Law Review, 1974, 23 (1).

[145] 最判昭 30·12·14 号判决[Z].

[146] 上海市第二中级人民法院(2010)沪二中刑终字第 408 号刑事裁定书[Z].

[147] 上海市第二中级人民法院(2009)沪二中刑初字第 96 号刑事判决书[Z].

[148] United States v. Watson[Z]. 423 U.S. 411 (1976).

[149] United States v. United States District Court[Z]. 407 U. S. 297 (1972).

[150] United States v. Starks[Z]. 301 F. Supp. 2d 76 (D. Mass.

2004).

[151] United States v. Santana[Z]. 427 U.S. 38 (1976).

[152] United States v. Ramsey[Z]. 431 U. S. 606 (1977).

[153] United States v. Montaya de Hernandez [Z]. 473 U. S. 531 (1985).

[154] United States v. Mendenhall[Z]. 446 U.S. 544 (1980).

[155] United States v. Jones[Z]. 132 S. Ct. 945 (2012).

[156] U.S. v. Sharpe[Z]. 470 U.S. 675, 105 S.Ct. 1568 (1985).

[157] Terry v. Ohio[Z]. 392 U.S. 1 (1968).

[158] Tennessee v. Garner[Z]. 471 U.S. 1 (1985).

[159] Steagald v. United States[Z]. 451 U.S. 204 (1981).

[160] Rohan v. Sawin[Z]. 59 Mass. 281 (1850).

[161] People v. Defore [Z]. 242 N. Y. 13, 21, 150 N. E. 585 (1926).

[162] Pennsylvania v. Mimms [Z]. 434 U. S. 106, 98 S. Ct. 330 (1977).

[163] Payton v. New York[Z]. 445 U.S. 573 (1980).

[164] Minnesota v. Dickerson[Z]. 508 U.S. 366 (1993).

[165] Mincey v. Arizona[Z]. 437 U.S. 385 (1978).

[166] Larry D. Hiibel v. Sixth Judicial District Court of Nevada[Z]. 542. U.S. 177 (2004).

[167] Katz v. United States[Z]. 389 U.S. 347 (1967).

[168] Illinois v. Wardlow[Z]. 120 S.Ct. 673 (2000).

[169] Graham v. Connor[Z]. 490 U.S. 386 (1989).

[170] Florida v. Royer[Z]. 460 U.S. 491 (1983).

[171] Dunaway v. New York[Z]. 442 U.S. 200 (1979).

[172] Delaware v. Prous[Z]. 440 U.S. 648, 99 S.Ct. 1391 (1979).

[173] Cupp v. Murph[Z]. 412 U.S. 291 (1973).

[174] Commonwealth v. Wilson[Z]. 360 Mass. 557, 276 N.E.2d 283 (I971).

[175] Commonwealth v. Williams[Z]. 422 Mass. 111 (1996).

[176] Commonwealth v. Webster [Z]. 59 Mass. (5 Cush.) 295

(1850).

[177] Commonwealth v. Torres[Z]. 424 Mass. 153, 674 N. E. 2d 638 (1997).

[178] Commonwealth v. Tingh Van Cao[Z]. 419 Mass. 383 (1995).

[179] Commonwealth v. Thomas[Z]. 429 Mass. 403 (1999).

[180] Commonwealth v. Thibeau[Z]. 384 Mass. 762 (1981).

[181] Commonwealth v. Stoute[Z]. 422. Mass. 782 (1996).

[182] Commonwealth v. Silva[Z]. 366 Mass. 402 (1974).

[183] Commonwealth v. Sepulveda[Z]. 406 Mass. 180 (1989).

[184] Commonwealth v. Sanderson[Z]. 398 Mass. 761 (1986).

[185] Commonwealth v. Salerno[Z]. 356 Mass. 642, 255 N. E. 2d 318 (1970).

[186] Commonwealth v. Rock[Z]. 429 Mass. 609 (1999).

[187] Commonwealth v. Riggieri[Z]. 438 Mass. 613, 782 N. E. 2d 497 (2003).

[188] Commonwealth v. Perry[Z]. 62 Mass. App. Ct. 500, 503 - 504, 818 N. E. 2d 185 (2004).

[189] Commonwealth v. Murphy[Z]. 63 Mass. App. Ct. 11 (2005).

[190] Commonwealth v. Murdough[Z]. 428 Mass. 760 (1999).

[191] Commonwealth v. McDevitt[Z]. 57 Mass. App. Ct. 733 N. E. 2d 404 (2003).

[192] Commonwealth v. Matthews[Z]. 355 Mass. 378, 244 N. E. 2d 908 (1969).

[193] Commonwealth v. LeBlanc[Z]. 407 Mass. 70 (1990).

[194] Commonwealth v. Hanson[Z]. 387 Mass. 169 (1982).

[195] Commonwealth v. Grandison[Z]. 433 Mass. 135 (2001).

[196] Commonwealth v. Evans[Z]. 436 Mass. 369, 764 N. E. 2d 841 (2002).

[197] Commonwealth v. Claiborne[Z]. 423 Mass. 275 (1996).

[198] Commonwealth v. Borges[Z]. 395 Mass. 788 (1985).

[199] Commonwealth v. Barros[Z]. 49 Mass. App. Ct. 613 (2000).

[200] Commonwealth v. Antoine[Z]. 417 Mass. 637 (1994).

[201] Comm. v. Silva[Z]. 366 Mass. 402, 318 N.E.2d 895 (1974).

[202] Comm. v. Reed[Z]. 23 Mass. App. Ct. 294, 502 N.E.2d 147 (1986).

[203] Comm. v. Pandolfino[Z]. 33 Mass. App. Ct. 96, 596 N.E.2d 390, rev. den. 413 Mass. 1106, 600 N.E.2d 1000 (1992).

[204] Comm. v. Lantigua[Z]. 38 Mass. App. Ct. 526, 649 N.E.2d 1129 (1995).

[205] Comm. v. Jimenez[Z]. 22 Mass. App. Ct. 286, 493 N.E.2d 501 (1986).

[206] Comm. v. Hawkes[Z]. 362 Mass. 786, 291 N.E.2d 411 (1973).

[207] Comm. v. Gonsalves[Z]. 429 Mass. 658, 711 N.E.2d 108 (1999).

[208] Comm. v. Ellsworth[Z]. 41 Mass. App. Ct. 554, 671 N.E.2d 1001(1996).

[209] Comm. v. Almeida[Z]. 373 Mass. 266, 366 N.E.2d 756 (1977).

[210] Com. v. Lantigua[Z]. 38 Mass. App. Ct. 526, 649 N.E.2d 1129 (1995).

[211] Com. v. Klein[Z]. 372 Mass. 823,363 N.E.2d 1313 (1977).

[212] Com. v. Borges[Z]. 395 Mass. 788, 482 N.E.2d 314 (1985).

[213] City of Indianapolis v. Edmond[Z]. 530 U.S. 1296 (2000).

[214] Camara v. Municipal Court[Z]. 387 U.S. 523 (1967).

[215] Brown v. City of Oneonta[Z]. 221 F. 3d 329 (2d Cir. 2000).

[216] Brinegar v. United States[Z]. 338 U.S. 160 (1949).

[217] Brigham City v. Stuart[Z]. 547 U.S. 398 (2006).

[218] 郭亚飞. 法律应该像阳光一样[EB/OL]. (2002-04-15)[2018-04-04]. http://www.people.com.cn/GB/guandian/26/20020415/709704.html.

[219] 李二庆. 广州珠江医院一副教授与民警发生争执后被打死[EB/OL]. (2007-11-13)[2018-04-04]. http://news.cctv.com/society/20071113/106589.shtml.

［220］ 河北警方公布最新 46 种电信骗术请小心防范［EB/OL］.（2014－10－23）［2018－04－04］. www. hbjzga. gov. cn/show. php？ contentid＝7986.

［221］ 巩盼东. 湖南警察欲性侵女子遭停职 用技术定位受害者［EB/OL］.（2015－10－13）［2018－04－04］. http://www. rmzxb. com. cn/c/2015－10－13/595720. shtml.

［222］ 全国人大常委会 2010 年立法工作计划［EB/OL］.（2010－03－30）［2018－04－04］. http://www. npc. gov. cn/wxzl/gongbao/2010－06/01/content_1580474. htm.

［223］ 高燕. 万余名牺牲民警为我们留下了什么［EB/OL］.（2011－01－13）［2018－04－04］. http://www. legaldaily. com. cn/index_article/content/2011－01/13/content_2438862. htm？ node＝5955.

［224］ 霍筠霞. 中央政法机关负责人就两个"证据规定"答记者问［EB/OL］.（2010－05－30）［2018－04－04］. http://news. cntv. cn/china/20100530/101583_1. shtml.